KB133731

낭비 없는 세상

The Waste-Free World

THE WASTE-FREE WORLD

낭비 없는 세상

———— 적은 자원으로 순환 경제를 이용해 지구 살리기 ————

론 고넨 지음 | 최기원 옮김

비즈니스맵

• **일러두기**

1. 맞춤법과 띄어쓰기는 국립국어원 〈한글 맞춤법〉에 따랐다.

2. 외국 인명이나 지명, 작품명은 되도록 국립국어원의 〈외래어 표기법〉을 따르되,

   필요에 따라서는 원어에 가깝게 표기하는 것을 원칙으로 삼았다.

   단, 굳어진 용례는 관행을 따라 표기했다.

3. 본문에 등장하는 외서는 국내에 번역된 도서명을 따랐다.

4. 본문에 사용한 기호의 쓰임새는 다음과 같다.

   『 』: 단행본

   「 」: 단편, 논문

   《 》: 잡지, 일간지

   〈 〉: 영화

   [ ]: 옮긴이 주

지속 가능성을 넘어 재생을 향해

이게 꿈인가 생시인가. 무릎 높이까지 무성하게 자란 푸른 풀밭 사이로 난 오솔길을 걷다 보면, 이곳이 한때 뉴욕시에서 가장 소름 끼치던 눈엣가시 — 악취 때문에 눈보다는 코가 더 고생했지만 — 이자 악명 높은 '프레시 킬스 매립지Fresh Kills Landfill'라는 사실에 경외 감이 든다. 한때 눈 씻고 찾아봐도 없었던 자연의 아름다움과 생태 적 풍요를 자연 스스로 되찾다니. 자연의 생명력과 활력에 가슴이 시려온다.

한때 맑은 시냇물이 흘러 '프레시 킬스'라 이름 붙은 곳. 20세기 초만 해도 이탈리아 이민자들이 야생 버섯, 민들레, 물냉이를 캐고 포도를 땄으며, 수로에서 갯가재와 다량 조개를 잡거나 굴을 수확 하기도 했다. 그러던 중 1947년에 이 지역은 뉴욕시의 공식 쓰레기 매립지로 선정되었다. 뉴욕시 전역의 쓰레기를 이곳으로 보내라는 지침에 일부 스태튼 아일랜드[뉴욕시의 행정구역은 크게 스태튼 아일랜드, 맨해튼, 브루클린, 퀸스, 브롱크스로 나뉜다. 한국으로 치면 '구'에 해당한다] 주민들은 충격에 휩싸였다. 그들은 자기네가 거주하는 스태튼 아일랜드를 뉴욕시에서 분리할 것을 발의했다. 우려대로 약 890만 제곱미터의 대지가 구릉지형의 쓰레기 산 네 곳으로 변모했다. 사람들은 구린 블루치즈가 썩어가는 악취가 진동한다며 코를 막았다. 약 76미터 높이의 이 산들은 세계에서 가장 큰 매립지를 구성할 뿐 아니라, 지구상 가장 높은 조형물로 손꼽히는 근처의 자유의 여신상보다 높았다. 면적은 중국 만리장성보다 넓었다.

결국 수십 년 동안 이어진 여론의 뭇매 끝에 매립지는 2001년에 폐쇄되었다. 그 후 뉴욕시는 1년 동안 복구 사업에 매진했다. 겹겹이 쌓인 거대한 쓰레기 더미를 흙으로 덮으며 야생풀을 심었다. 마침내 이곳은 온갖 야생 꽃이 만발하는 꽃밭, 사람들이 물속에서 신나게 카약과 카누를 타는 아름다운 공원으로 변모했다. 나비, 벌, 박쥐에서 푸른 왜가리, 참새, 물수리, 올빼미, 그리고 '물고기매'라고 불리는 커다란 맹금류까지 많은 야생동물이 돌아왔다. 심지어 사슴과 코요테, 붉은 여우 들도 자연 스스로 빠르게 재생 및 복원되는 초원과 숲속으로 성큼성큼 들어왔다.

나는 굽이진 오솔길을 돌면서 울창하게 피어 있는 나뭇잎을 발견했다. 그 순간 수목학자 윌리엄 브라이언트 로건이 묘사했던 숲이 떠올랐다. 쓸쓸한 독이 든 담쟁이덩굴이 튼실하게 자라는 붉은 단

풍나무와 뽕나무, 검은 체리 나무의 줄기를 갈기갈기 찢는 모습, 찢긴 식물 뿌리가 다 드러난 상태에서 새로운 새싹들이 하늘을 향해 호기롭게 자라나는 모습이었다. 바람 잘 날 없던 이 '전쟁'의 산증인이 있다. 바로 수목관리원들이다. 로건은 이 광경을 영원불멸의 상징인 '불사의 재생'으로 표현했다. 프레시 킬스는 자연계 스스로 치유하는 생태 마법을 부릴 수 있다는 점을 보여주는 대표 사례가 되었다. 단 인간이 그 기회를 주어야 한다는 조건이 따라온다. 새로운 10년에 접어들면서, 산업화 경제의 손에는 자연의 선례를 따를 선택지가 쥐어졌다.

그동안 우린 낚이고 당했다

2차 세계대전 이후 경제가 호황인 시기에 미국은 급속하게 증가하는 쓰레기에 대한 해결책으로 왜 프레시 킬스 매립지를 택했을까? 방치된 채 흉물스러웠던 모습을 보고 쓰레기를 버려도 무방하다고 느낀 것일까? 프레시 킬스 매립지는 주요 산업체가 공유지에 쓰레기를 투척하는 행태를 마치 그들의 기본권으로 간주하는 비정상적인 형태의 자본주의를 가장 우스꽝스러운 형태로 보여주고 있다. 산업재 및 소비재 대기업들은 미국인들의 마음을 사로잡은, 헤프게 버리고 마는 '낭비성' 경제에 대한 책임을 철저히 회피했다. 그 결과 산더미 같은 쓰레기들이 어느새 미국 전역에 스멀스멀 퍼졌다. 이러한 기업들은 자칭 '자유시장 자본가'다. 하지만 엄밀한 의미에서 그들의 돈벌이는 국민의 혈세에 크게 의존하고 있다. 매립지에 폐제품을 투척하면 처리 과정이 세금으로 운영되기 때문이다. 쓰레기 처리 비용을 내는 납세자들이 없다면 ― 현대식 사회주의의 한 형태 ― 이 기업들의 이윤은 크게 줄어들 것이다.

내가 이 낭비성 제도에 실제로 황당함을 금치 못했던 때는 2012년, 뉴욕시의 위생·재활용·지속 가능성 부문 부청장으로 임명되었던 때다. 당시 마이클 블룸버그 시장이 나를 적극적으로 추천한 것이다. 2003년 내가 공동 창립한 '리사이클뱅크Recyclebank'와 전국 도시의 쓰레기 재활용률을 높이는 데 이바지한 바를 인상 깊게 본 시장에게서 어느 날 연락이 왔다. 나는 뉴욕 시민들뿐만 아니라 미국 전국민과 전 세계 사람들을 대상으로 쓰레기 사업으로 폭리를 취하는 업체들 연합의 사기 행각에 간담이 서늘해졌다. 사기꾼들은 자원에서 '가져오고, 만들고, 폐기하는Take, make, and waste' 시스템의 단물을 쏙쏙 빼먹고 있었다. 그들은 소비자, 소비재 회사, 전국 시·군·구청, 그리고 지구의 건강을 희생시키면서 이윤을 갈취해왔다. 뉴욕시는 펜실베이니아, 오하이오, 사우스캐롤라이나에 있는 쓰레기 매립지로 폐기물을 매각하기 위해 매년 3억 달러 이상을 지출하고 있었다. 상당 부분은 막대한 세금 부담을 피하면서 뉴욕시에서 재활용될 수 있었다. 3억 달러는 뉴욕시의 교사나 경찰관을 2배 가까이 늘리기에 충분한 금액이다. 시정 서비스에 아무런 타격을 주지 않고 세금 감면을 실행할 수도 있었을 것이다. 그러나 현재 미국의 거의 모든 도시에서 혈세 낭비가 반복되고 있다. 재활용 서비스와 참여도가 우수한 도시에서도 포장을 효율적으로 하거나 폐기물 발생지에서 재활용해 제거할 수 있는 폐기물의 상당량이 매립지로 보내진다. 그 결과 지난 수십 년 동안 미국 도시들은 수십억 달러를 들여 폐기물을 수출한다. 도시 인프라를 개선하거나 시민 서비스 질을 높이는 데 이용할 수 있었던 금액의 비용인 것이다.

'리사이클뱅크'가 개발한 기술은 소비자들이 쓰레기통에 넣는 재활용 폐기물에 근거해 소비자들의 가정에 포인트를 제공해 슈퍼마켓과 식당, 각종 놀이시설에서 포인트를 현금으로 사용하도록 지원한다. 우리는 우리 서비스에 가입한 도시나 개인들과 제휴를 맺을 때, 재활용 회사에 팔 수 있는 종이, 금속, 유리, 플라스틱과 같은 폐기물을 정작 팔지 않고 물품을 운반하고 버리기 위해 쓰레기 매립 회사에 막대한 돈을 낸다고 설명했다. 또한 우리는 재활용을 '실천하던' 이들이 알게 모르게 재활용에 동참하지 않는 이웃들을 위해 처리 비용 일부를 부담하고 있다는 사실도 알려주었다. 왜 일부 이웃들이 잠재 수익을 날려버렸다는 이유로 그 금액에 달하는 비용을 모든 국민이 세금으로 내야 한단 말인가?

사람들이 자기 가정에서 버리는 쓰레기에 대한 직접적인 비용과 재활용의 잠재적 가치를 깨달으면 행동은 변하게 된다. 하지만 우리는 사람들이 재활용의 직접적인 경제적 가치를 이해하지 못했다는 사실을 발견했다. 각종 친환경적인 선언과 발표에 반응이 뜨뜻미지근한 것처럼, 재활용은 행동 주체의 이미지를 좋게 하는 무의미한 선심 주의로 폄하되기 때문이다. 나중에 더 자세히 살펴보겠지만, 재활용이 쓸데없는 행동이라는 기조는 경제적 기득권을 행사하는 기업과 업계가 홍보하며 설득하는 '선전propaganda'이기도 하다. 언론은 환경 보존과 복원이 우리의 경제적 이익에 반한다는 허구적인 이야기를 비일비재하게 무한 배포했다.

그나마 다행히도 미국인들은 현재 매년 9000만 톤이 넘는 금속, 종이, 플라스틱, 전자제품, 직물, 유리를 재활용하고 있다. 이마저 하지 않는다면, 지역 사회에서는 매년 매립지 처리 비용으로 30억 달러를 추가 지급해야 할 것이다. 더불어 미국의 일자리 54만 개를 포함해, 미국에서 재활용 산업으로 창출되는 1000억 달러 이상의 경제 활동을 포기해야 한다. 재활용의 이점은 여기에서 그치지 않는다. 재활용을 실천하면 우리가 사는 제품에 들어가는 재료의 비용을 줄여 최종 제품가를 낮출 수 있다. 간단히 말해 재활용은 우리에게 경제적으로 보탬이 되는 활동이다.

첨단 재활용 인프라를 갖추고 있으면서 재활용 자재를 활발하게 사고파는 시장이 있는 도시들이 있다. 그 덕에 큰 경제적 이득을 누리고 있다는 사실이 입증되었다. 예를 들어 폐지를 수거해 새로운 종이 제품으로 전환한 후 뉴욕시에 판매하는 '프랫 인더스트리즈Pratt Industries'라는 회사와 뉴욕시 정부는 오랜 기간 민간 협력 관계를 맺었다. 이 기업이 없었다면, 뉴욕시는 쓰레기 매립지로 종이를 비롯한 각종 쓰레기를 보내는 데 톤 당 100달러 넘게 지출했을 것이다. 그러나 프랫 인더스트리즈 덕분에 시민들의 참여로 재활용하는 종이가 톤 단위로 수익을 창출하고 있다. 한편 미니애폴리스에서는 '유레카 리사이클링Eureka Recycling'이 시 정부와 협력해 재활용 처리 과정을 오염 없이 깨끗하게 유지하기 위해 지역 봉사 활동에 투자해 오고 있다. 미니애폴리스는 현재 전국에서 오염률이 가장 낮은 도시 중 하나로, 유레카는 그 수익을 시 정부와 공유한다. 이처럼 전국의 도시들은 최고의 재활용 서비스로 상당한 지역 경제적 가치를 창출하고 있다. 뉴욕시의 '심스 재활용 센터Sims Municipal Recycling'와 '프랫 인더스트리즈', 시카고의 '레이크쇼어 재활용 시스템Lakeshore Recycling Systems', 샌프란시스코와 시애틀의 '리콜로지Recology', 오하이오의 럼프케Rumpke, 오스틴의 '발콘스 리소스Balcones Resources'가 재활용 분야의 대표주자들이다. 그러나 미국에서 이러한 인프라를 본격적으로 구축하기까지 상당 기간이 걸렸다는 점과 미국 내 퇴비 시설을 비롯한 첨단 재활용 시설과 순환경제 인프라가 부족한 지역이 여전히 너무 많다는 사실은 충격적이다.

화석연료의 연소는 기후 변화 논쟁에서 가장 큰 관심을 받고 있고, 화석연료를 적게 사용하려는 움직임에는 큰 진전이 있었다. 현재 태양력과 풍력으로의 에너지 전환이 급물살을 타고 있다는 점은 중요하다. 그러나 온실가스 배출의 약 3분의 2가 소비자들이 사용하는 제품을 생산하기 위한 자원 추출과 채굴, 제품의 제조와 폐기라는 '선형 프로세스linear process'에서 나오고 있다.

낭비적이고 환경 파괴적인 선형 시스템은 20세기에 개발된 개념이다. 특히 플라스틱을 만들기 위한 석유를 추출하고, 금속을 위한 광석을 캐내며, 종이용 목재를 베어내는 등 천연자원을 무한대로 가져다 쓰지만 그 과정에서 초래한 환경 피해에 대해서는 책임지지 않는 기업들의 배만 불려온 방식이다. 게다가 이들은 최적의 수명을 보장한 제품이 아니라 한 번 사용한 후에 곧 쓸모없어지거나 쓰레기처럼 될 제품을 염두에 두고 제조해 이윤을 증가시켰다. 대중을 너무 만만하고 하찮게 본 것과 다름없다. 그 결과, 신제품을 금세 또 찍어내려면 천연자원을 더 끌어올 수밖에 없는 구조가 되었다. 첫 번째 장에서 더 자세히 밝히겠지만, 제품이나 포장재를 수리·재사용·재활용하기보다는 한 번 사용 후 별생각 없이 버려도 된다는 관념이 광고 캠페인을 통해 대중의 의식에 심어졌다. 제품을 바꿀 시기가 안 되었는데도 '더욱 비싼 신제품'으로 갈아타는 게 '폼난다'고 주입했다. 이것에 책임이 있는 기업들은 납세자들에게 알려지지 않은 채 관련 비용을 전가할 수 있었다. 화석연료를 대량 추출한 기업들처럼 비양심적으로 이렇게 만행을 저지르는 기업들은 은밀하게 로비 활동을 펼치며, 오히려 수천억 달러의 연방 보조금을 받아냈다. 국민이 내는 수십억 달러의 세금이 폐기물 처리 경제 논리로 이득을 본 업계의 발전과 성장에 힘을 실어준 셈이 되었다.

우리가 제품을 사용하고 사용 후에 제품을 폐기할 때마다 소요되는 천연자원을 추출하는 비용을 계속 내야 할 타당한 이유는 없다. 지난 75년 동안 인류가 함께 소유하는 땅과 공기, 물이 황폐해지는 상황에서 우리는 굳이 안 써도 될 돈을 쓰며 사기를 당해왔다.

이러한 사기 행각이 지구와 우리 사회에 끼친 피해는 놀라울 정도로 분명하다. 기후 변화는 예상보다 훨씬 더 빠르게 진행되고 있다. 극심한 가뭄이 더욱 빈번해지면서 파괴력이 날로 커지는 산불의 원인이 되고 있다. 이러한 대형 화재는 엄청난 양의 탄소를 대기로 방출할 뿐만 아니라 숲에서 흡수할 수 있는 탄소량을 극적으로 감소시키며 매년 수십만 명의 사람들의 집을 잿더미로 만든다. 가장 강력한 탄소 흡수원인 열대우림은 매년 약 4만 9,889제곱킬로미터씩 고갈되고 있다. 2020년 여름 유럽을 강타한 기록적인 불볕더위와 그해 9월 텍사스에 극심한 홍수를 일으켰던 열대 폭풍 이멜다의 집중호우가 모두 기후 변화로 심화한 현상이라는 연구 결과가 나왔다. 유엔은 기후와 관련된 물 부족 현상이 2025년까지 세계 인구의 3분의 2에 큰 타격을 줄 것으로 추정한다.

전 세계 많은 지역 사회에서 그 영향은 이미 파괴적으로 나타났고, 특히 가난한 지역과 원주민 정착촌이 직격탄을 맞았다. 미국 연방정부가 발표한 4차 국가기후평가 보고서는 미국의 빈민촌에 사는 사람들이 기상이변으로 인한 환경오염과 재산 피해에 가장 취약하다고 밝혔다. 독소를 배출하는 공장들은 대부분 소수민족인 가난한 동네 근처에 밀집되어 있다. 예를 들어 《포춘》은 인구의 80퍼센트가 흑인이고 중위소득이 2만 1,500달러인 켄터키주 루이빌의 웨스트 루이빌 지역의 대기질이 미국 중형 도시 중 최악의 수준이고, 이 지역에 있는 56개의 독소 분출 시설로 인해 공기가 오염되었다고 보고했다. 평균 수명에서도 그 차이가 나타난다. 웨스트 루이스빌의 주민들은 도시의 부촌에 사는 백인 거주자들보다 평균

12.5년 더 적게 산다.

한편 토착민들의 상황은 어떨까? 유엔은 히말라야 빙하의 융해로 인한 물 부족 현상이 토착민들의 주거 환경에 광범위하게 영향을 주고 있다고 보고했다. 원주민 집단이 거주하는 아마존 지역의 가뭄과 벌채로 인한 삼림 파괴, 북극 토착민들의 생계유지에 필요한 사슴, 순록, 물개, 어류의 고갈, 그리고 아프리카 칼라하리 분지에서 소와 염소 사육에 치명적인 영향을 주는 가뭄이 대표적인 피해 사례다.

이곳저곳에서 황폐화의 증거가 쌓여가도 지난 10년 동안 자원 고갈 사태는 갈수록 심해졌다. 지구 토양의 3분의 1은 이미 사라졌다. 만약 현재의 고갈 속도가 계속된다면, 지구의 자원은 60년 안에 고갈될 것이다. 1900년 이후 육지 동물들의 약 20퍼센트, 양서류 종의 40퍼센트, 그리고 또 다른 100만 종의 생물이 심각한 멸종 위기에 처해 있는 가운데, 생물 종의 멸종 속도는 가속화되고 있다. 죽어서 해안으로 밀려오는 고래, 돌고래, 바다거북의 배 속에 플라스틱이 가득 차 있는 끔찍한 사진들이 연이어 공개되면서, 우리의 바다는 플라스틱 쓰레기로 인해 황폐해지고 있음이 드러났다. 플라스틱이 미세 단위로 분해되고 있다는 사실을 발견한 연구원들은 플라스틱이 지구의 모든 구석구석, 심지어는 우리가 마시는 식수에도 들어갔다는 점을 발견했다. 유엔의 생물다양성 과학기구 Intergovernmental Science-policy Platform on Biodiversity and Ecosystem Services의장은 2020년 전 세계 생물다양성 평가 보고서에서 "우리는 우리의 경제, 생계, 식량 안보, 건강, 전 세계 삶의 질에 대한 기반을 서서히 무너뜨리고 있다"라고 언급했다.

　화석연료, 광업, 제조 회사들뿐만 아니라 대부분의 대형 매립지 소유주들은 그들이 초래한 피해에 관한 압도적인 증거를 두 눈으로 확인한 후에도 모든 단계의 구제 조치에 격렬하게 투쟁해 왔다. 나는 리사이클뱅크를 운영하고 뉴욕시에서 사업을 펼치면서, 변화를 실천하려는 캠페인을 허위 정보를 퍼트리는 식으로 좌절시키는 그들의 음흉한 만행을 직접 목격할 수 있었다. 재활용을 실천하려는 노력이 확대 및 개선되고 환경 파괴 물질의 사용을 점점 줄이는 과정에 그들이 어떻게 찬물을 끼얹는지 보았다. 한번은 블룸버그 뉴욕시장과 내가 스티로폼 사용금지를 제안한 적이 있었다. 당시 우리는 허위 정보로 캠페인을 벌이는 세력의 공격을 받았다. 코로나19 위기 속에서 플라스틱 옹호 연합에서는 재사용할 수 있는 비닐봉지로 바이러스를 전파할 수 있다는 전혀 근거 없는 주장을 뻔뻔하게 부르짖었다. 당시 일회용 비닐봉지 사용을 금지하는 정책이 적용되고 있었는데, 이 정책을 뒤집을 기회로 본 것이다[이 문제를 다룬 최초로 다른 언론에 보도용 자료를 제공한 단체는 그럴싸한 이름이 붙은 로비 단체이자 비닐봉지 제조업자들의 모임인 '미국 비닐봉지협회(American Progressive Bag Alliance)'였다].

　'가져오고 만들고 폐기하는' 시스템의 옹호론자들은 선형 경제를 최적으로 효율적인 자유시장 체제라고 간주했다. 하지만 플라스틱의 약 90퍼센트가, 상당량이 재활용될 수 있음에도 불구하고 쓰레기 매립지와 바다에 쌓이게 된다는 사실에는 효율적이라고 일컬을 만한 부분이 전혀 없다(나중에 살펴보겠지만, 특정 재활용 플라스틱을 적극적으로 매입하려는 대기업이 상당히 많다). 미국인 한 명당 약 19킬로그램에 달하는 전자제품 — 폐기물 흐름에서 가장 빠르게 증가하는 부분이 전자제품이다 — 을 매년 폐기하는 현실 속에서 여전히 효율적인 요소는 전혀 없다. 버려지는 전자제품의 상당수는 신상품 수준으로 정비해 '리퍼비시refurbish' 상품으로 재판매할 수 있는데도 그렇게나 많이 버려질 뿐이다. 또한 미국인들이 사들인 식품의 약 40퍼센트가 낭비되는 상황, 상당량이 먹어도 무방한 상태에서 버려지는 상황에도 뭐 하나 효율적이라고 내세울 만한 부분은 없다.

그렇다면 그 모든 폐기물을 회수해 새로운 제품으로 다시 만들어 내면 어떨까? 그렇게 되면 그 제품들은 자원을 막대하게 추출하고 환경을 오염시켜온 기업들이 충격적인 속도로 고갈해 온 소중한 천연자원의 많은 부분을 대신하게 될 것이다. 폐기될 운명의 제품과 자재들을 회수하고 재사용하며, 새로운 제품을 만들더라도 자원 사용을 대폭 줄인다면, 온실가스 배출량을 극적으로 줄일 수 있을 것이다.

'선형 경제'가 자본주의를 대변한다는 개념은 항상 사기에 가까웠다. 환경 운동을 비판하는 자들은 기업들이 기존 관행을 버리고 친환경 노선을 택해야 한다는 주장이 반자본주의적이라고 수십 년 동안 비난해 왔다. 마법 같은 보이지 않는 자유시장의 메커니즘을 짓밟는다고 여긴 모양이다. 그러나 정작 자유시장의 원칙을 위배해 자원을 무지막지하게 고갈하는 사업체에 막대한 보조금을 지급하는 행위야말로 눈에 보이지 않는 만행이다.

수십 년 동안 자원 추출 및 연료 산업에 엄청난 세금 감면 혜택이 주어져왔다. 에릭 슐로서는 그의 신랄한 저서 『패스트푸드의 제국』에서 "의회에서 통과된 법률은 어떤 자유시장 세력보다 전후 시대의 경제사를 형성하는 데 훨씬 더 중요한 역할을 했다"라고 주장했다. 일반 기업이 소비자들에게 판매한 제품의 한 수명 주기가 끝날 때, 제품 폐기에 대한 비용을 납세자에 부담하는 행위만큼 자본주의와 괴리가 큰 행동이 있을까? 제품을 직접 사용한 고객들만 세금을 내는 게 아니다. 버려지는 제품들과 무관한 납세자들도 폐기 비용을 분담하도록 현재의 시스템은 조작되었다. 반자본주의적 비극을 찾는다고 한다면, 바로 서민들이 겪어야 하는 비극적 현실을 꼽을 수 있겠다.

지속 가능한 비즈니스 협의회American Sustainable Business Council는 최근 '과거로의 후퇴는 없다There Is No Going Back'라는 제목의 강경한 선언문을 발표했다. 이 발표문에서 "전국적으로 현재 자본주의 체계가 조작되어 있고 국민을 위해 이행되지 않는다는 여론이 많다"라고 주장했다. 당연히 옳은 주장일뿐더러 전 세계 너무나도 많은 경제국의 상황이기도 하다. 이제 잘못된 방향으로 조작되어온 체계를 해체해야 할 때가 되었다. 이제는 순환경제로 전환해야 할 때다. 지구 생명체들의 생존 여부가 여기에 달려 있다.

시급한 순환적 해결책

순환경제란 무엇인가? 자원이 낭비되지 않는 쓰레기 무배출을 표방해 원재료·생산·소비·폐기에서 '자원 선순환 고리' 시스템으로 이어지도록 재료 과학, 제품 설계, 재활용, 제조에 관한 첨단 기술에 투자하는 경제다.

순환경제에서 제품은 현재에서 조달하는 청정 재생에너지로 생산된다. 그리고 지속 가능한 재료나 용도 변경 및 재활용된 재료, 혹은 현재 개발 중인 풍부한 무공해 생분해성 재료로 제조된다. 제품에 대한 '계획적 진부화(혹은 구식화)[planned obsolescence, 기업에서 새로운 상품의 판매를 촉진하기 위해 상품을 제작할 때 일부러 상품의 개발을 진부화하거나 노후화되도록 하는 현상]'가 아닌 오랜 수명을 염두에 두고, 제품을 재사용하고 수리해서 쓸 수 있도록 설계한다. 돈 낭비를 줄이고 동식물 피해도 줄일 수 있다. 천연자원을 적게 추출하고 매립지에 제품을 폐기하는 빈도도 줄어들 수 있기 때문이다. 제품을 설계하고 생산하는 과정은 자연, 그리고 제품을 사용하는 사람들, 나아가 그들이 사는 지역 사회와 조화를 이루도록 최적화되어 있다.

제품과 재료의 생산, 유통, 소비, 재사용을 순환 방법으로 전환하는 일은 지구를 치유하고 엄청난 경제적 기회를 창출할 것이다. 기업들은 순환형 솔루션으로 혁신적이고 빠르게 성장하는 사업 모델을 구축할 수 있다. 한편 대기업들은 자재 구매, 포장 및 운송 비용을 절감하는 동시에 지구 친화적인 진보주의로 고객들을 만족시킬 수 있다. 소비자들은 제품을 실제로 소유하는 데 드는 과도한 비용을 감당하지 않아도 된다. 수명이 긴 제품을 구매하고, 수리 및 업그레이드를 받고, 제품에서 원하는 서비스에 대해서만 지급할 수 있어서 상당한 비용을 절감할 수 있다. 순환경제는 소비자, 소비재회사, 시 정부 스스로가 자신들에게 이익이 되는 경제의 주체라는 점을 보장한다. 게다가 75년 동안 수천억 달러의 혈세가 투입된 자원 채굴 및 매립 비용이 필요 없어진다.

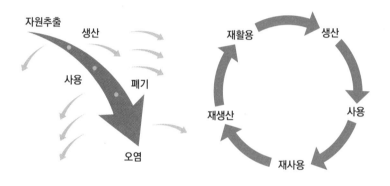

▲ **선형경제 vs. 순환경제** *(CC 3.0 Catherine Weetman 2016)*

이 외에도 순환경제는 경제의 발전과 성장을 이유로 지구를 오염시키는 이들이 자기 멋대로 우리 모두의 바다와 땅을 앗아가는 행위를 금지할 수 있다. 경제 발전과 성장에 반드시 오염이 뒤따라야 하는 건 아니다. 순환경제에서 그와 같은 사기 행위는 보상받지 못하지만 능력, 노력, 투명성, 혁신은 보상받는다.

현재는 자원 추출과 낭비를 둘러싸고 기업의 이해관계가 고착되어 순환성으로의 전환이 불가능해 보이기도 한다. 그러나 순환경제의 모델로 이윤을 창출하는 사례는 순환적 사업 모델을 채택하는 가장 강력한 원동력이 된다. 순환경제를 정착하기 위한 정부의 조치도 중요하지만, 혁신적인 제품 및 서비스, 즉 이에 대한 소비자 수요를 가능하게 하는 요소는 바로 비즈니스 혁신이다.

기업들은 이제 순환성으로 전환하려는 의욕이 강하다. 그 길을 선도해 온 기업들의 수익과 소비자 충성도가 환상적으로 향상되었을 뿐만 아니라 기후 변화의 가속화된 영향을 확인하고 있기 때문이다. 천연자원의 고갈로 생산 비용이 상승하면서 더 많은 기업이 공급망 문제에 직면하고 있다. 또한 대부분의 나라가 홍수부터 물 부족, 화재, 해수 상승에 이르기까지 점점 더 빈번해지는 자연재해에 시달리고 있다. 환경 파괴를 일으키면서 실질적인 친환경 해법을 마련하지 못한 것에 대해 대중이 책임을 물을 것이라는 점을 기업들도 점점 인식하고 있다.

순환경제의 탁월한 우월성

나는 '클로즈드 루프 파트너스Closed Loop Partners'라고 하는 순환형 솔루션을 채택하는 회사들에게 자금 조달을 지원하는 최초의 투자 회사 설립자이자 CEO다. 우리 회사가 이렇게 특수한 성격의 투자 회사다 보니 사람들이 내게 늘 하는 질문이 있다. "최근에 많이 들 언급하는 '순환경제'가 지속 가능성이라는 큰 화두의 곁가지 유행어 정도로 끝날 것 같나요?" 정답은 "전혀 그렇지 않다"이다. 지속 가능성 혁신은 순환경제를 기반으로 하는 상품과 비즈니스 모델을 개발하는 핵심이다. 한편 순환경제의 목표는 지속 가능성뿐만 아니라 자원의 '재생'에 있다. 순환경제의 기원은 1960년대로 거슬러 올라간다. 그런데 최근에야 순환적인 제품과 서비스를 고안한 여러 기업가를 선두로 기업 경영자들, 금융 투자자들, 정부와 NGO 인사들 사이에서 두각을 나타냈다. 순환경제가 '돈 되는 모델'이라는 확신, 나아가 기후 변화 대응력을 효과적으로 개선할 수 있다는 인식 때문이다.

순환경제를 기반으로 하는 자원의 선순환 체계가 우수하다는 사실은 순환경제사상의 창시자 중 한 명이자 스위스 건축가 발터 슈타헬이 적극적으로 피력해 왔다. 슈타헬은 순환적 생산의 사업 관행을 발전시키기 위해 '프로덕트 라이프 인스티튜트(Product-Life Institute)'를 설립했다. 그 후 수십 년 동안 기업, 정부 및 NGO 지도자들에게 컨설팅을 제공해 왔고, 자원순환의 핵심 원칙을 적극적으로 전파해 왔다.

감량(Reduce)

천연자원 사용량, 폐기물 발생량, 환경적 피해, 온실가스 배출량을 지속해서 줄인다.

재사용(Reuse)

오랜 내구성을 염두에 두고 제작된 제품과 포장재가 특별히 가공을 거치지 않고 새로운 주인을 만나게 한다.

재생산(Remake)

수리하고, 재정비하며, 더욱 실질적으로 재(再)제조한다.

에너지 회수(Recover)

재료를 쉽게 분해하고 재료에 대한 용도를 변경할 수 있도록 제품을 설계하고, 제조업체와 유통업체가 제품을 회수한 후 재정비해 재판매하거나 (refurbishment and resale) 재활용하는 '역물류(reverse logistics)' 과정을 개발한다.

재생 가능한 자원 활용(Renew)

재생에너지만 사용하고, 재생 가능한 생산 방법으로 작업하며, 실제로 자원을 보충하도록 구축된 환경을 마련한다.

지금껏 다양한 생각의 흐름이 있었기에 순환경제의 개념이 발전할 수 있었고, 혁신적인 해법을 위한 다양한 수단이 생겨날 수 있었다. 이제부터 독자 여러분과 함께 그 내용을 파헤쳐보려 한다.

성숙기에 도달한 순환경제의 움직임

순환경제 지지자들이 발전시켜온 풍부하고 광범위한 혁신 사례를 알아가면서 가슴이 벅차오르는 경험을 했다. 그리고 뉴욕시청에서 활동하면서 시정 사업에 순환경제적 해법을 최대한 많이 적용하려고 노력했다. 내가 관여한 첫 번째 사업은 '음식물 쓰레기 퇴비화를 위한 노변(curbside, 커브사이드) 수거 서비스'였다. 감사하게도 뉴욕 시민들은 이 사업에 긍정적인 반응을 보냈다. 준비 과정에서 다양한 기술과 함께 일할 수 있는 협력 업체나 기관을 물색했다. 그 과정에서 순환형 혁신을 추진하는 기업가 정신이 걷잡을 수 없이 커지고 있다는 사실을 알게 되었다. 자세한 내용은 이 책의 몇몇 장에서 다루어볼 것이다. 예를 들어 스티로폼을 대신할 버섯 뿌리로 만든 포장재가 있다. 이처럼 새로운 생분해성 물질이 활용된 발명품도 소개한다. 이 외에도 해조류로 만든 직물도 있다. 탄소를 전혀 배출하지 않고, 태양열로 작동되며, 매우 효율적으로 물을 사용하는 시스템에서 자라는 해조류로 만든 것이다. 이 직물은 생분해될 뿐만 아니라 몸에 닿으면 '직물 바디로션'처럼 피부에 귀중한 영양분을 공급하는 기능도 갖고 있다.

획기적인 진보를 이끄는 혁신 기업들은 스타트업뿐만이 아니다. 전 세계 많은 대기업도 혁신을 이끌고 있다. 소비재 대기업에는 유니레버, 프록터 앤드 갬블, 네슬레, 코카콜라, 펩시가 있고, 가구 분야에서는 이케아, 컴퓨터 기술 분야에서는 구글, 델, HP, 자동차 제조업에서는 포드, GM, 르노, 식품 대기업에는 크로거, 스타벅스, 맥도날드, 패션 기업에는 낭비가 심한 패스트 패션의 선구 기업 H&M이 있다.

세계에서 플라스틱 포장재를 가장 많이 사용하는 기업 중 하나인 유니레버를 예로 들어보자. 친환경 실천을 위한 여러 목표 중에서도 플라스틱과 관련된 유니레버의 네 가지 약속을 소개한다.

- 2025년까지 신재[virgin plastic, 석유에서 추출된 원료를 결합해 만든 플라스틱] 포장재를 50퍼센트 줄인다. 이때 전체 플라스틱 사용량을 30퍼센트 줄인다.
- 2025년까지 자사의 제품 포장재 양보다 더 많은 플라스틱 포장재를 수거해 처리한다.
- 플라스틱 포장 100퍼센트를 완전히 재사용, 재활용 또는 퇴비화가 가능하도록 설계한다.
- 포장재를 만들 때 재활용한 플라스틱 함량을 최소 25퍼센트 늘린다.

이처럼 선도적인 브랜드들은 열정적으로 지구 살리기 노력에 동참하는 동시에 순환경제 개념이 깃든 사업 기회에 열광한다. 소비자들, 특히 밀레니얼 세대는 기왕이면 환경에 보탬이 되는 제품을 구매하고자 한다는 점을 간파했기 때문이다. 밀레니얼 세대는 현재 전체 노동 인구의 절반 이상을 차지하면서, 베이비붐 세대만큼 구매력이 높다. 그들 중 75퍼센트는 이미 환경을 생각하는 지속 가능한 상품을 구매하는 것을 매우 긍정적으로 생각한다. 친환경 제품의 인기가 얼마나 높은지는 유니레버가 보여준 성공적인 친환경 제품 판매 실적으로 잘 드러난다. 유니레버가 보유한 여러 '지속 가능한 리빙 브랜드Sustainable Living Brands'는 2017년 46퍼센트에서 2018년 69퍼센트로 나머지 사업들에 비해 급속한 성장을 보여주었다.

한편 채광 산업에서도 순환경제에 대한 몇 가지 주요 실천이 눈에 띈다. 특히 인도에 본사를 두고 전 세계 최대 규모로 철강을 생산하는 '타타 그룹Tata Group'이 선구 기업이다. 2001년 타타 철강Tata Steel과 인도 철강 당국은 철강 부산물(2차 철강 제품 등)과 유휴 사업 자산에 대한 전자상거래 회사 '엠정크션Mjunction'을 공동 설립했다. 이 회사는 현재 인도에서 가장 큰 B2B 전자상거래 회사가 되었다.

그 결과 글로벌 비즈니스 업계도 순환경제로 얻을 수 있는 막대한 이익에 빠른 속도로 눈을 뜨게 되었다. 세계 경제 포럼World Economic Forum은 순환경제를 2019년 다보스 정상회의 중심 주제로 삼았고, 주요 글로벌 비즈니스 컨설팅 기업인 맥킨지, 딜로이트, 액센츄어는 모두 순환경제 혁신을 촉진하고 순환경제로의 전환을 지원하는 서비스를 제공하고 있다. 경제적 기회의 규모는 어마어마하다. 액센츄어는 현재 시점부터 2030년 사이에 달성할 수 있는 순환경제로의 전환이 4조 5,000억 달러의 글로벌 경제성장을 가져올 것이라고 내다 보았다. 덧붙여 "250년 전에 일어난 1차 산업혁명 이후, 생산과 소비의 전환점을 가져올 가장 큰 기회"라고 설명했다.

그러나 순환경제로의 전환이 가져올 미래를 사람들이 여전히 크게 혼란스러워서 한다는 점이 문제다. 예를 들어 투자은행 ING가 미국의 기업 총수들을 대상으로 설문조사를 실시한 결과 62퍼센트가 순환 공정을 채택하고자 한다고 응답했지만, 실제로 이렇다 할 방편을 마련한 기업은 16퍼센트에 불과했다. 한편 새로운 순환형 제품과 서비스로 혁신하기보다는 재료 비용을 절감하는 것에 국한되어 있다는 점도 아쉬운 부분이다. 그래서 내가 이 책을 쓰게 된 것이다. 사실을 명확하게 전달해야겠다는 필요성을 느꼈다. 그리고 순환경제의 개념을 현대인들이 종합적으로 이해하기까지 어떤 다양한 연구와 논쟁이 형성되었는지를 다루는 챕터도 있다.

순환경제로의 전환이 아직 탄력을 받지 못한 또 다른 이유가 있다. 혁신 기업들을 지원하는 데 투자 자금이 턱없이 부족하기 때문이다. 내가 '클로즈드 루프 파트너스'를 창업한 이유도 여기에 있다. 훌륭한 솔루션들이 여럿 개발되고 있지만, 어느 정도 자금줄을 끌어와야 시장에서 흡인력을 얻어 규모를 키울 수 있는 경우를 많이 봤다. 그래서 클로즈드 루프 파트너스만큼은 순환경제로 전환할 수 있는 잠재력 있는 회사들에 대한 투자 지원 사격에 나서기로 했다. 우리 회사에서 투자 지원한 여러 회사와 기발한 창업자들을 소개하고, 전환의 여정을 이끈 대담한 사상가들과 기업가들을 책 전반에 걸쳐 소개할 것이다.

우리 회사는 주요 브랜드들과 협력해 여러 가지 혁신 캠페인을 시작했다. 그중 '넥스트젠 컨소시엄NextGen Consortium'은 재활용이 안 되는 종이컵을 대체할 친환경 컵을 대량으로 유통하도록 지원하는 연합이다. 여기에 맥도날드와 스타벅스가 참여하고 있다. 이 외에도 월마트, 타겟, 크로거, 월그린스, CVS 헬스 등의 유통 기업이 함께하는 '소매용 봉지 재발명 컨소시엄Consortium to Reinvent the Retail Bag' 이 있다. 일회용 비닐봉지의 남용이 가져올 위협에 대해 최적의 대체품을 찾기 위해 설립된 연합이다.

이쯤 되면 순환경제를 향한 노력이 수면 밖으로 튀어 오르는 '티핑 포인트'에 도달한 것 같다. 하지만 또 다른 편에서 강력한 대항 세력이 버티고 있다. 이 세력은 순환경제가 실현되지 못하도록 안간힘을 다해 가로막으며, 순환경제에 눈을 떠가는 여론에 찬물을 붓고 있다. 기득권을 손에 쥔 이기적인 기업들 그리고 정부 권력과 언론의 선동자들이다. 이들은 수단과 방법을 가리지 않고 순환경제로의 전환에 은밀하게 제동을 건다. 유감스럽게도 이들의 전략은 강력한 효과를 낸다. 휴대전화와 같은 제품을 훨씬 더 쉽고 저렴하게 스스로 수리해서 계속 사용할 수 있는 '수리할 권리right-to-repair' 법안이 미국 의회에서 통과되지 못하도록 배후에서 로비를 벌이기도 했다. 로비 세력에는 주요 의료 장비 회사들도 포함되어 있다. 나중에 살펴보겠지만, 코로나19의 전파력이 급증했을 때 인공호흡기와 기타 생명 유지 장비를 수리하는 데 필요한 정보 공개가 제한되기도 했다.

그런데 '가져오고 만들고 폐기하는take-make-waste' 경제 논리를 옹호하는 세력이 백해무익한 '일'을 냈다. 이사회, 대학, 신문사에 '소비를 최대한 늘려야 국가의 경제력을 최대한 끌어올릴 수 있으며 기본적으로 국민의 행복과 안녕이 보장된다'라는 심각하게 잘못된 개념을 신성화해 주입한 것이다. 책에서 자세히 다루겠지만, 처음에 미국인들을 설득하고 나아가 전 세계 소비자들을 설득해 이 '소비 복음 말씀'을 설파하는 과정은 가시밭길이었을 것이다. 오래 뿌리내린 검소함의 미덕과 관행에 상반되는 사상이기 때문이다. 이 책의 첫 번째 파트에서는 수십 년 동안 미국 사회에 만연해 온 캠페인을 설명한다. 최고의 설득 전문가 집단들이 물건을 버리는 행위를 삶의 질을 개선할 정도로 편리하고 심지어 '애국' 행위라고 주입해 온 세뇌형 캠페인이다. 그리고 교활한 공공 '서비스' 캠페인과 허위 정보를 토대로 활개를 친 음흉한 로비 활동의 내막을 파헤친다. '가져오고 만들고 폐기하는' 시스템의 환경 폐해에 대해 무지하게 만든 주범들이다.

다행히 최근 들어 진실이 하나둘 폭로되고 있다. 화석연료를 연소하면 오존층이 점차 사라진다는 사실, 그리고 플라스틱 쓰레기가 바다에 침투되어 오염을 일으킨다는 사실을 50년 전부터 화석연료 거물들과 플라스틱 생산자들이 파악하게 되었다. 자세히 언급하겠지만, 이들은 거짓된 연구 결과를 생산했고, '그린 워싱 [greenwashing, 환경을 보호하는 것처럼 보이지만 실제로는 그렇지 않은 행동]' 해결책을 세뇌하며 진실을 숨겨왔다. 이 책에서는 뉴욕시에서 일했던 내 개인적인 경험을 바탕으로 이들처럼 특수 이익에 눈먼 자들이 얼마나 비협조적이고 위협적일 수 있는지를 설명하고자 한다.

정보의 홍수 속에서 허위 정보를 가려낼 수 있어야 순환경제로의 변화를 효과적이고 활기차게 홍보하고 전파할 수 있다. 이 책을 준비하면서 그 방법에 대해 더 많이 배우게 되었고, 이 분야에 더 눈을 크게 뜰 수 있게 되었다. 그렇다면 순환경제를 빠르게 정착하기 위해 대중이 가장 효과적으로 실천할 방법은 무엇일까? 해답은 현명한 소비다. 다행히도 순환경제가 녹아 있는 여러 훌륭한 제품과 서비스가 빠르게 시장에 나오고 있다. 이 책의 두 번째 파트에서는 가장 창의적이고 영향력 있는 혁신가들을 만나는 여정으로 안내한다.

다양한 혁신 사례를 보면 어느새 희망찬 미래를 그릴 수 있을 것이다. 피터 다이어맨디스와 스티븐 코틀러는 그들의 훌륭한 저서 『어번던스』에서 "인류의 심각한 난제들을 해결하는 가장 좋은 수단은 열정적이고 헌신적인 자세"라고 언급한다. 이 책에서는 그렇게 훌륭한 마음가짐을 지닌 사람들을 소개하며, 그것이 밝은 미래를 향한 확실하고 강력한 수단이라는 점으로 희망을 선사한다.

차례

THE WASTE-FREE WORLD

— 1부 —

자원을 가져와 낭비하는
형태에 반기를 들다

낭비해야 하는 의무

응급실 간호사들이 공포에 떠는 순간이 있습니다. 그럴 때면 저도 공포에 휩싸이죠. 저도 응급실 간호사입니다. 그리고 지금 숨 막히는 공포가 저를 에워싸고 있습니다.

2주 전만 해도 확진자와 접촉했거나 비말 감염에 노출된 환자 병실에서 나온 뒤 의료진이 곧바로 가운과 마스크를 버리는 게 너무나도 당연했는데 이번 주부터는 '종일 같은 마스크를 착용하는 것'이 새로운 규범이 되었기 때문입니다.

2020년 4월 미국에서 코로나19COVID-19 감염 사례가 급격히 증가해 수만 명의 사망자가 발생했다. 참담하고 비극적인 사태가 이어지는 가운데, 여러 신문사에 셀 수 없이 많은 간호사 청원서가 도착했다. 위의 글은 그중 한 간호사가 보낸 것이다. 의사 연합은 자발적으로 '개인보호장비를 구해주세요Get Us PPE'라는 단체를 결성해 보급품을 구하기 위해 필사적으로 노력했다. 단체가 의료진들에게 "가장 필요한 용품이 무엇인가?"라는 내용으로 설문지를 배포했는데, 7000명이 넘는 간호사들이 "모든 물품이 다 떨어졌다", "의료진은 현재 같은 마스크로 3주 이상을 버티는 중이다"라고 응답했다.

개인보호장비personal protection equipment, PPE의 부족 현상은 전적으로 자원을 무분별하게 채취해 대량 생산하고 자유로이 쓰고 버리는, 즉 '가져오고 만들고 폐기하는take-make-waste' 경제 논리의 결과였다. 개인보호장비는 애초에 한 번 사용 후 폐기되도록 만들어진 제품이기에 재사용을 위해 멸균하는 시스템 따위는 없다. 그런데 이에 관한 타당한 이유가 없다는 주장이 대세가 되어갔다. 과산화수소 용액을 분사하는 방식으로 살균해도 매우 간단하고 저렴하게 멸균할 수 있다는 논리였다. 그전에는 병원이 아무리 자금난에 시달리더라도 개인보호장비는 한 번 쓰고 버리는 것이고, 이러한 '비효율적 관행'이 잘못됐다고 생각하지 않았다. 그러나 개인보호장비를 폐기하는 것은 엄밀한 의미에서 의료상의 의무 사항이 아니다. 오히려 매우 비효율적인 업무 처리 방식의 폐해다. 이렇게 무분별하게 개인보호장비를 쓰고 버린 결과 품귀 현상이 나타났고, 의사, 간호사, 현장 응급처치자들이 불가피하게 목숨을 잃었다.

개인보호장비 부족 현상은 세계 최대 경제국인 미국조차 팬데믹 사태가 초래한 여러 부족 상황 대응에 처참히 실패했다는 사실을 보여주는 일례일 뿐이다. 코로나19가 발발하자 공급망에 만연한 여러 문제점이 그대로 드러났다. 농가에서는 농산물과 유제품을 공급해 온 공급망이 붕괴돼 수 톤의 채소와 우유를 자체 처분하기도 했다. 한편 인근 지역 주민들은 거의 비어 있는 식료품점 진열대를 뒤지며 생필품 구매에 목숨을 걸었다. 경제적 불평등의 끔찍한 부당함도 만천하에 드러났다. 미국 농무부에 따르면, 2019년 미국 가구의 10.5퍼센트가 식량 불안을 겪고 있다고 한다. 많은 어린이가 학교에서 아침과 점심을 급식으로 먹을 수 있었기 때문에 그나마 건강한 식생활을 유지했는데, 코로나19로 갑자기 학교가 문을 닫으면서 많은 가정이 식량 위기에 직면하게 된 것이다.

나는 생필품의 품귀 현상이 극심해지는 상황 속에서 「자본주의의 위협」이라는 기사가 떠올랐다. 세계에서 가장 성공한 투자가이자 선도적인 자선가였던 조지 소로스가 쓴 글이었다. 1990년대 대학 다닐 때 읽었던 이 기사는 내 삶에 큰 영향을 주었다. 소로스는 인간 삶의 체계를 뒤엎은 위험한 시장 세력이 "걷잡을 수 없이 강화 untrammeled intensification"되는 현상과 그것이 궁극적으로 우리 민주주의의 기초를 어떻게 위태롭게 만드는지를 날카롭게 비판했다. 소로스는 시장에 대해 완벽한 지식을 갖고 있더라도 대중의 진정한 요구와 욕구를 충족시키지 못한다고 했다. 그는 "광고, 마케팅, 심지어 제품의 패키징까지 사람들의 선호도를 형성해나가는 것을 목표로 한다"고 주장하며, "자유방임주의 이론처럼 사람들의 선호도에 대응하는 수준을 넘어섰다"고 강조했다. 나는 그 당시 역사와 경제를 전공하면서, 시장의 완벽성과 성과주의 기반의 경제적 기회에 관한 모든 이론에 점차 회의감이 들었다. 교수들이 설명하는 경제의 틀은 내가 필라델피아의 가난한 동네에서 자라면서 본 현실과는 전혀 달라 보였다. 부모님이 이혼하신 후, 어머니와 내가 그나마 거기에라도 정착할 수 있어 다행이었다. 어머니는 교사로 열심히 일했지만, 가족의 생계를 이어가기엔 임금이 턱없이 부족해 밤과 주말에도 부업을 뛰었다. 그러나 아무리 열심히 뛰어도 늘 제자리였다. 한때 거대한 기회를 제공했던 미국의 성과주의는 타락했다. 그러니 대학생인 내게 가장 위대한 투자자가 우리 경제의 기능을 업그레이드해야 한다고 명확히 촉구하는 내용이 강렬한 울림을 줄 수밖에 없었다.

열심히 일한 이들에게 그에 상응하는 보상을 제공하고, 자유시장의 세력에 힘을 실어줄 것으로 믿는 우리의 경제 체계가 어쩌다가 이 지경에 왔을까? 자칭 자본주의의 옹호자들이 자신들의 시대에 뒤떨어진 사업 모델과 이익을 보호하기 위해 비밀리에 정부 보조금을 빼먹으며 시장 경쟁을 막는 상황이 일어나게 된 원인은 무엇일까? 어쩌다가 그렇게 와해하고 불균형한 경제 체제가 서민들의 이익에 도움이 된다고 철석같이 믿게 되었을까?

검소한 유산

뉴욕시의 우드사이드에 있는 존 토만의 집에 당국의 기습 검문이 있었다. 집에서는 액체로 가득 찬 병 4개가 나왔다. 그 수가 많지 않아 그는 운 좋게도 경고만 받고 넘어갔다. 한편 근처 우드헤이븐에 사는 조 위트만은 운이 좋지 못했다. 2주 후에 기습 검문을 당했는데 집에서 액체로 가득 찬 병 23개와 빈 병 263개가 나왔기 때문이다. 다행히 체포는 면했지만, 막대한 벌금형을 받았다. 또 다른 사례로는 가엾은 13세 카르멘 카메넬로가 있다. 그는 빈 병 4개를 판매한 죄로 구속되어 소년원에 송치되었다.

1916년의 사건들이다. 그들이 은닉한 물건들은 당시만 해도 귀했던 음료수병, 맥주 및 생수병이었다. 이러한 물건을 '롱아일랜드 병입 협회Long Island Bottler Association'라는 이름의 조직에서 회원들이 엄중히 보호하고 있었다. 그해 연례 급습 보고서에서 협회가 회원들의 은닉 노력을 치하하자 감시 당국은 감시망을 강화하며 거의 주 1회로 총 43건의 급습을 감행하기도 했다. 그 정도의 수사 열정을 강도나 살인자를 수사할 때 보였으면 범죄자들을 많이도 색출했을 것이다.

나는 그 보고서를 읽고 폐유리병을 사재기하고 재사용하기 위해 체포될 위험을 감수하는 모습에, 폐유리병이 그 정도로 가치 있는 물품이었다는 점에 매우 놀랐다. 오늘날, 엄청난 양의 유리병들이 매립지에 버려지고 있다. 뉴욕시는 내가 고용되기 몇 년 전에 유리 재활용을 중단할 것인지를 심각하게 고민했다. 추후 이유를 다시 설명하겠지만 폐유리의 가격을 높게 쳐줄 시장을 찾기가 너무 어려웠기 때문이다. 하지만 20세기가 바뀔 무렵, 병 주입 사업자들은 병을 재사용하기 위해 모든 병을 수거하는 데 혈안이 되었다. 실제로 수거율도 95퍼센트로 매우 높았다. 사람들은 과거처럼 병을 사재기하는 일은 없었지만, 슈퍼마켓의 빈 병 수거함에 빈 병을 가져다주고 1, 2센트를 환불받을 수 있었다. 빈 병을 가져올 만한 충분한 보상이었다. 너무 적은 금액이라고 생각하겠지만, 당시 음료 가격의 40퍼센트에 해당하는 금액이었으니 현재 기준으로는 50센트를 받아 가는 수준이었다. 비록 현재 빈 병 환급액은 5센트지만 말이다. 오늘날 폐유리병의 약 3분의 2를 매립지로 보내는 데 매년 막대한 세금이 빠져나가고 있다.

아무 생각 없이 방탕하게 투척하는 행동은 지금의 우리에겐 제2의 천성과도 같다. 그런데 이는 인류 역사의 긴 흐름에서 보면 미친 짓이다. 영겁의 세월 동안 인류에게 순환적인 생산 활동은 그저 자연스러운 일상이었고, 인류는 문제없이 기량을 펼쳐왔다. 그런데 어느 날 갑자기 물건을 살 때마다 포장비를 내라는 어이없고 사기 같은 개념이 들어왔다. 초기 인류의 발명을 연구하는 역사가 마이켈 쿠이퍼스는 330만 년 전 구석기 시대 조상들은 낡은 도끼날을 작은 부싯돌 도구로 분해하는 등 그들이 만든 모든 도구가 쓸모없더라도 버리지 않고 용도를 바꿔 썼다고 적었다. 그 후 신석기 시대에 도자기를 만들기 시작했을 때에도 흙이 아무리 풍부해도 조상들은 깨진 항아리 조각을 갈아서 새로운 항아리를 만들었다. 돌도 처음에는 숫돌로, 그다음엔 문간이나 비석으로 사용되곤 했다. 청동기 시대에 금속 가공 기술이 발명된 후에는 금속 물체를 녹여 수없이 많은 물건을 새롭게 탄생시켰다. 칼을 두드려 농기구를 만들라는 성경 말씀은 단순히 전쟁을 그만두고 평화를 택한다는 비유로만 읽히지 않고 실생활의 지혜를 녹여내고 있었다.

인류의 진보에서 일궈낸 큰 도약 중 하나를 소개한다. 기원후 105년, 재료의 재활용을 통해 종이를 발명한 사건이다. 중국 한나라 시대, 공방(농업부) 장관은 낡아서 해진 누더기 천을 펄프 형태로 빻아 편편한 판에 고르게 펴서 건조해 얇은 종이를 만들었다. 그 후 수 세기 동안 이 공정은 누더기 수집가들에게 안정적인 일자리가 되었다. 거대한 대성당들이 세워지던 중세시대 조각가들은 로마 신들의 조각상들을 기독교 성인들의 형상으로 다시 조각했다. 유럽의 궁정들이 부와 사치의 중심지가 되었을 때도 '코르티잔'[courtesan, 과거 유럽에 존재했던 귀족이나 왕족, 부자 같은 상류층을 상대하는 고급 매춘부 혹은 이들의 정부(情婦)를 뜻하는 말]은 다음 시즌을 위해 입던 가운과 장식된 외투를 다시 재단사에게 보냈다. 20세기 중반까지 모든 종류의 상품과 재료의 재사용과 용도 변경은 일상에서 당연시 여겨졌다. 거의 모든 것을 수집, 수리 및 재판매할 수 있는 강력한 기반이 마련되어 있었다. 가정에 신제품을 판매하는 행상들도 수리가 가능한 물품을 직접 사들여 손을 본 후에 재판매했다. 산업혁명이 가열되었을 때 카메라부터 가스레인지, 트랙터까지 모든 종류의 제품이 시장에 출시되면서 수리 전문가들은 공산품에 새로운 생명을 불어넣어 큰돈을 벌어들였다. 신발은 밑창을 반복적으로 분해해서 다시 제작하고, 면도날은 계속 갈아서 쓰고, 펜에는 잉크를 계속 다시 채워 넣어 썼다.

그렇다면 언제부터 그리고 어떠한 이유로 우리는 그렇게 많은 것들을 버리기 시작했을까? 윤택한 삶을 누리려면 어쩔 수 없이 불필요한 쓰레기가 넘쳐난다고 과연 누가 우리를 설득했단 말인가? 어쩌다가 물건을 살 때마다 매번 새로운 포장재의 비용을 낸다는 걸 당연시하게 되었는가? 설득하기가 쉽지는 않았을 텐데 말이다.

소비자의 생각과 마음을 휘두르기

철학자 마셜 매클루언은 "매체가 곧 메시지다The medium is the message"라는 문구를 만든 것으로 유명하다. 그는 책에서 "역사학자들과 고고학자들은 언젠가 우리 시대의 광고가 각 사회에서 전개된 모든 활동 범위에 대한 가장 풍부하고 가장 충실한 고증이라는 사실을 발견하게 될 것이다"라고 기술했다. 소로스가 강조했듯 광고는 사람들의 행동을 반영하기도 하지만, 그들의 행동에 엄청난 영향을 끼치기도 한다. 현대 광고의 혁신가 어네스트 엘모 컬킨스는 "물건이 낡고 닳도록 오래 쓰는 건 번영을 낳지 않는다. 번영은 구매에 달려 있다"고 말한 바 있다. 콜킨스는 소비주의의 물결을 일으킨 장본인 중 한 명이다. 그는 1930년 논문에서 사람들이 필요로 하지 않는 제품에 대한 수요를 인위적으로 늘리는 학문을 '소비자 공학'이라고 칭했다.

콜킨스는 동료들과 함께 1920년대에 공산품과 같은 '비식품'에 '소비'라는 단어를 처음으로 적용하기에 이르렀다. 그전까지 '소비'란 식품에만 적용되던 개념이었다. 그러나 콜킨스 연구진은 가스레인지, 냉장고, 라디오와 같은 내구재를 '소비'한다는 아이러니한 개념을 널리 퍼뜨려 음식과 마찬가지로 모든 제품에도 유통기한이 있다는 문화적 개념을 주입했다. 콜킨스는 그 전략을 다음과 같이 설명했다. "제품은 두 종류로 나뉜다. 자동차나 안전면도기처럼 단순히 '사용use'하는 제품군, 그리고 치약, 탄산음료, 비스킷처럼 '완전히 써버리는use up' 제품군이다. 소비자 공학에서는 끝까지 다 쓰지 않고 버리는 제품을 '완전히 써버리는' 경향을 예의 주시해야 한다." 이렇게 해서 우리 시민들은 '소비하는 사람'이라는 의미에서 '소비자'라는 호칭을 얻게 되었다.

모든 종류의 제품을 재사용하거나 수리하지 않고 폐기해야 한다는 생각은 실제로 수십 년 동안 고착화되었다. 한 번 쓰고 버리도록 특수 제작된 포장재의 도입으로 본격화된 것이다. 레스토랑 체인 '크래커 배럴Cracker Barrel'은 '통'을 의미하는 '배럴barrel'에서 이름을 따왔다. 고객들이 봉지나 통을 직접 가져와 과자를 퍼가도록 하는 콘셉트다. 그 후 1899년, 수전 스트레서가 자신의 역사책 『낭비와 욕망Waste and Want』에서 강조했듯, 시장을 선도하는 미국의 크

래커 제조업체인 '내셔널 비스킷National Biscuit', 이후 '나비스코Nabisco'
로 브랜드명을 바꾼 이 업체는 특허 등록한 '인-얼-씰In-Er-Seal' 패키
징을 도입했다. 새롭게 출시된 훨씬 가볍고 얇은 크래커 '유니다스
Unneedas'를 밀랍 종이로 포장해서 골판지 상자에 넣어 배송한다. 크
래커를 큰 통에 넣어 팔면 빠르게 눅눅해지므로 과자를 바삭하게
유지하기 위해 새로운 방식의 밀봉된 봉투에 넣어 상점으로 운송한
것이다. 내셔널 비스킷은 새롭고 경이로운 포장재를 광고하는 데 많
은 돈을 썼다. 노란색 우비를 입은 어린 소년이 비스듬히 내리는 빗
줄기 속에서 유니다스 과자 상자를 나르는 장면을 보여주며, 물에
도 젖지 않는 방수 포장을 훌륭하게 묘사하는 700만 달러 예산의
광고를 선보이기도 했다.

다음으로 깡통과 강철 캔을 쉽게 쓰고 버리는 문화가 자리 잡게
되었다. 이를 통해 여성들은 가족을 위해 유리병에 신선식품을 보
관하는 귀찮고 성가신 가사 노동에서 해방될 수 있었다. 1860년대
에도 통조림 식품이 판매된 적이 있지만, 초상류층을 제외한 일반
인이 접근하기엔 너무 비쌌고 주로 식사용으로 군대에 판매되었다.
그러나 1904년 '맥스 암스 머신 컴퍼니Max Ams Machine Company'가 통
조림을 저비용으로 대량생산하는 방법을 발명하면서 통조림의 본
격적인 상업화가 시작되었다.

재사용되도록 만들어진 유리병이나 항아리 통조림과는 달리, 철
제 뚜껑이 달린 가공식품 캔은 한 번만 열 수 있도록 특수 설계됐
다. 통조림 시장의 90퍼센트를 빠르게 장악한 '아메리칸 캔 컴퍼니

American Can Company'는 통조림 깡통을 재활용하기 위해 어떠한 시도도 하지 않았다. 그렇게 세월이 흘러 오늘날에 이르렀고, 각종 포장재와 폐용기가 미국 도시 쓰레기의 32.5퍼센트를 차지하게 되었다.

물론 처음에는 사람들에게 제품을 버리면 편하고 좋다는 점을 이해시키기가 쉽지 않았다. '소비자 공학자'와 같은 신생 전문가들이 예상했던 것보다 대중의 마음을 바꾸는 것이 훨씬 더 힘든 도전이었다. 일회용 제품 사업에 뛰어든 브랜드들은 처음엔 작게 시작했다. 일회용 고무장갑은 1894년에 발명되었는데, 처음에는 수술용으로 홍보되었고 한참 지나서야 가정용으로 판매되었다. 한편 질레트Gillette는 1895년 최초의 일회용 면도날을 선보였다. 종이 접시를 효율적으로 생산하는 기계는 1904년에 발명되었지만, 접시를 한 번 쓰고 버린다는 개념이 처음 도입되었을 때 터무니없다고 인식되던 시절이었다. 그 후 대중이 종이 접시를 널리 구매하기까지 수십 년이 걸렸다.

내구성이 제품의 핵심 요소라는 점에 이의를 제기할 미국인들은 별로 없었다. 그러나 물건을 쓰고 버리는 '소비와 폐기' 문화가 삶의 질을 올려준다는 대국민 캠페인은 1차 세계대전 동안 인기를 얻기 시작했다. 유럽 국가들의 경제가 전투와 전쟁으로 피폐해지는 상황에서, 미국 경제는 호황을 누렸다. 그러나 전쟁이 시작되던 1914년만 해도 미국은 깊은 불황의 늪에 있었다. 그러던 중 유럽으로부터 농산물 및 공산품에 대한 대량 주문 요청을 받았고, 이를 계기로 미국에서는 놀라운 경기 회복이 시작됐다. 유럽으로의 수출량은 1913

년 14억 7,900만 달러에서 1917년 40억 6,200만 달러로 증가했다. 그해 미국이 전쟁에 돌입한 후, 전쟁 물자에 대한 연방정부의 지출은 전년도의 4억 7,700만 달러에서 1918년에는 85억 달러로 급증했다. 1914년 16.4퍼센트였던 미국의 실업률이 종전 1.4퍼센트로 떨어졌고, 주당 평균 소득은 2배로 늘었다. 미국 정부는 국민에게 '검소한 생활'을 촉구하면서 가정에서 '고기 없는 월요일meatless Mondays'에 동참하도록 하고, 소득에서 남는 여윳돈은 전쟁 자금을 마련하기 위한 '자유 채권[Liberty Bond, 미국 재무부에 의해 발행된 1차 세계대전에 자금을 지원하는 채권]'에 투자하라고 독려했다. 이에 급물살을 타고자 하는 일부 유통업체들은 대중에겐 소비할 의무가 있다는 내용을 암시하는 광고를 꾸준히 선보였다. 상점들은 매장 진열장에 "돈 안 쓰는 어리석음을 조심해 번영의 길을 내어 주라. 필요한 물건을 당장 사라"는 내용의 글귀를 내걸었다.

전쟁에 대한 보상 심리로 물건을 구매하도록 유도하는 광고가 신문을 뒤덮었다. 어이없는 광고 문구도 더러 있었다. 니모Nemo 코르셋은 "일하는 여성들, 특히 전쟁 때 익숙하지 않은 노동을 하는 여성들은 일의 효율성을 유지하려면 건강을 지켜야 한다"고 광고했다. 보정 속옷 '코르셋'이 '지금, 그 어느 때보다도, 국민 필수품'이 되었다고 암시하는 셈이었다. 당시 광고계의 거장 프랭크 프레스브리는 전쟁이 "새롭고 위대한 방식으로 광고의 저력을 보여주었다"고 말했다.

전쟁이 끝나면서 광고의 저력은 더욱 활개를 쳤다. 광고는 미국인들에게 구닥다리 냄비와 팬, 낡은 다리미와 빨래판, 청소 시간이 오래 걸리는 빗자루와 쓰레받기를 버리고, 미국이 전쟁을 치르며 생산 역량이 강화된 공장에서 찍어내는 대량 생산된 가전제품들을 사라고 강요했다. 전쟁을 치르며 군수물자를 대량 생산해 돈맛을 본 제조업체들은 전쟁이 끝나자 생산 설비의 용도를 급하게 변경해 '소비재'를 생산하기에 이르렀다. 대량 생산의 기적을 이어가려면 대량 소비가 필요했고, 제조사들은 공격적인 마케팅에 박차를 가해 대중이 돈을 물 쓰듯 쓰도록 독려했다. 불필요한 소비를 자극하고 내구성보다는 일회성으로 제품을 만드는 것이 성공의 조건이 되었다.

계획된 진부화

물건을 만들어 파는 회사들이 최대한 오래가는 제품을 만드는 것에 큰 자부심을 느끼던 시절이 있었다. 내구성 좋은 제품을 환상적으로 만들어내는 회사들도 꽤 많았다. 전기 제품 중에서 언제부턴가 제품 수명이 짧아졌다고 느끼는 '백열전구'를 예로 들어보겠다. 백열전구도 처음부터 수명이 짧았던 건 아니다. 백열등이 처음 생산되던 시절 제작된 '센테니얼 라이트Centennial Light'는 지금까지 켜져 있는 백열등이다. 1901년 처음으로 켜진 이후 지금까지 계속 켜진 상태로, 캘리포니아주 리버모어 소방서에서 관리하고 있다. 소방서는 웹캠을 설치해 전구가 희미하게 빛나는 영상을 하루 24시간

연중무휴로 송출하고 있다. 소방서장은 웹캠을 세 번이나 교체하는 동안에도 거뜬히 삶아 남은 전구라고 했다. 그렇다면 전구는 어쩌다 수명이 확 줄어든 것인가?

1924년, 제너럴 일렉트릭General Electric과 필립스Philips를 포함한 주요 전구 제조업체 대표들이 스위스의 화려한 도시 제네바에 모여, '피버스 카르텔Phoebus cartel'이라는 연합을 형성했다. 이 회사들은 스위스에 실험실을 설립했고, 최대 1,000시간만 연소하고 쉽게 고장 나는 표준화된 전구 신제품을 개발하기 위해 힘을 모았다. 그들은 엄격한 '열화[degradation, 고온의 상태에서 화학적 성질이 빠르게 변해 재료의 물성이 저하되는 현상] 지침'에 동의했고, 정기적으로 전구 샘플을 스위스 연구소로 보내 테스트받는 것을 의무화했다. 만약 전구의 수명이 지나치게 길면, 제조사는 상당한 벌금을 물게 되었다. 카르텔의 일부 회원사는 지침 내용을 변경해서라도 경쟁사보다 우위를 점하면서 회사 이미지를 높이고자 더 오래가는 전구를 판매하려 했다. 당시 필립스[*현재 필립스는 과거의 노선을 청산하고 새로운 리더십과 전향적 사업 계획을 토대로 순환경제 비즈니스 모델의 선두기업으로 인식되고 있다]의 CEO는 카르텔 회원사 GE 대표에게 보낸 편지에서 자신의 안타까운 심정을 실었다. "'오래가는 전구'(당시 전구를 수식하는 표현이었다)의 시기를 벗어나기 위해 우리가 얼마나 애를 썼던지요. 이제는 무턱대고 수명이 긴 전구를 만들던 시절로 절대 돌아가지 않는 것이 관건입니다." 이런 사고방식은 자본주의나 사회주의로 설명할 수 없는 것이다. 소비자를 속이는 최고의 방법을 고민한 흔적일 뿐이다.

여기에 극명한 대조를 보여주는 제품이 바로 최장 수명을 염두에 두고 제작된 '센테니얼 라이트'다. 그렇다면 왜 장수 제품을 생산했을까? 전구는 처음에 전기 회사들이 직접 소유하면서 고객 가정에 조명 시스템을 설치할 때 이용되던 물품이었다. 당시 전기 회사들은 전구와 소켓을 비롯한 모든 전등기기를 보유했고 전구를 포함한 부품 교체 비용도 부담했다. 그러나 전기가 대규모로 수급됨에 따라 전기 회사들은 고객에게 전등기기, 램프, 전구를 직접 판매해 이윤을 많이 남길 수 있다는 사실을 알게 되었다. 더 많이 팔면 그만큼 이득이었다. 광란의 1920년대에 경제 성장의 원동력이 되었던 것이 이러한 '반복 판매' 사업 모델이다. 이후 수십 년 동안 이 사업 모델은 상상도 못 한 극단으로 치달았다.

1958년 제품 엔지니어들이 주로 보는 《디자인 뉴스》라는 잡지에 "제품의 사망 일자를 정하는 것, 과연 바람직한 콘셉트일까?"라는 노골적인 제목의 기사가 실렸다. 제품 설계자들이 이 기사에 크게 분노하는 분위기 속에서 '반복 판매' 사업 모델이 강한 파급력을 지녔다는 점은 아이러니하다. 해당 잡지의 편집자가 쓴 이 기사는 "의도적으로 허접한 제품을 설계하는 행위는 비윤리적인가?"라는 화두를 던졌다. 라디오 제조업체 엔지니어의 말도 인용했는데, 그는 이 회사의 라디오가 3년 이상 지속되지 않도록 설계했다는 사실을 자랑스러워했다고 전했다. 기사에서는 내용을 이렇게 이어갔다. "엔지니어들이 과연 그러한 기업 철학에 저항해야 하는가? 경영진이 '단기 수명 제품'을 만들라는 지시를 내리는데 어떻게 저항할 수 있겠는가?" 이 문제에 대해 제품 엔지니어들로부터 응답이 쇄도했다. 당시 카메라 제조사였고 훗날 반도체 선구 기업이었던 페어차일드Fairchild에 재직 중인 엔지니어 한 명은 동종 업계의 엔지니어들을 변론하기도 했다. 그는 계획된 노후화가 만연하다고 주장하며, "모든 업종의 설계 부서는 경제나 효율성을 빙자해 실행되고 있다"라고 했다. 그는 이어 "제품 부속품들의 취약할 대로 취약한 연결부보다 부속품의 수명이 오래가게 만드는 것은 그 자체로 낭비다. 이상적인 제품이란 부속품 전체가 한 번에 고장 나는 제품이다"라고 덧붙였다. 마치 고속도로를 운전하는데 후미등이 꺼질 때 차 전체가 고장 나야 한다는 논리다. 그리고 그러려면 애초에 자동차 전체 부품을 후미등처럼 수명이 짧도록 설계해야 한다는 의미다.

수리하기가 지나치게 어렵거나 수리비용이 높은 제품을 만드는 것은 제품에 '사망 일자'를 부여하는 가장 효과적인 방식이었을 것이다. 이 방식은 미련 없이 새로운 모델을 사고 싶은 마음을 불러일으켰고, 구매는 마땅히 합리적인 선택지로 여겨졌다. 애플은 휴대전화 내부를 열면 배터리가 폭발할 수 있다는 이유로 자사의 스마트폰을 수리하는 것이 실제로 위험하다고 주장하면서, 사망 일자를 부여하는 전략을 한 차원 끌어올렸다. 그렇게 위험한 게 사실이라면, 그리고 매년 출시되는 새로운 아이폰 모델에 녹여낸 놀라운 혁신을 감안한다면 배터리도 매번 더 안전하게 만들어야 하는 게 아닌가? 만약 애플이 '계획된 노후화'를 염두에 둔 게 아니라면 왜 아이팟을 만들 때 배터리를 교체할 수 없도록 하는 배터리 구동 장치를 처음으로 도입했을까? 나는 아이폰4를 산 지 2년 만에 애플이 해당 모델의 충전기 생산을 중단했다는 사실을 알게 되었다. 노후화는 여러 가지 방법으로 강요될 수 있다.

제품에 노후화 개념을 은근슬쩍 적용한 기업들은 제품 수명이 단축된 데 대한 고객들의 분노를 감수할 필요가 없다는 점을 간파했다. 폐기를 염두에 두고 설계해야 하는 수고를 피해 갈 수 있었기 때문이다. 그들은 사람들에게 새 제품에 대한 구매 욕망을 불어넣는 방법을 택했다. 구매 욕망을 키워서 제품의 노후화를 유도할 수 있었다. 새로운 모델을 간절히 사고 싶게 만들어 원래 갖고 있던 제품을 기꺼이 폐기하도록 만드는 전략이다. '역동적 노후화dynamic obsolescence'라고 칭한 이 개념을 만든 장본인은 제너럴 모터스의 오랜 CEO였던 알프레드 슬론이다. 그가 고심 끝에 이 개념을 생각해낸 데는 이유가 있었다. 그는 헨리 포드가 자신의 모델 T 차량이 평생 타도 망가지지 않을 정도로 튼튼하다는 점을 내세우는 압도적인 경쟁 속에서 승부수를 띄우고 싶었다. 모델 T는 차량 외부가 시선을 끌 정도로 아름다운 차는 아니었지만, 포드가 약속한 대로 '현대 공학이 고안할 수 있는 가장 단순한 디자인'을 염두에 두고 만들어졌다. 자동차 역사가 린제이 브룩이 '극강의 단순한 사용성'을 높게 평가하기도 한 차다. 포드는 "몇 가지 간단한 수공구, 철사 꾸러미, 사용자가 공구를 다루는 기본적인 기술만 있으면 그 차를 수리할 수 있을 것"이라고 언급했다. 모델 T는 인기가 워낙 높아서 오늘날까지도 역대 인기 차량 10위 안에 들 정도다. 하지만 슬론 대표의 전략이 결국 찬물을 끼얹었다.

1925년 어느 자동차 역사가, 슬론 대표는 GM 차량에 연례적으로 모델 변경을 도입하면서 "차량의 부품이나 기계적 변화는 거의 변경하지 않으면서, 기술적 진보에 대한 환상을 심어주었다"라고 지적했다. 2년 안에 GM은 판매량에서 포드를 앞질렀다. 1927년까지 포드의 시장 점유율이 바닥을 치자 헨리 포드 대표는 자신이 아껴온 모델 T를 단종시키고, 페이스 리프트를 한 '모델 A'를 선보일 수밖에 없었다.

그의 결단은 제조업계에 기폭제가 되었다. 제조업체들은 예술가들을 고용해 화려하고 매력적인 디자인과 스타일을 선보였다. 커피포트, 토스터, 축음기, 진공청소기, 냉장고, 라디오, 전등 그리고 자동차의 '테일 핀'[tail fin, 항공 용어로 비행기의 수직 꼬리날개를 뜻하지만, 자동차에서는 자동차 뒤쪽 양옆에 세운 얇은 지느러미 모양의 구조물을 가리킨다]이 다채롭게 출시되었다. '산업 디자인'이라는 분야가 탄생했고, 산업 디자이너들은 당시 기업 임원의 평균 임금을 훨씬 웃도는 5만 달러(오늘날의 68만 달러 상당)의 급여를 받았다.

리먼 브라더스에서 소매거래 분석을 전문으로 하는 폴 마주르 본부장은 빈정대는 듯한 어조로 사태를 분석했지만 결국 현상을 높게 평가했다. 1928년 자신의 저서 『미국의 번영*American Prosperity*』에서는 다음과 같이 기술했다. "물건을 낡고 닳을 때까지 쓰고 새것으로 교체하는 속도는 너무 느려 미국 산업계의 속이 터지기에 충분했다. 결국 산업계의 대제사장들[high priests, 구약 시대에 하나님에게 제사 지내는 일을 맡아보던 성직자들]은 꾸준히 큰돈을 안겨줄 '새로운 신'을 선출한 셈이다. … 노후화는 최고의 신이 되었다. … 그 신은 달력의 전환만큼이나 빠르게, 확실히 창의적 사고를 지닌 이들이 지닌 창의력만큼 빠르게 창조되는 존재였다."

제조업체들은 '홍보PR'라는 현혹적인 이름이 붙은 새로운 분야의 선구자들과 광고인들로부터 많은 도움을 받았다. 잡지 《하버드 비즈니스 리뷰》에서 마주르 본부장은 광고 캠페인의 목적을 명확히 피력했다. "미국은 필요에 의한 소비문화에서 욕망에 의한 소비문화로 전환해야 한다. 기존의 물건을 완전히 소비하기도 전에 구매에 대한 욕구가 생기고, 새로운 물건을 원하도록 소비자들에게 정보를 주입하고 자극을 줘야 한다. … 인간의 욕망은 무언가의 필요성을 무색하게 할 것이다."

대중의 인식에 큰 변화를 가져온 장본인은 바로 '홍보의 아버지'로 불리는 홍보의 거장 에드워드 버네이스다. 그는 가장 혁신적이고 효과적인 홍보 업계 거장으로, 심리학으로부터 통찰력을 적용하는 방법을 차용해 각종 홍보 전략을 고안했다. 이 전략들은 큰 성공을 거둬 오늘날에도 여전히 널리 사용되고 있다.

버네이스는 여론을 쥐락펴락할 정도로 광범위하게 통솔하고 때로는 대중의 마음에 해를 끼칠 수도 있다는 야심을 품었다. 그는 자신의 홍보업이 대중의 선익을 위한 것이라 여기며, "대중의 조직적인 습관과 의견을 조작하는 행위는 민주주의 사회에서 중요"하다고 기술했다. 여론을 어떠한 방향으로 형성하는지에 민주주의의 성공, 그리고 대량 생산과 소비의 성공이 달려 있다고 믿었다. 게다가 그에겐 여론을 휘두를 수 있는 수단이 있었다. 그는 논문 「합의의 조작The Engineering of Consent」에서 "미국에서 대중을 겨냥한 커뮤니케이션의 폭은 폭발적으로 확장되었고, 그 결과 생각과 사상을 전파하는 세계에서 가장 효과적이고 침투력이 강한 장치가 생겨났다. 미국의 전 국민은 방대한 통신망의 영향에 항상 노출되어 있다. 아무리 멀리 떨어져 있어도 전국 구석구석까지 도달하는 그 영향을 피해 갈 수 없다"고 기술했다. 최초의 라디오 방송국은 1920년에 방송을 시작했고, 불과 몇 년 만에 라디오는 미국 가정의 거실을 장악하게 되었다.

버네이스는 제품을 판매할 때 굳이 기능의 우수성을 내세울 필요가 없고, 고객의 행복, 건강, 자존감, 섹시한 매력이 배가할 것이라는 기대감을 심어주어야 한다고 주장했다. 결국 그는 "군중심리에 '이성적 사고' 따윈 없다. … 충동, 습관, 감정이 군중심리를 지배한다"고 주장했다. 여론에 영향을 가하는 캠페인으로 그는 '자유의 횃불[Torches of Freedom, 1929년 미국 사회에 나타났던 여성 인권 운동을 이용한 담배 회사들의 마케팅 전략]'이라 불리는 매우 효과적인 '럭키 스트라이크Lucky Strike' 담배 캠페인을 언급했다. 이 캠페인은 여성들이 담배를 피우게 만드는 목적으로 기획되었지만, 당시만 해도 조잡하다고 여겨졌다. 그는 일당을 주고 여자들이 멋지게 차려입고 눈에 띄게 담배를 피우면서 불평등에 저항하는 '가짜' 시위에 참여하도록 지시했다. 결국 그는 주요 언론의 주목을 받았다. 그가 실시한 또 다른 캠페인도 큰 성공을 거두었다. 미국인들이 즐겨 먹는 '푸짐한' 아침 식사에서 베이컨의 양을 늘리는 취지의 캠페인이었다. 아이러니하게도 그는 의사라는 직업군을 제품 홍보에 최초로 활용한 장본인으로, 한때 어디서나 볼 수 있었던 '조사 대상 의사 5명 중 4명'의 문구를 활용한 과대광고를 가장 처음 도입했다. 또한 연예인과 유명인을 후원해 제품을 광고하는 방식의 홍보 전략을 고안하기도 했다. 심지어 미국의 허버트 후버 대통령으로부터 "미국 소비의 무한한 미래를 창조하는 데 기여한 공로"로 표창받기도 했다.

소비의 의무를 촉진한 또 다른 인물이 있었다. 당대의 마사 스튜어트[미국의 유명 사업가이자 이른바 살림의 여왕]로 알려진 '가정 경제학자' 크리스틴 프레데릭이었다. 《레이디스 홈 저널》의 자문 편집인이기도 한 그녀는 거의 안 쓴 물건을 버리고 반짝거리는 새것을 사라는 캠페인을 열렬히 옹호했다. 또한 1925년 저서 『미다스 골드: 가족 수익에 관한 연구, 시장의 확대 수단으로의 '과다 판매'와 시간 지불*Midas Gold: A Study of Family Income, "Overselling" and Time-Payment as a Broadener of the Market*』을 출간했다. 그녀는 책의 도입부에서 소비자 신용과 할부 계획에 관한 놀랍고도 새로운 발명품들을 높게 평가했다. 신용 카드와 할부의 개념은 확실히 시장의 저변을 넓혔다. 그러한 소비 패턴은 굉장한 열풍이 불어, 전에는 거의 전적으로 담보 대출 부채였던 평균 가계 부채가 10년 동안 2배로 증가했다.

저서 『미다스 골드』와 프레데릭의 대작 『소비자 여사에게 판매하기*Selling Mrs. Consumer*』는 소비자가 아닌 기업을 위한 조언을 실은 책이었다. 후자의 경우, 경영서 전문 출판사 대표이자 저자의 남편 조지 프레데릭이 말하는 '진보적 노후화'의 덕목을 극찬했다. 크리스틴 프레데릭은 '계획적 노후화'의 정의가 무엇인지 질문한다. 그녀는 그것을 "물건이 자연 수명에 도달하기 전에 물건을 '폐기'하거나 방치할 준비가 된 상태 … 저축해 모은 돈을 쥐어짜더라도 수입의 매우 큰 부분을 신상품을 사는 데 쓰고 싶은 욕구"라고 정의했다. 더불어 "이제 미국 가정을 위해 … 대담하고 새로운 정책을 주장하고 선언해야 할 때다. 이것은 창조적인 낭비 정책이다"라고 기술하며, 사치도 창의적일 수 있다는 대담하고 새로운 개념을 업계에 도입했다. 결국 그녀는 "무한히 새것으로 채워나갈 수 있는 것들이 창조적으로 '낭비'되어서는 안 되는 이유는 세상에 조금도 없다"고 단언했다. 그러나 그녀가 간과한 사실이 있다. 사실 그 물질들이 무궁무진하지 않다는 점이다. 하지만 "소비자 여사가 수십억 달러를 소비하고 있다"와 "그녀는 돈을 물 쓰듯 쓰면서 멋진 시간을 보내고 있다"라는 대목은 정곡을 찔렀다.

소비주의는 그렇게 정점에 달하게 됐다. 아무리 최고의 판촉 전략으로 '과도 영업overselling'을 밀어붙여도 과잉 생산에 대한 제조업체들의 열의를 따라가기가 버거울 정도로 과잉 생산이 난무했다. 과잉 재고의 증가는 현재 세계 공황의 주요 원인으로 널리 알려져 있다. 『소비자 여사에게 판매하기』는 10월 29일 주식 시장이 폭락하기 불과 몇 주 전인 1929년에 출간되었다. 저자 프레데릭은 책에서 "미국의 신용이 오늘날 세계에서 가장 견고한 상태라면, 그 비결은 소비자들이 상황을 그렇게 만들기 때문일 것"이라 기술했다. 그러나 곧바로 이어진 대공황은 경기에 극심한 타격을 주었고, 소비자들이 부채를 상환하려는 의지가 별로 없었기 때문에 가계 부채는 쉽게 사라지지 않았다. 돈을 물 쓰듯 써도 될 만큼 수입이 높은 직업들이 많지 않은 것은 당연했다. 대공황은 질보다 양을 중시하는 사회가 가져올 결과가 얼마나 오랫동안 참혹하게 지속되는지를 보여주는 첫 번째 사례였다.

경제를 살리기 위해 큰 지출을 유지하라는 캠페인이나 뉴딜 정책의 온갖 대규모 경기 부양 사업으로도 미국은 경기 침체에서 빠져나올 수 없었다. 역사상 최대 규모로 군사력을 증강하는 것이 침체를 극복하는 유일한 방법이었다.

2차 세계대전 이후 소비 광란

1944년 봄기운이 완연했던 5월 22일, 프랜시스 개브레스키 중령이 이끈 16대의 미국 신형 P-47 썬더볼트 전투기 부대는 독일 북부의 산업 중심지 브레멘을 향해 허공을 가르고 있었다. 그때 미국 전투기 부대는 독일 공군의 포케불프 전투기 부대가 기지에서 막 이륙하는 모습을 목격했다. 개브레스키 중령은 자신감으로 가득 찬 전율을 느끼며 자신의 분대[군대의 편제 단위로, 8~15명의 전투원이 소속되어 있다]를 이끌고 빠른 추격전을 펼쳤다.

독일군 편대[비행기 부대 구성단위] 역시 16대의 비행기로 구성되어 있었지만, 결투는 소위 게임이 안 되는 양상으로 펼쳐졌다. 얼마 지나지 않아 개브레스키는 포케불트 전투기 1대를 격추하고 곧바로 다른 1대를 추격하기 위해 방향을 틀었지만, 포케불트 전투기의 조종사는 P-47의 강력한 포에 반격하기는커녕 현장에서 도망쳤다. 개브레스키와 그의 부하들은 교전에서 적군의 요원 13명을 격추해 죽이고 이후 사상자 4명을 더 추가했다. 반면 아군에서는 사망자가 2명밖에 발생하지 않았다.

개브레스키 분대의 투견은 당시 미국의 군수력이 압도적으로 우위에 있다는 것을 보여주는 사례이자 참으로 경외심을 불러일으킬 만한 산업 확장의 산물이다. 당시 미국 비행기들이 놀라운 속도로 공장에서 쏟아져 나오고 있었다. 1942년에 건설된 거대한 포드의 '윌로우 런Willow Run'에 위치한 공장 시설은 1944년까지 매우 효율적인 조립 공정을 만들어 120만 개의 부품이 투입되는 B-24 폭격기를 단 1시간 만에 생산했다. 당시 공장들은 대부분 하루 24시간, 일주일에 7일 가동되고 있었다.

미국이 전쟁에 참전했을 때, 루스벨트 대통령은 국민에게 "비행기를 몇 대 더 생산하는 것만으로는 충분하지 않다. … 미국은 적군보다 압도적으로 많이 생산해야 한다"고 말했다. 미국의 공장들은 대통령의 지시를 확실하게 따랐다. 1944년 4월 독일 공군의 아돌프 갈란드 사령관은 "오늘날 미국의 전투 참여율이 전보다 7배 늘었다"고 상부에 보고했다. 전쟁 전에 미군은 72대의 전투기를 보유하고 있었다. 그런데 루스벨트 대통령은 항공기 5만 대가 필요할 것이라 선언해 국민에게 충격을 주었다. 그리고 그 수치는 단지 비행기에만 해당하는 것이 아니었다. 미국의 군수품 제조업체들도 군용 트럭 80만 6,073대, 탱크 8만 6,338대, 선박 7만 6,400대를 생산했다. 새로운 형태의 상륙주정(landing craft, 상륙 전용의 선체가 작은 배)을 생산하던 것에서 나아가 최초의 항공모함, 1,740만 발의 화기, 414억 발의 탄약을 생산하기에 이르렀다.

이처럼 막대한 군비 증강 지침에 따라 군수용 제조업체들은 귀중한 원자재를 지속해서 입수할 수밖에 없었다. 막대한 양의 원자재가 군수물자에 필요한 상황이 되자 연방정부는 대대적으로 재활용을 장려하고 가정에서 '승리 정원[Victory garden, 1차 및 2차 세계대전 당시 민간 집과 공공 공원에 채소와 과일 등을 심어 전시에 사람들에게 식량을 보충할 뿐만 아니라 민간인들의 사기를 진작시키고자 했다]'을 만들어 채소를 심도록 유도했고, 일회용 제품을 이용하지 않고 병을 밀폐시켜 식자재를 보관하는 옛날 방식으로 돌아가기를 이끄는 광고 캠페인을 시작했다. "캔은 버리지 말고 비축하세요. 음식도 전시에는 무기처럼 소중하므로 낭비하지 마세요"라고 적혀 있는 광고와 포스터를 어디서나 볼 수 있었다. 또한 주부들을 상대로 냄비와 프라이팬, 제련용 주방기구 등을 기증할 것을 권유하는 재활용 캠페인을 펼쳐 주방용품 600만 개를 수거했다.

돌이켜보면 10년간의 대공황 이후 수리, 재사용, 재활용이 미국의 전쟁 승리에 크게 이바지했다는 점을 고려할 때, 미국의 광적인 소비주의가 1920년대에 절정을 이뤘다는 사실을 씁쓸히 인정하게 된다. 그러나 '소비는 번영의 길'이라는 이념은 전쟁이 끝나기도 전에 다시 도입되었고, 가계 부채는 물론 지구 환경에도 파괴적인 결과를 가져왔다.

전후 미국이 세계 경제 리더로 부상하면서 미국의 국민소득은 호황기를 맞이했다. 1,700만 개의 새로운 일자리가 창출되었고, 전국 평균 주급 수당은 50~65퍼센트 증가했다. 지속적인 지출과 소비주의를 맹신하면서 '자본주의의 복음'을 전파하는 사람들은 전례 없는 소비 열풍을 맞을 태세를 갖추고 있었다. 미국인들은 전쟁 물자를 위해 마련된 1,850억 달러의 채권을 매입했고, 채권의 만기일이 도래하면 막대한 현금을 손에 쥘 수 있었다. 사람들이 막대한 지출과 소비를 할 수 있는 환경을 만든 것은 바로 제조업체들이었다. '가져오고, 만들고, 폐기하는Take, make, and waste' 사업 모델이 화려하게 컴백하기 딱 좋은 상황이었다.

전쟁이 끝나갈 무렵 여러 기업은 '홈 비디오 카메라'와 '프로젝터'처럼 생소하지만 곧 대세가 될 신문물을 소개하는 광고를 내보냈다. 1943년에 실시한 '내일의 부엌Kitchen of Tomorrow' 캠페인에서는 '즉석' 포장 식품을 데우는 용도로 제작된 '썸-XTherm-X' 오븐을 내세웠다. 당시 엄청난 센세이션을 일으킨 이 캠페인은 파라마운트 픽처스가 만든 단편 영화 〈인생, 그리고 더 나은 집과 정원Life and Better Homes & Gardens〉 이야기의 모티브가 되었다. 또한 관련된 순회 전시에는 160만 명의 관람객이 방문하기도 했다. 돈을 주고 주방용품을 산다는 것 자체가 취미이자 여흥의 한 형태가 되고 있었다.

그리고 텔레비전의 새로운 매력이 사람들의 마음에 파고들었다. 텔레비전은 1939년에 시장에 나왔지만, 전쟁 중에는 생산이 금지되었다. 1942년에는 5,000대만 팔렸으나 전쟁 후 1년 만에 4만 4,000대가 미국 가정에 들어왔으며, 1948년에는 200만 대로 늘어났다. 물론 텔레비전은 인기 있는 상품이었을 뿐만 아니라 빠르게 새로운 광고 매체가 되었다. 1951년까지 텔레비전 광고 수입은 총 4,100만 달러였고, 2년 만에 8배인 3억 3,600만 달러로 증가했다.

일회용 제품들이 쏟아져 나오기 시작했고, 그중 다수는 값싼 새 플라스틱으로 만들어졌다. 잡지 《뉴스위크》는 1943년 우리가 "전후 플라스틱 세계"에서 살게 될 것이라고 통찰력 있게 예측했다. "왜 굳이 은식기를 설거지하세요? 플라스틱 식기류를 사서 쓰고 버리세요. 왜 펜에 잉크를 다시 채운다고 야단법석을 떠나요? 플라스틱 펜을 사서 다 쓰면 그냥 버리세요." 이 외에도 플라스틱 컵, 칫솔, 면도기, 샌드위치 봉투, 빨대, 병이 등장했다. 유리병 제조업체들은 한때 재활용에 혈안이 되어 유리병을 재활용하지 않고 집에 보관하는 사람들을 신고하기도 했지만, 플라스틱 병을 처음 생산한 제조업체들은 가식적이라도 플라스틱 통을 돌려주거나 재활용해야 한다는 문구를 사용하지 않았다. 유리병도 전후에는 일회용품이 되었고, "보증금 없음. 반환 없음"이라는 문구를 전면에 내세웠다.

새 제품으로 무한 재활용되고 재활용을 위해 전쟁 중에 열심히 수집되던 알루미늄은 일회용 냉동식품 용기, 팝콘 봉지, 일회용 그릴, 프라이팬, 심지어 일회용 개 접시로 재탄생했다. 종이 냅킨, 식탁보, 수건과 더불어 종이 접시도 불티나게 팔렸다. 1955년《라이프》잡지는 '쓰고 버리는 생활Throwaway Living'이라는 제목으로 부부가 행복한 표정을 지으며 일회용 가정용품을 공중에 던지는 사진의 특집기사를 실었다. 또한 사진 속의 물건들이 합쳐지면 40시간의 설거지하는 시간을 절약할 수 있다고 주장했다.

규제를 완화하기도 했다고 기록했다. 신용카드 할부 구매에 대한 이자를 공제하는 정책으로 소비를 장려한 것이다. 정부 경제학자들은 실제로 할부 구매를 저축의 한 형태로 규정했다. 미국 상무부는 출생률이 급상승한 '베이비' 시대가 도래한 것에 흡족해하며, 상무부 건물 로비에 '인구가 늘어나면 그만큼 시장도 확대된다'라는 문구가 적힌 번쩍이는 전광판을 설치했다고 개런은 전했다. 최초로 인기를 끌었던 신용카드는 1950년 미국 신용카드 회사 '다이너스 클럽Diners Club'이 발행했다.

그렇다고 후폭풍을 가져올 함정들이 물질적인 행복에 가려져 있었던 건 아니다. 그 당시 많은 비평가가 과소비 세태에 신랄한 비난을 가했다. 《라이프》에서는 인기 기자 윌리엄 화이트가 가구별 지출을 연구한 결과를 싣기도 했다. 기자는 "수많은 부부가 생활비를 하도 많이 쓰고 미리 돈을 받은 나머지 항상 현금이 쪼들리는 상황이었다"라고 기술했다. 밴스 패커드 기자는 1959년 뉴욕타임스 베스트셀러 1위였던 『쓰레기 생산자들The Waste Makers』이라는 책에서 계획적, 진보적, 역동적인 노후화에 대해 신랄하게 비난했다. 비판적 논조의 책들이 홍수처럼 쏟아지는 상황 속에서 저자는 마케팅 고문 빅터 르보우가 판매 담당자들을 위해 쓴 글귀를 인용했다. "우리는 그 어느 때보다 빠른 속도로 물건을 소비하고, 태워버리며, 교체하고, 폐기하고 있다."

아마도 20세기의 가장 저명한 경제학자 중 한 명으로 알려진 존 케네스 갤브레이스만큼 신랄하게 비판한 학자도 없을 것이다. 그는

'통념(conventional wisdom, 직역하면 '전통적인 지혜')'이라는 단어를 처음으로 사용하면서, 자신의 베스트셀러 『풍요로운 사회The Affluent Society』에서 경제학자들이 일반인들에게 주입해 온 '지혜'를 맹비난했다. 그는 이 책에서 "최근 몇 년 동안 일부 품목에 관해서 물질적 가치를 극대화해야 한다는 암묵적인 가치 체계에 대해 불편함을 느끼지 않은 경제학자들은 거의 없다. 쓸데없는 물건들이 급물살을 타고 쏟아져나오는 현실에 궁금증을 품게 된 것이다"라고 적었다. 일회용 개밥그릇도 분명 무분별한 소비 목록에 들어간다. 그는 제조업체와 판매담당자들의 공격적인 판촉 활동에 대한 분노를 이렇게 기술했다. "물건에 대한 결핍은 … 진정한 필요가 아닌 억지로 생성된 것이라면 결코 시급히 해결될 필요가 없다. … 물건의 생산이 오히려 결핍을 낳는다면, 생산이 결핍을 충족하는 것이라고 하면서 생산을 정당화할 수 없을 것이다."

만약 양보다 질을 중시하는 회사에서 만드는 제품을 재활용, 수리, 재사용하는 관행이 뿌리내렸더라면, 아마도 소비와 순환경제의 건강한 균형을 이룰 수 있었을 것이다. 그러나 전쟁 중 재활용을 애국적인 미덕으로 보면서 경제에도 득이 된다는 관점은 순식간에 사라졌고, 폐기물이 폭발적으로 늘어나면서 수리 전문가들도 점점 필요 없어져버렸다. 절약과 희생의 의무는 어느새 소비와 낭비의 의무가 되었다. 미국은 리자베스 코헨의 말대로 '소비자 공화국'이 되었다.

역겨운 '국내총생산'

과거에 소비는 번영하기 위한 수단이라고 믿던 지지자들은 경제학자들과 정부를 대상으로 '국내총생산GDP'이라는 당시 생소했던 경제 개념이 경제 건전성을 측정하는 핵심 지표라는 점을 적극적으로 피력하며 로비 활동을 벌였다. GDP를 과도하게 중시하는 분위기 속에서 소비주의는 더욱 정당화될 수 있었다. 본격적으로 경제의 성과를 측정할 때 새롭게 생산된 제품의 양이 얼마나 증가했는지가 중요해졌다. 높은 품질인지, 환경에 해를 끼쳤는지, 또는 삶의 질을 눈에 띄게 개선했는지는 중요치 않았다. 이처럼 GDP를 경제 성공의 핵심 척도로 이용했을 때 나타나는 부작용, 즉 경제의 외적 요소와 실제 경제 상황이 달라지는 '이중성'과 실물경제를 제대로 드러내지 못하는 '비합리성'에 강력히 문제를 제기한 사람은 GDP 지표를 개발한 경제학자 사이먼 쿠즈네츠였다. 1934년 그는 GDP가 사회의 실제 복지의 많은 측면을 간과하기 때문에 번영의 척도로 사용하는 것에 반대하는 탄원서를 미국 의회에 보내기도 했다. 그는 "국가의 복지는 … GDP만으로는 거의 유추할 수 없다"고 경고했다.

이 외에 경고의 목소리는 여기저기에서 들려왔다. 2000년 대통령 자유 훈장을 받게 된 갤브레이스는 저서 『풍요로운 사회』에서 "제품을 대량으로 생산한다는 것이 … 우리의 삶에서 중요한 문제라는 잘못된 관념, 그리고 그 관념에 종속된 현실"은 대중의 관심을 사회적 병폐와 환경 악화 같은 문제로부터 멀어지게 한다고 기술했다. 그는 진정한 풍요란 소비를 늘리는 문제가 아니라 주장하며, "우리의 풍요를 수호한다는 명분으로, 지구의 자원을 다 써버리고 재만 남기는 비양심적인 사람들로부터 자원의 '풍요'를 보호해야 한다"고 설명했다. GDP에 대한 가장 신랄한 비평가는 로버트 케네디였을 것이다. 그는 대통령 출마를 선언한 지 불과 며칠 전이자 암살되기 3개월 전에 다음과 같은 통탄 어린 연설을 했다.

GDP에서 중시하는 요소들은 대략 이렇다. 대기 오염 수치와 담배 광고 개수, 고속도로에서 사망자가 발생하지 않도록 신속히 투입되는 구급차의 보급 대수, 문에 사용되고 교도소 탈주를 통제하는 특수 자물쇠의 개수, 삼나무의 파괴 정도와 자연 환경의 무분별한 도태와 유실 등이다. … 이러한 요소만 헤아릴 뿐, 시의 아름다움, 결혼 제도의 장점, 공개 토론이 보여주는 지성, 공무원의 청렴함 따위는 안중에도 없다. 우리의 재치도 용기도, 우리의 지혜나 학문도, 우리의 연민이나 국가에 대한 헌신도 고려치 않는다. 간단히 말해서 삶을 가치 있게 만드는 모든 요소를 제외한 것들만 측정한다.

그렇다면 왜 GDP가 한 국가의 경제적 성과를 나타내는 공식적인 지표로 자리매김하게 되었을까? 2차 세계대전에서 연합군의 승리가 가시화된 것 때문에 그 물꼬가 트였다. 당시 연합군과 우방국

들의 대표 44명이 머리를 맞대고 고민했던 한 회의 석상에서였다. 그들은 22일에 걸쳐 최전선에서 멀리 떨어진 뉴햄프셔주 브레튼우즈의 전원적인 휴양지에 있는 우아한 마운트 워싱턴 호텔에 머물며 여러 차례 회의를 진행했다. 그들의 목표는 전쟁의 참화 이후 전후의 번영을 보장하는 국제 경제 기준과 구조를 만드는 데 합의하는 것이었다.

그들이 브레튼우즈에서 내린 여러 결정 사항은 세계은행과 국제통화기금 같은 몇몇 유익한 기관들의 설립으로 이어졌다. 빈국들의 발전을 위해 재원을 마련하자는 취지였다. 그러나 소수의 국가에는 경제적 우월성을 부여하지만, 대부분의 국가에는 환경 악화를 초래하는 경제적 측정 도구를 의무적으로 도입해야 한다는 전제를 달았다. 비슷한 인종, 사회, 종교적 배경을 가진 사람들만 참석한 가운데, 의도적이든 그렇지 않든 그들이 내린 결정에는 경제가 모든 인류의 발전을 위해 어떻게 기능해야 하는지에 대한 포괄적인 이해가 부족했다. 그들은 경제 체계가 만들어내는 물건의 총량이, 물건의 수명을 길게 혹은 짧게 염두에 두고 만들거나 에너지를 독식 혹은 보존하거나 삶의 질을 높이거나 낮추거나 상관없이, 성공의 유일한 척도가 될 것이라는 데 동의했다. 예를 들어 인간이 초래한 재앙적인 상황에서 재건 활동에 대한 내역이 GDP에 포함될 수 있지만, 재해로 인한 비용은 취급하지 않는다. 이는 어떠한 관리자가 문제를 초래한 후, 문제의 근본 원인을 고민하지 않은 채 문제를 해결한 것을 보상해주거나, 같은 실수를 반복하지 않을 것이라고 확신을 주지 않았는데도 보상해주는 것과 다름없다. 근본적인 해결책을 고민하지 않고 눈에 보이는 문제만 해결했는데 보상을 해주고, 같은 문제가 발생해서 같은 방식으로 해결했기에 또다시 보상하는 것과 유사하다.

예를 들어 GDP에는 유독 화학비료를 제조한 내용과 온실가스를 뿜어내는 유정과 가스정에서 시추 활동을 벌인 내용이 포함된다. 하지만 거리, 수로, 공기가 얼마나 깨끗한지는 측정하지 않는다. 양질의 의료 서비스에 대한 접근성도 측정하지 않는다. 양질의 교육에 대한 접근성도 마찬가지다. 우리가 사는 동네가 얼마나 안전한지도 측정하지 않는다. 생계를 제대로 이어가려면 몇 시간을 일해야 하는지도 측정하지 않는다. 일반적인 경제 지표와 달리, 화학비료와 온실가스 배출로 인한 보건 비용은 GDP에 반영되지 않는다.

소비주의의 굴레에서 벗어나려면, 경제의 건전성 평가와 생활 수준 상승을 연결 짓는 새로운 기준을 확립해야 한다. 그래서 여러 실행 가능한 선택지들이 제안되었다. '세계행복보고서World Happiness Report'를 매년 발행하자는 제안도 있었다. 이 보고서에서 미국은 GDP가 세계 1위이지만, 행복 지수에서는 19위밖에 되지 않았다. 이걸 보면 미국이 왜 이렇게 분열되어 있고, 너무나 많은 미국인이 왜 스스로 뒤처진다고 느끼는지를 알 수 있을 것 같다.

내가 특히 편애하는 대안은 경제학자 케이트 레이워스Kate Raworth의 도넛 경제인데, 이 경제학자는 한 나라의 경제가 국민의 삶의 요구를 얼마나 잘 충족시키는지에 따라 평가되어야 하며 동시에 천연

자원을 보호해야 한다고 말한다. 이때 '순환경제'가 핵심 개념이다. GDP는 항상 증가해야 한다는 관념에 반박한 그녀는 무한 성장을 "우리 몸으로 치면 암 덩어리와 같다"고 신랄하게 비판했다.

레이워스는 각국 경제가 추구해야 할 방향에 밑그림을 제시하고 자 도넛 경제학 모델을 개발했다. 도넛에서 짙은 색으로 표기된 바깥 원은 허용될 수 있는 생태학적 손상 수준이다. 반면 안쪽 원은 무너지면 안 되는 하부 경계로 인간의 기본적인 삶에 부족해서는 안 되는 기본 요소를 나타낸다. 안쪽 원의 요소들은 인간의 생계유지에 필요한 마지노선인 셈이다. 도넛의 중앙은 '스윗 스팟sweet spot' 인데, 그녀는 그 부분을 우리가 추구해야 할 '안전하고 공정한 공간'이라고 칭한다. 그리고 그 안으로 들어가기 위해 순환경제 모델을 경제 전반에 구축해야 한다고 주장한다.

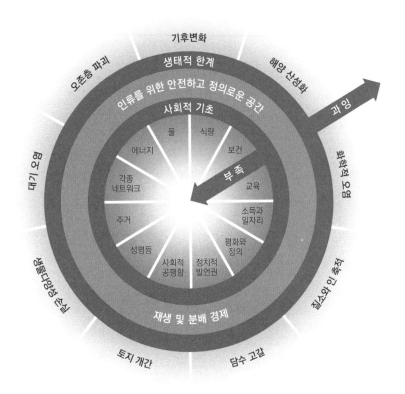

▲ 케이트 레이워스, 도넛 경제학 모델
도넛의 중앙은 우리가 추구해야 할 안전하고 공정한 공간이다.

GDP는 한계가 많으므로 그에 대한 집착을 버리라고 하면 국가 입장에서는 상당한 혼란이 야기될 수 있을 것이다. 그러나 전 세계적으로 GDP에 대한 맹목적인 믿음이 고착된 상황에서 레이워스의 도넛 경제 모델은 많은 주요 경제학자뿐만 아니라 일부 정부 관계자들의 큰 관심을 받고 있다. 필라델피아와 포틀랜드와 같은 도시에서는 레이워스에게 도넛 경제 정책을 개발할 수 있도록 조언을 요청했고, 코로나-19 발생의 여파로 암스테르담시는 경제 회복을 위한 새로운 목표를 제시하기 위해 레이워스의 도넛 원칙을 채택하고 있다고 발표했다. 암스테르담의 마리케 반 도어닉 부시장은 "우리 시는 어떻게 다시 건강하고 회복력 있는 도시가 될 수 있을지를 최우선으로 한다"고 말하며, "도넛 경제 정책을 도입하면 사회적 상호 작용, 건강, 연대 등과 중요한 가치를 훨씬 더 중시할 수 있을 것이다"라고 덧붙였다. 어떻게 팬데믹을 겪고 나서 이러한 가치를 간과할 수 있단 말인가.

그렇다면 어떻게 하면 미국을 비롯한 여러 국가의 정치인들이 '소비중심주의'를 거부하는 데 동참하도록 할 것인가? 그동안 기후 변화를 부정하고 계속해서 자원을 무차별적으로 추출하고 오염해 온 여러 산업의 지도자들과 정치 및 언론 관계자들이 대중을 상대로 거짓으로 주입한 내용을 시정해야 한다. 그러나 불행하게도 미국은 모순이 많은 국가다.

한때 기업들이 성공하는 데 밑거름이 되었던 기업 개인주의와 자기 결정권에 찬물을 끼얹는 '사회주의'가 현재 미국에서 대두되고 있다. 그런데 사회주의에 대해 노골적으로 경고하는 많은 재계 지도자들이 코로나19가 발발하는 동안 정부 지원금을 가장 먼저 받으려고 혈안이 되었다니…(자기네 회사가 벼랑 끝까지 왔다고, 파산을 막게 도와달라며, 공공 펀드를 요청한 지 10년도 채 안 되었는데 지원금을 확보하려 한다).

진정한 자본주의는 경쟁과 공적을 보상하기 위해 고안된 제도다. 그런데 어느새 미국 자본주의는 본래의 취지에서 벗어나고 있다. 겉으로는 자본주의를 실천한다고 주장하지만, 자기네들의 이익을 위해 경제 제도를 은밀히 악용해 왔는데도, 미국의 자본주의는 이들에게 보상을 몰아주는 형국이다.

THE DISINFORMERS

THE DISINFORMERS

허위 정보 유포자들

'뉴욕시 식당 행동 연합Restaurant Action Alliance'은 도시 전역을 누비며 일반 식당과 카페, 푸드 트럭 운영자들에게 탄원서 작성을 간곡히 요청했다. 그들은 요즘 음식 장사하는 게 얼마나 팍팍한지를 알려야 한다고 설득했다. 탄원서를 쓸 시간도 없이 바쁘면, 굳이 힘들게 작성할 필요 없이, 연합의 웹사이트에 게재한 예시 문구를 그대로 베끼라고 했다. 그 내용은 대략 이러했다. "작금의 사태는 공무원들이 얼마나 세상 물정을 모르는지를 보여주는 하나의 사례일 뿐입니다. 그들은 뉴욕시에서 소상공인들에게 절실히 필요한 것을 전혀 모르고 있습니다."

나를 비방하는 세력이 시의회의 청문회에 참석해 공격을 퍼붓기도 했다. "론 고넨은 사회주의자예요. 마이클 블룸버그 뉴욕시장도 사회주의자로 만드는 작자입니다." 뉴욕시가 제안하는 것은 또 한 차례의 '보모 구상[Nanny Initiative, 아이를 돌보는 보모처럼 시민들을 보호하고 간섭하는 뉘앙스의 도시 정책 계획]'이 필요하다는 것이었다. 한편 반대 세력에 다소 설득을 당한 듯한 로버트 잭슨 시의원은 청문회에서 "솔직히 말해 저는 시정 방침을 완전히 공감하지는 않습니다. … 제 입장은 스티로폼 용기 사용을 완전히 금지하는 것보다는 재활용해야 한다는 겁니다"라고 발언했다.

언론에서는 앞으로 일어날 처참한 결과에 대해 연이어 보도했다. 당시 발간된 '산업 보고서'에서는 '뉴욕시에 미치는 영향에 대한 대략적인 추정치'를 발표했다. "시정 방침이 발효되면, 약 2,000개의 일자리와 4억 달러의 경제 생산량의 순손실이 발생할 수 있을 것"이라고 전망했다. 파급 효과는 뉴욕시를 넘어 다른 지역까지 미칠 수 있다고 내다봤다. 전미 자영업 협의회National Federation of Independent Business의 마이클 듀랜트는 시 정부의 제안이 "뉴욕주 북부 지역에서 수천 개의 일자리에 직접적인 위협이 될 것"이라고 말했다. 이 제안은 요식업자들에겐 가혹하기 그지없다며, 파블로 마르티네스라는 한 식당 주인은 "일부 업주들은 식당 문을 닫고 다른 업종에 투자하거나 아예 다른 주로 이주할 것"이라고 전했다.

대체 무슨 제안을 얘기하는 거며, 왜 이렇게 야단법석이었던 것일까? 나는 뉴욕시의 위생·재활용·지속 가능성 국의 부국장으로 재직하면서, 2013년 스티로폼 판매를 금지하는 법안을 시의회에 제출했다. 스티로폼 판매가 재정적·환경적 측면으로 큰 위협이었기 때문이다. 당시 뉴욕시는 스티로폼을 매립지에 버리는 데 매년 거의

1,000만 달러를 지출하고 있었고, 폐기물로 관리되지 않고 방치하면 물이 흐르는 수로에 심각한 환경 폐해를 끼치는 상황이었다. 물 위에 둥둥 떠다니는 스티로폼 파편들은 작은 입자로 분해되어 어류의 배로 들어가고, 결국 인간의 배 속으로 들어가게 되었다. 또한 스티로폼으로 더러워진 수로 환경은 시 정부의 재활용 사업에도 오염원으로 작용했다. 너무 많은 컵과 소위 '조개형[clamshell, 용기포장은 모양에 따라서는 사발, 컵, 원통형 및 도시락 형태 등이 있고, 용기의 형태에 따라서는 한쪽 면이 붙어 있는 이른바 '조개형'과 용기와 뚜껑이 완전히 분리된 '분리형'이 있다]' 종이 각에서 흘러내린 음료와 음식 잔여물이 종이와 판지에 묻어서 재활용할 수 없게 된 것이다. 차라리 스티로폼 판매업체들이 가성비 좋은 재활용 공법에 투자하거나 스티로폼 폐기 과정에 기꺼이 보조금을 지급했다면, 그렇게 많은 혈세와 폐기물 관리에 빠져나가지도, 도시 환경을 그렇게 해치지도 않았을 것이라는 게 블룸버그 시장과 나의 생각이었다. 혈세와 환경을 지키려는 우리 둘은 스티로폼 사용금지가 최상의 방안이라고 결론지었다. 특히 이미 많은 식당에서 스티로폼 대신 재활용과 퇴비화가 가능한 대안을 활용하고 있기도 했기 때문에 스티로폼 금지 조치는 더욱 타당해 보였다.

따라서 이처럼 여러 가지 이유로, 포틀랜드(무려 1990년부터 금지), 시애틀, 샌프란시스코를 비롯한 다른 주요 도시들도 이미 금지령을 제정했다. 스티로폼 금지 조치의 결과가 처참할 것이라는 우려도 컸다. 그러나 결과는 예상을 빗나갔다. 뉴욕 식당들이 미리부터 겁을 먹고 금지 반대에 뜻을 같이했지만, 금지 조치가 자신의 식당에 경제적으로 타격을 주리라는 점을 증명하기만 하면 면제 대상이 될 수 있다는 사실은 부각되지 못했다. 그 외에 금지령을 내린 다른 도시들의 경우, 업주가 적용면제권을 신청하거나 업주에게 재정 지원금이 제공되는 경우가 매우 드물었다. 예를 들어 시애틀에서는 4,500개의 식당 중 두 곳만이 면제를 신청했다. 특히 시애틀, 포틀랜드, 샌프란시스코에서 금지가 시행된 지 몇 년이 지난 후, 이 도시들은 세계에서 내로라하는 미식의 도시 반열에 오르기도 했다.

스티로폼 금지 조치에 왜 이렇게 호들갑이었을까? 미국 최대의 스티로폼 컵과 조개형 용기를 비롯한 일회용품 생산업체인 '다트 컨테이너사'는 뉴욕에 기득권을 갖고 막대한 양의 자사 제품을 뉴욕시에 꾸준히 납품했다. 다트는 미국에서 발의된 모든 스티로폼 금지령을 간접적으로 비난하고 공격해 왔다. 캘리포니아에서는 2020년까지 6년 동안 금지령 법안을 통과시키기 위해 꾸준한 노력을 반복했기 때문에, 회사는 주 의원들의 마음을 돌리기 위해 광고비용과 '기부' 명목으로 300만 달러를 지출한 것으로 알려졌다. 자연 자원 방어 위원회National Resources Defense Council는 "다트 컨테이너사가 주도하는 … 강력하고 자금력이 풍부한 허위 정보 캠페인이 없었다면 스티로폼 식음료 용기 없애기 캠페인이 급물살을 탔을 것"이라고 기술했다.

이 기업의 허위 정보 전달 기술은 때로 매우 정교했다. 예를 들어 이 장 도입부에서 언급한 뉴욕시 식당 행동 연합은 언론 보도에서 자칭 "소수인종 출신의 음식점주, 지배인, 근로자들로 구성된 조직"으로 소개했다. 또한 '요식업 로비 단체'는 식당 업주들로 구성된 연합과 무관하다고 보도되었다. 이 로비 단체는 다트에서 비밀리에 결성해 무려 82만 4,000달러의 자금을 지원했다. '뉴욕 레스토랑 연합New York Restaurant Association'은 뉴욕시와 뉴욕주의 수천 개 레스토랑을 대표하는 오랜 산업 단체로, 스티로폼 금지령을 지지한 바 있다.

허위 정보 캠페인이 효과를 거두려면 먼저 혼란을 일으키는 작업이 필요하다. 이 경우에는 '머큐리 퍼블릭 어페어스Mercury Public Affairs'가 총괄을 맡았다. 자칭 '주요 PR 및 전략 컨설팅 기업'이다. 이 기업의 활동 방식이 늘 그러하듯, 뉴욕시 식당 행동 연합은 식당과 푸드 트럭 업주들에게 이 캠페인의 후원 기업은 언급하지 않았다. 혼란스럽고 난감한 분위기를 어느 정도 감지한 캠페인 참가 업주 파블로 마르티네즈에게 캠페인의 후원사에 대한 언급을 요청하자 그는 전혀 모른다고 답하며, "좀 혼란스럽다"라고 말했다. 연합의 배후에 누가 있는지 몰랐다는 또 다른 업주는 "뉴욕시의 공중위생과 불친절한 보건 검사관에 관한 블룸버그 시장의 정책에 진저리가 났기 때문에" 스티로폼을 별로 사용하지도 않는데도 단순히 연합에 '가입'했다고 덧붙였다.

나중에 밝혀진 사실은 다트 대표의 부인이 로버트 잭슨 의원을 비롯해 금지령에 격렬하게 반대했던 여러 시의원을 막후에서 후원했다는 것이다. 잭슨 의원은 위원회 의원직을 사퇴한 후 다트의 공식 로비스트로 활동하게 되었다고 한다.

나와 블룸버그 시장이 스티로폼 금지령 반대 캠페인이 진행되는 동안 들었던 가장 황당한 비난은 우리 둘이 훌륭한 재활용 사업 자체를 경멸한다는 거였다. 각종 머리기사는 이런 식이었다. "블룸버그 시장 재활용 계획 반대에 나서. 식당들과 제조사들이 재활용을 추진하는 상황에서도, 뉴욕시는 스티로폼 사용금지령 발동."《내셔널 리뷰》[정치, 사회, 문화 문제에 관한 뉴스와 논평에 초점을 맞춘 미국의 보수적인 사설 잡지]에 실린 금지 관련 기사에서는 "'보모 정부[주민들의 일상생활을 일일이 간섭하고 통제한다는 의미]'인 뉴욕시에서 거의 모든 폐기물의 재활용을 의무화하려고 했던 시절을 기억하라"고 비판했다. 그러더니 논조를 틀어 "일회용품을 무턱대고 반대할 수 없는 것이 사회적 분위기가 바뀌었기 때문이다. 값싼 일회용품을 주로 사용하는 사람들은 주머니 사정이 좋지 않은 빈민층이다"라고 평가했다. 음…. 내가 제대로 이해했는지 한번 정리해 보겠다. 모든 것을 재활용하려고 해봤자 별로 얻을 게 없고, 중산층이나 부유층은 플라스틱 빨대나 일회용 봉투도 안 쓰고 식당에서 음식을 포장해가지도 않는다는 말, 맞는가? 그런데 매년 도시 납세자들이 지급하는 혈세가 스티로폼 매립 비용 천만 달러에 투입되는 현실을 이해하지 못하는 수많은 사람이 제기하는 민원에 대해서는 왜 함구하는가.

결국 다트는 뉴욕시 중서부에서 뉴욕시의 스티로폼을 재활용할 수 있는 시설을 건설하겠다고 시 정부에 제안했다. 그런데 그들의 제안은 모호하기 짝이 없었다. 도시에서 폐기한 스티로폼을 전량 수거해 재활용해 메운다는 개념인데, 5년 동안만 매립 보관한다는 것이다. 그 이후에는 시 정부가 다시 스티로폼을 매립하는 기존 방식으로 돌아가야 했다. 이처럼 허무맹랑한 주장에도 불구하고, 관련 업주들은 2015년 금지 규정 중지 소송을 제기해 승소했다. 뉴욕시는 항소심에서 판결이 위법이라고 주장했고, 3년간 분석 과정을 거친 끝에 뉴욕주 대법관 다섯 명은 만장일치로 뉴욕시가 "스티로폼은 환경 측면에서 효과적이고 경제적으로도 수지타산이 맞는 방법으로 재활용될 수 없다"라는 '합리적 결론'에 도달했다는 점을 인정해주었다.

그로부터 5년 동안 다트는 비밀리에 음모와 공작을 벌였고, 뉴욕시는 전보다 5,000만 달러를 쓰레기 매립 및 처리 비용에 지출했다. 그렇게 5년이 지나고 2019년에 들어서야 스티로폼 금지령이 발효되기에 이르렀다. 식당들이 금지령에 직격탄을 맞아 정말로 문을 닫았을까? 뉴욕시의 식자재 공급업체들을 대표하는 뉴욕 레스토랑 연합은 2015년 금지령을 지지한다고 발표하면서 회원들에 미치는 경제적 효과는 '기껏해야 미미한 수준'이라고 공식 발표했다. 뉴욕시에서 일자리가 감소되었을까? 뉴욕주 북부 지역에서는 어떨까? 이에 관해서는 뉴스에서 일언반구도 없었다.

만약 '다트 컨테이너사'의 지분을 전적으로 소유하는 다트 가문에서 공공의 이익을 그렇게 걱정했다면, 자기네 가문의 자손인 케네스 다트와 로버트 다트에게 밀린 세금이나 내라고 닦달하는 게 낫지 않았을까. 두 사람은 1994년 세법의 허점을 이용해 미국 시민권을 포기함으로써 수백만 달러의 납세 의무를 노골적으로 피해갔다. 당시 회사 사장이었던 케네스 다트 대표는 어디서 그런 배짱이 나왔는지 벨리즈[중미 카리브해에 면한 국가] 정부에 자신을 영사로 임명해달라고 요청했다. 요청하기 전에 벨리즈에 집 주소를 등록해두는 철저함마저 보였다. 그러고는 벨리즈의 영사로서 미국 플로리다주 새러소타에 있는 벨리즈의 영사관으로 이주하게 해달라고 요청했다. 그가 그렇게 벨리즈에서 종적을 감추며 자리를 잡는 동안, 그의 아내와 자녀들은 진작부터 새러소타에 거주하고 있었다. 미국의 비시민권자는 1년에 120일 이상 미국에 체류할 수 없다는 규정이 있다. 그런데 그는 벨리즈에서 미국으로 파견된 외교관의 신분이었기 때문에 규정을 피해갈 수 있었다. 당시 클린턴 대통령은 그의 편법에 분노하며 벨리즈 외교관으로 미국에 오래 체류하는 것을 불허하는 명령을 내렸다. 다트의 조세 회피 사태를 지켜본 미 의회는 미국 국적을 포기하고 다른 나라로 이민 가는 사람들에게 적어도 '국적 포기세exit tax'를 부과하는 법안을 통과시켰다.

음흉한 전략이 이렇게나 판을 친다고?

스티로폼 금지령에 대한 반대 캠페인이 꽤 오랫동안 성공을 거둔 이유가 있다. 참여 과학자 모임[Union of Concerned Scientists, 미국에서 환경문제 해결을 위해 비영리로 운영되는 자발적인 과학자들의 모임]에서 '허위 정보 활용 지침서Disinformation Playbook'라는 문서에 실린 다양한 전략을 활용했기 때문이다. 활용에 관한 전체 사례를 다 실으려면 백과사전으로 만들어야 하겠지만, 페이스북에서 러시아가 허위 조작 정보를 이용해 음모론을 퍼뜨리는 것처럼 허위 정보 활용 지침서도 계속해서 진화하고 있다. 그중에서도 흔히 이용되면서 파급력이 높은 책략을 몇 가지 소개해 보겠다.

'여론 조작[애스트로터핑(astroturfing)이라고도 하며, 구체적으로는 어떤 사안에 대해서 인기 있는 풀뿌리 운동처럼 보이기 위해서 공적인 관계나 정치적인 캠페인을 이용하는 것을 의미한다]': 우선 거짓 단체를 만든다. 그리고 민주적 권리를 위해 강력하게 투쟁하면서, 괴롭힘을 당하는 공통분모로 동원된 일부 시민들을 대변한다는 뉘앙스로 단체의 이름을 부여한다. 사실 단체는 극렬히 반대 견해를 취하는 세력의 자금 지원을 받으며 반대 세력의 이익을 위해 조직된 것이다. '애스트로터핑'이란 용어는 텍사스주 로이드 벤센 상원의원이 만든 말이다. 그는 1985년 보험규제에 반대하는 대량의 편지를 그의 사무실로 보낸 입후보자 선거운동 방식에 대해 이렇게 표현했다. "텍사스 출신의 동료 입후보 한 명이 '풀뿌리 운동'과 '여론 조작'을 가려내지 못하는 것 같다."

부담 적정 보험법[Affordable Care Act, '오바마 케어'로 알려진 이 법은 버락 오바마 대통령이 주도하는 미국 의료보험 시스템 개혁 법안으로 정식 명칭은 '환자 보호 및 부담 적정 보험법(Patient Protection and Affordable Care Act)'이다. 민영보험에만 의존하는 의료보험 시스템을 바꾸고, 미국 국민에게 2014년까지 건강보험 가입을 의무화하는 것이 핵심이다]이 발효되는 것을 막기 위해 설립된 '환자 연합Patients United Now'은 자체 홈페이지에 "우리도 여러분과 같은 사람들입니다"라는 문구를 적어두었다. 그런데 이 조직은 '번 영을 위한 미국인들[2004년 창립된 미국의 극우 정치 단체]'이 운영하며, 억만장자 데이비드 코흐와 찰스 코흐가 막대한 자금 지원을 하고 있다. 한편 '건전한 연료 정책을 위한 워싱턴 소비자의 모임'은 '서부 석유협회Western States Petroleum Association'가 조직한 단체. 뿐만 아니 라 엑슨모빌, 셰브런, BP를 비롯한 주요 업계 선두기업들의 후원을 받고 있다. 워싱턴주에 제이 인슬리Jay Inslee 주지사가 탄소 배출 총 량 거래 제도를 도입하는 법안을 발의한 것에 대해 이 단체는 이 법 안이 통과되면 "워싱턴주에서 1만 1,000개 이상의 일자리를 앗아 갈 수 있다"고 주장했다. 이 수치는 다름 아닌 '전미 독립 사업 자체 연맹National Federation of Independent Business'이 집계한 것이다. 이 연맹은 뉴욕주 북부지역에서 스티로폼 사용을 금지하면 일자리가 대거 사 라질 것으로 전망하기도 했다. 결국 인슬리 주지사가 제안한 법안 은 불발되었다.

다음은 '엉뚱한 자에 화풀이shoot the messenger'하는 전략이다(한술 더 떠서는 사회주의적인 '보모 국가' 또는 과거 공산주의자로 비난하기도 했다). 이 전략은 오래전부터 이어져 내려왔다. 환경운동이 서양에서 시작하 게 된 계기가 되는 환경운동의 고전 『침묵의 봄Silent Spring』의 저자 레이첼 카슨은 특히나 맹렬한 비난을 받았다. 1962년 출간된 이 책 은 2차 세계대전 이후 미국에서 살포된 살충제나 제초제로 사용된 유독물질이 환경 생태계에 미치는 영향을 분석한 대작이다. 당시 많은 과학 연구에서 관련된 내용이 이미 입증된 바 있다. 당시 전국에 살포한 살충제 DDT에 대해 작가 찰스 만은 이렇게 회고했다. "매년 봄마다 유조선 트럭들이 도로를 누비며 DDT를 마당, 나무, 인도에 살포하곤 했다. 아이들은 달콤한 향을 풍기며 약간은 끈적거리는 살충제가 얼굴과 몸에 튀는 게 신이 나 소리를 지르며 트럭을 따라갔다." 『침묵의 봄』은 새들의 떼죽음, 그리고 그로 인해 봄이 왔음에도 새들의 노랫소리가 들리지 않는 상황에 대해 경각심을 주는 책으로 잘 알려져 있다. 그러나 작가는 이 외에도 이미 광범위한 서식지와 많은 다른 종에 대한 위협이 생태계 전반을 황폐화시키는 상황을 조명했다.

그렇게 공익을 위해 연구하고 집필한 그녀에게 돌아간 것은 온갖 비방과 방해뿐이었다. 그녀는 미국 농화학자 협회가 주관하고 화학 산업의 후원을 받아 펼쳐진 25만 달러 규모의 비방 캠페인(오늘날 기준, 200만 달러 이상)의 희생양이 되었다. 몬산토는 이 책의 제목을 조롱하며 '절망적인 해The Desolate Year'라는 책자를 배포하기도 했다. 카슨 작가가 자기 고집을 꺾지 않고 살충제를 금지했을 때 만연해질 기근과 전염병을 묘사하는 책자였다. 그러나 그녀는 화학약품의 금지령을 촉구한 것이 아니었다. DDT나 독성 성분을 금지하자는 의도도 아니었다. 다만 '과다 용량 살포'를 지양하고 '최소 용량 살포'를 지향하라는 어느 전문가의 조언을 높게 평가했을 뿐이었다. 그녀는 장기적으로는 "궁극적으로 최대한 독성이 적은 화학물질을 사용해 대중에게 영향을 줄 수 있는 오남용의 위험을 크게 줄

여야 한다"고 결론 내렸다. 이미 시판되는 식물에서 추출한 유기 화학성분 목록을 나열하기도 했다. 《타임》의 어느 전문위원은 그녀가 '히스테릭하게 과잉 표현'을 했고 '부정확한 정보가 폭발'했다고 비난했지만, 전부 다 받아들이기 어려운 논평이었다. 그 전문위원과 그녀가 오래전 '어류 및 야생 동물국Fish and Wildlife Service'의 한 직책을 두고 경쟁 후보로 올랐을 때, 결국 그녀가 발탁되었다는 사실은 논평에 담지 않았다. 그의 논평 제목인 '살충제: 진보를 위한 필연적 대가'는 자신의 생각을 직접적으로 반영한 것이었다.

그녀에 대한 비방은 인신공격성이 농후했고, 끔찍할 정도로 성차별적이었다. 카슨은 계속 가차 없이 '히스테릭한 여자', '감정에 앞서 불필요한 우려를 자아내는 여자'로 비하되었다. 에즈라 태프트 벤슨 전 미국 농무부 장관은 아이젠하워 대통령에게 보낸 서신에 카슨이 '아마 공산주의자'일 것이라고 주장했고, 살충제에 노출되면 돌연변이가 일어날 수 있다는 그녀의 주장을 언급하면서 "노처녀가 애초에 유전적 영향에 왜 그렇게 호들갑인지 이해가 안 간다"고 적었다. 그의 글을 분석해 보면, 아이가 없는 여자는 다른 사람의 자녀 문제에 대해 아무런 관심도 가져서는 안 된다는 의미인 셈이다. 화학제품 제조업체인 벨지콜의 고문변호사는 그녀의 저서를 출간한 출판사에 소송을 제기하겠다고 협박하는 편지를 보냈다. 심지어 그녀가 서방의 식량 부족 사태를 초래하려는 음모를 갖고 소련을 위해 일하고 있다고 주장했다. 그렇다면 진실은 무엇이었을까? 카슨은 민주화를 옹호하는 사람으로서 살포 문제를 두고 "변호사를 선임하지 못해 공식적으로 발언하지 못하는 많은 이에 대해서는 누가 마음대로 의사 결정을 내린 것인가? 누가 이들을 위해 결정할 수 있는 권리를 갖고 있단 말인가?"라고 강력히 주장했다.

다행히도 『침묵의 봄』은 훌륭한 대작이었고, 카슨도 악의를 갖고 거짓 정보를 퍼뜨리는 전략을 직시하고 있었기 때문에 자신에 대한 비방과 공격을 순조롭게 이겨낼 수 있었다. 기업들은 그녀가 책에서 언급한 '농약 살포의 피해에 대한 명백한 증거'에 반박하기 위해 눈 가리고 아웅하는 격으로 '여론을 잠재우기 위해 반쪽짜리 진실을 담은 안내서'를 배포했다. 그녀는 『침묵의 봄』이 출간되었을 당시 이미 널리 사랑받는 작가였다. 바다의 생명체에 관한 베스트셀러 3부작을 썼고, 작가로서의 명성을 지혜롭게 유지해 왔다. 그녀는 CBS 채널에 한 시간가량 출연해 환경을 오염시키는 자들의 코를 납작하게 하는 다음과 같은 직격탄을 날렸다. "우리의 논점은 아직도 자연의 정복이라는 차원을 벗어나지 못하고 있다. 우리 스스로가 광대하고 놀라운 우주의 티끌만큼 한없이 미미한 존재라고 생각할 만큼 충분히 성숙하지 못했다." 그녀는 진정 뼈가 있는 직언을 날리는 내유외강의 소유자였다.

한편 카슨의 주장은 너무나 설득력이 있었지만, 폭로 내용에 대한 여론의 격렬한 반발도 있었다. 이에 의회는 카슨을 증인으로 참석하게 해 신속히 청문회를 열었다. 마침내 『침묵의 봄』이 출간된 지 불과 1년 만인 1963년, 대기오염방지법Clean Air Act이 통과됐다. 그 후 10년 동안, 그녀가 경고했던 독성 요소들이 건강과 환경에 미치는 영향이 확실히 밝혀질 때마다 연이어 사용금지 처분을 받거나 엄격하게 규제되었다. 안타깝게도 그녀는 이러한 조치들이 시행되는 모습을 거의 보지 못하고, 1964년 4월 유방암으로 세상을 떠났다.

허위 정보 유포자들은 건강과 환경에 해로운 사업 관행을 대체로 포기할 줄 모른다. 규제가 강화되고 소비자들의 수요가 그 반대를 지향해도 아랑곳하지 않는다. 시간을 되돌려 화학 회사들이 지난 수십 년 동안 대중을 속이는 데 수백만 달러를 쏟아부으며 구닥다리 사업 모델을 고수하지 않고, 그 돈으로 친환경 대안을 모색했다면 어땠을까? 그러기만 했더라도, 농가들이 친환경 농산물을 수확하고 판매해 이윤을 높일 수 있는 시장이 형성되었을 것이다. 지금처럼 화학약품으로 황폐화된 토양에 망연자실하지 않아도 될 것이다. 소비자들도 의심을 버리고 건강을 해치지 않는 제품을 적극적으로 구매해 시장이 활성화되었을 것이다. 그런데 화학 회사들은 그 길을 택하지 않았다. 유해 성분이 첨가되지 않은 제품들을 찾는 사람이 얼마나 많은데, 이들의 바람을 철저히 짓밟은 그들은 결국 자사 주주들의 장기 수익에도 큰 타격을 가했다. 회사에 이익을 저해하기도 했으니 자본주의를 역행한 셈이기도 하다.

그나마 '보모 국가'를 비하하던 주장들은 쉽게 불식되는 경향을 보여 다행이었다. 카슨도 살아생전 보모 국가에 넌더리를 내던 사람들을 큰 무리 없이 설득할 수 있었다. 나는 블룸버그 시장이 추진하던 재활용 사업에 몸담고 있을 때 잊을 수 없는 일을 경험했다.

한 남성이 뉴욕시의 보수층이 모여 사는 스태튼 아일랜드에 있는 자기 집에서 뛰쳐나와 내게 다가와서는 비난을 퍼부은 것이었다. 당시 내가 운영하던 기관에서 '노변 음식물 쓰레기 수거 사업'을 시작했을 때, 나는 음식물 쓰레기통을 실어 나르는 첫 번째 팀에 합류하고 있었다. 음식물 쓰레기는 뉴욕시 매립 비용의 40퍼센트 이상을 차지한다. 1년으로 치면, 1억 5,000만 달러가 넘는 금액이다. 이 비용을 없애는 것이 우리가 맡은 임무 중 하나였다. 내가 쓰레기통을 내려놓으려고 몸을 숙이고 있을 때, 이 남성은 현관문을 홱 열고 현관 앞 계단을 달려 나와 나를 향해 보도로 돌진했다. 그는 내 가슴을 손가락으로 찌르며 "블룸버그 시장이 하는 거는 이제 지긋지긋해요. 보모 국가의 행태도 신물이 나고요. 우리 세금을 다 가져다 기후 변화 술책에 써버리잖아요. 그놈의 기후 변화 사업들은 경제에 해만 주고 납세자들을 등쳐먹는 꼴이라고요"라고 쏘아붙였다.

그렇다면 진실은 무엇일까? 음식물 쓰레기를 매립지로 보내지 않고 퇴비화하거나 혐기성 소화[anaerobic digestion, 혐기(嫌氣: 무산소) 상태에서 미생물을 이용하여 폐기물(유기물질)을 분해해서 천연가스를 만드는 과정]를 거치게 하면 수억 달러의 혈세를 '절약'할 수 있다는 것이다. 블룸버그 시장은 뛰어난 사업가적 사고를 지녔다. 노변 음식물 쓰레기 수거 사업에 대해 제안받았을 때, 큰 수익을 올리는 기회라는 점을 쉽게 이해하기도 했다. 지난 10년 동안 뉴욕시는 펜실베이니아주, 오하이오주, 사우스캐롤라이나주에 있는 쓰레기 매립지로 쓰레기를 운반하기 위해 3억 달러 이상의 혈세를 지출해 왔다. 이에 블룸버그 시장은 소위 말하는 '쓰레기' 혹은 '폐기물'은 가치 있는 원자재의 보물창고로 간주해야 한다는 점을 이해했다. 알루미늄, 판지, 플라스틱 덩어리는 좋은 가격에 팔리기 때문이었다. 한편 음식물 쓰레기가 수백 킬로미터 떨어진 쓰레기 매립지로 운반되는 도시 쓰레기 중에 가장 큰 비중을 차지하는 상황에서 음식물 쓰레기를 풍부한 퇴비로 전환해 조경업자들에게 판매하거나, 천연 혐기성 소화 과정을 통해 천연가스로 전환할 수도 있다. 그리고 이 천연가스는 도시의 거대한 쓰레기 트럭들이 운행되는 데 사용될 수 있다. 이렇게 하다 보면 뉴욕시는 상당한 이익을 얻을 것이고, 재활용 활동이 늘어나면서 일자리도 대거 생겨날 수 있을 것이다.

바로 이것이 순환경제 해법의 장점이다. 기업과 대중에 재정적 보상을 제공하면서 인류에게 절대적으로 필요한 해결책이다. 이보다 나은 환경 해법이 있을까 싶다. 간단히 말해 순환경제에서는 환경을 보호하기 위해 자본주의적 기회를 최대한 이용한다. 그래서 내게 비난을 퍼부은 스태튼 아일랜드 사람에게 음식물 쓰레기를 매립지로 보내는 데만 뉴욕시가 매년 1억 5천만 달러가 넘는 돈을 쓰고 있으며, 그 비용을 퇴비화 및 혐기성 소화 업종에 사용하면 수천 개의 일자리를 창출할 수 있다고 말했다. 그는 내 설명을 듣고 놀란 표정을 지었다. 그러고 나서 골똘히 생각하더니 이렇게 말했다. "대박이네요. 몇 년 전에라도 누가 저한테 이 사실을 설명해 주었으면 좋았을 텐데 아쉽네요. 쓰레기통 저한테 주세요."

허위 정보 유포자들은 환경 피해에 대한 증거가 꾸준히 증가하고 있음에도 불구하고, 지구를 살리는 사업 기회를 포착하기보다는 환경사업의 오류를 파헤치는 데 열중한다. 증거를 수용하기보다는 어떻게든 불신하려고 한다. '양치기 소년' 우화처럼 허위 보도로 사람들을 놀라게 하는 전략을 취한다. 엄밀한 의미에서는 '늑대의 탈을 쓴 양치기 소년'이 더 맞을 것 같다. 자기네들이 퍼뜨리는 허위 정보를 근거로 오히려 반대 세력을 비난하는 것이다. 다트의 대변인은 언론에 "가짜 뉴스가 난무하는 상황에서, 자사는 정치적 프로세스를 활용할 수밖에 없었다"라고 전했다. 다트가 5년 동안만 계약한 '㈜플라스틱스 리사이클링Plastics Recycling, Inc.'의 앨런 쇼는 "폴리스티렌폼polystyrene foam이 재활용될 수 있다는 것을 증명하는 사실들을 무시하고 있다"고 주장했다. 기후 변화 부인론자들이 화석연료 산업을 옹호하는 전략만 봐도 알 수 있다. 그들은 과학 잡지 편집자들이 기후 변화의 작용을 수용하는 내용의 글만 게재하기 때문에 사람들은 화석연료가 기후 변화의 원인이라는 정보만 접한다고 불만을 토로했다. 하지만 제인 메이어가 『다크 머니』에서 폭로했듯이, 수많은 책과 잡지가 기후 변화 부인론자들에 의해 후원되고 출판된다.

대놓고 공분을 드러낼 때, 자칫 우스꽝스러운 극단으로 치닫는 경우가 많다. '광고 우편 마케팅 협회Advertising Mail Marketing Association'의 대변인은 격앙된 어조로 불만을 토로했다. "수십 년 동안 우리 산업에 대해 잘못된 정보, 가짜 뉴스, 노골적인 거짓말이 여과 없이 전파를 탔다. … 사람들은 우편 서비스를 통해 발송되는 '정크 메일'이라는 소인이 찍힌 일반 우편을 수신하게 되는데, 그중에는 뜯어볼 필요도 없이 쓰레기통에 던져 넣는 경우가 많다. 이렇게 '정크 메일'이라는 불명예스러운 용어는 신문사가 만들어냈는데, 우리 산업을 폄훼하도록 만든 무기처럼 그렇게 범용화시켜 놓았다. 마치 광고는 어떠한 가치, 장점, 질적 가치도 없는 하찮은 것이라는 전제가 깔려 있다." 만약 정크 메일이 약간의 중요성이라도 지닌다면, 미국 가정들은 매년 560만 톤의 정크 메일을 버리지는 않았을 것이다. 실제로 그중 대부분의 정크 메일 쓰레기가 매립지에 버려진다. 환경 및 소비자단체들이 오랫동안 정크 메일 발신을 금지하자고 주장해 온 것도 일리가 있다.

가해자들이 노골적으로 불만을 표현하는 행동은 이기적으로 보일 수 있다. 차라리 중립 노선의 아군을 포섭해 자신들의 주장에 힘을 실어달라고 요청하는 방법이 효과적일 것이다. 바로 비영리 국제단체 '참여 과학자 모임'이 썼던 방식이다. 이들은 이 방식을 '스크린플레이[screen play, 농구에서 사용하는 공격 전술로, 2인 이상의 공격자가 협력해 일시적으로 수비자의 움직임을 둔화시키는 공격]'라고 한다. 단체가 주장하고 싶은 명분에 근거가 되는 연구 결과, 다시 말해 주로 주제가 모호하기도 하고 완전히 모호한 경우도 많은 그 결과를 도출하는 연구 기관을 지원하거나 보조금이나 연구지원금의 명목으로 개별 연구원들을 지원하는 방식이다.

이런 목적으로 설립된 단체들은 주로 후원기관에 대한 충성심이 드러나지 않게 설립 취지와 다소 무관한 결백한 단어로 이름을 정한다. 환경규제에 반대하는 '경제환경연구재단Foundation for Research on Economics and the Environment', 기후 변화에 대한 회의론을 내세우면서 비닐봉지와 스티로폼 사용금지 등에 반대해 온 '태평양연구소Pacific Research Institute'가 대표적이다. 마치 광범위한 국익을 위해 일하고 있다는 뉘앙스를 풍기기 위해, 그럴싸한 단어를 이름에 넣는다. 예를 들어 국립 공공정책 연구센터National Center for Public Policy Research의 경우처럼 마치 연방정부의 산하 조직인 듯 보이도록 '국립National'이라는 단어를 삽입하기도 한다. 이 모든 단체는 환경규제에 반대하는 싱크 탱크뿐만 아니라 엑슨모빌을 비롯한 여러 화석연료 대기업으로부터 상당한 자금을 지원받아왔다. 화석연료와 광산업에 관련된 기업들이 막대한 자금줄인 셈이다.

주류 학술 기관에서 명망 높은 학자들의 연구에 이해집단의 재정 지원이 관여한다는 점은 '스크린플레이' 공격술을 수치스럽게 변형한 것이다. 카슨이 50년 전에 경고한 부분이기도 하다. 그녀는 유해 성분의 대량 살포를 옹호했던 "일부 뛰어난 곤충학자들"에 대해 이렇게 기술했다. "이들 중 일부 곤충학자들에 대한 조사가 진행되었다. 그들의 연구는 모조리 화학 산업의 후원을 받고 있다는 사실이 밝혀졌다. … 자기네 연구를 후원하는 집단의 뒤통수를 때릴 수는 없는 일 아닌가?" 기후 변화 부정론을 지지해 온 여러 학자도 같은 상황이었다. 화석연료, 광업 및 화학 산업의 재정적 지원으로 기후 변화를 부정하는 연구에 매진한 것이다.

기후 변화를 부정하는 가짜 과학이 활개 치도록 지원을 아끼지 않은 대표 기업 중에 엑슨Exxon이 있다. 2019년 보고서 「잘못된 방향으로 가는 미국America Misled」에서도 적나라하게 언급된 내용이다. 보고서는 하버드대학교 과학자들이 작성한 것이었다. 이는 그해 주주들에게 사기를 친 엑슨에 대한 소송에서 증거로 제출되었다. 보고서에 공개된 회사의 내부 문건에 따르면, 엑슨은 1977년까지 "이산화탄소 배출"이 "의도치 않은 기후 조절inadvertent climate modification의 거의 확실한 주범"이라는 점을 인정했다. 무려 1950년대 초에도 이산화탄소 배출이 불러올 잠재적 지구 온난화의 파급 효과를 인식하고 있었다. 문건은 2050년까지 지구 온도가 1도에서 3도, 극지방에서는 무려 10도 정도 증가할 수 있다고 전망했다.

환경문제의 심각성을 이처럼 인식하고 있었지만, 회사는 굴착정의 매립 깊이를 더 늘려가며 석유와 가스를 공격적으로 추출하는 방향으로 사업을 전개했다. 이와 동시에 수십 년에 걸쳐 허위 정보 캠페인을 추진해 왔다. 1988년 내부 메모에는 전략 내용이 흑백의 굵은 글씨로 설명되어 있다. 그 당시 「잘못된 방향으로 가는 미국」 보고서의 저자들이 지적했듯, 과학계에서는 기후 변화가 진행 중이라는 사실과 인간의 활동이 그 원인이라는 점에 대해 강력히 동의했지만, 엑슨은 "과학적 결론의 불확실성을 노골적으로 지적했다."

'참여 과학자 모임'에서는 이 전략을 '교란 작전the diversion'으로 칭했다. 그들은 어느 담배 회사의 임원이 작성한 내부 문건의 내용을 인용하기도 했다. 문건에서는 교란 작전을 어떻게 실행했는지에 대해 상세히 기술했다. "일반 대중이 인식하는 '일련의 팩트'에 맞서 싸우려면, 의심을 불러일으키는 것이 최상의 방법이다." 엑슨이 1989년 내부 문건에서 밝혔듯이 "일반 시민이 기후과학의 불확실성을 '이해(인정)'하고 '불확실성에 대한 수긍'이 '통념'으로 당연시되면, 허위 정보 캠페인은 성공을 거둔 셈이다." 임무 완료인 셈이다. 엑슨을 비롯해 기후 변화를 부정하는 세력은 치밀하게 여론을 호도했다. 하지만 어느 순간부터는 탄소 배출로 인한 기후 변화가 너무나 빠른 속도로 현재 진행 중이라는 주장에 앞장섰다. 참혹한 기상이변과 빙하와 극지방의 급속한 해빙 현상이 이러한 기후 변화 때문이라고 여론에 '확신'을 심어주기도 했다.

이러지 말고 차라리 혁신에 도움이 되었더라면…

자본주의의 우월함을 강조할 때 빠지지 않고 등장하는 내용이 있다. 자본주의가 혁신을 장려한다는 점이다. 그러나 자유시장 자본주의를 특별히 옹호한다고 하는 '채굴 산업'은 자기네들이 오랫동안 고수해 온 극심한 환경오염을 일으키는 사업방식에 대한 경쟁 세력을 몰아내기 위해 혁신가들의 노력을 억압해 왔다. 그들은 막대한 세금 보조금을 받기 위해 로비활동을 벌이고, 실제로 세제 혜택을 대거 누리며 악착같이 이윤을 올리기 위해 맹렬히 노력해 왔다. 그리고 그 과정에서 납세자들의 소중한 혈세가 투입되었다. 차라리 유망한 친환경 대체재 산업을 발전시키는 데 기여했더라면 좋

앉겠지만, 공공재이기도 한 자연환경에 막대한 피해를 줬다. 설상가
상으로 사람들이 개발한 우수한 친환경 해결책의 혁신에 찬물을
끼얹는 로비활동과 여론 조작에 심혈을 기울였다.

2019년 풍력 및 태양광은 에너지 산업에서 가장 빠르게 성장하
는 부문이었다. 현재 신재생에너지와 전기차 업체들의 주가는 상승
세를 이어가고 있고 엑슨의 주가는 줄곧 내림세를 보인다. 엑슨 경
영진과 이사회가 수십 년 동안 이어온 경쟁 저해 및 허위 정보 전파
전략은 결국 수백억 달러에 달하는 주주 가치를 파괴했다.

이 대목에 대해서도 이미 1950년대에 카슨이 환경을 저해하는
사업 모델은 이제 적절하지 않다고 경고했다. 개발도상국의 농부들
이 해충과 가뭄으로 인해 수확에 어려움을 겪을 당시 미국의 상황
은 "정반대였다"고 그녀는 전했다. 덧붙여 "생산을 유지하기 위해
서는 농약을 더 많이 폭넓게 사용할 수밖에 없다는 얘기를 듣게 된
다. 하지만 우리가 직면한 진짜 문제는 '과잉 생산'이 아닌가?"라고
되물었다. 게다가 연간 10억 달러 이상의 혈세는 정부에서 초과 생
산 작물을 매수하고, 농가에서 파종하지 않는 대가로 보조금을 지
급하는 데 사용된다. 농가에서는 그 이후 꾸준히 보조금을 받았다.
2000년에는 총 321억 달러로 역대급으로 높은 보조금을 받았고,
2019년에는 220달러를 받았다.

혁신을 철저히 저버린 통탄할 만한 사례는 바로 엑슨이다. 엑슨
은 이미 1960년대 초에 중동 석유기업들과의 치열한 경쟁으로 석유
사업의 명맥을 이어가기 어려울 것 같다고 전망했다. 임원들은 당시

이 문제를 두고 골머리를 앓았다. 당시 회사에서 일하던 어느 엔지니어는 "산유국에서 본격적으로 석유 가격을 올리기 시작하면, 시장이 축소되지 않을까요? 우리 회사가 석유 사업을 이어가지 못하게 되면 우린 어떻게 해야 하나요?"라며 탄식했다. 이에 엑슨은 나름의 해법을 고안했다. 민간 기업으로는 거의 최초로 태양 에너지 발전을 지원하기로 한 것이다. 진정 스마트하고 혁신적인 결단이었다. 심지어 멕시코만의 석유 시추 설비에 전력을 공급하기 위해 태양전지판을 설치했다. 1973년까지 엑슨이 재정을 지원하는 '쏠라 파워 코퍼레이션Solar Power Corporation'은 전 세계에 태양 전지판을 판매하곤 했다. 1970년대 중동 산유국들에 의해 세계 경제에 오일쇼크가 여러 차례 발생해 대체 에너지가 중요하다는 사실이 부각되었다. 그런데도 엑슨은 1980년대 중반 손익분기점을 넘기려면 1994년은 되어야 한다는 생각에 태양광 사업을 포기하기에 이르렀다. 얼마나 근시안적인 시각인가. 현재의 태양 에너지 사업이 호황을 누리고 있다는 사실이 무색하게도 거물 기업 엑슨은 황금알을 낳는 거위를 죽인 셈이다.

이처럼 달면 삼키고 쓰면 뱉는 식의 전략이 점차 사라지고 있다는 사실에서 그나마 위안을 얻을 수 있다. 그런데 인류가 기후 변화에 대해 점차 배워가고 있지만, 기후 변화라는 전쟁이 인류에 가하는 인적·경제적 피해를 완전히 회복하는 데는 수 세대가 걸린다는 점이 안타깝다. 재생 에너지 산업은 이제 가격이 하향 곡선을 그리는 변곡점에 도달했다. 석유 업계의 저항에도 불구하고 재생 에너지 업계는 평준화를 향하고 있다. 지난 10년 동안 태양 에너지 발전비용이 너무나도 가파르게 하락해, 현재 많은 시장에서 석유보다 태양 에너지 가격이 더 낮아졌다. 한편 석유와 가스 채굴 비용은 급증했고, 석유 회사의 이익은 심각할 정도로 급감하게 되었다. 석유 및 가스 산업은 냉혹한 자본주의 관점에서 투자 가치가 높고, 정부의 보조금에 지나치게 의존하는 산업이다. 게다가 지구 환경을 훼손해도 대중의 눈에는 문제 될 것이 없는 듯한 산업으로 자리매김해 왔다.

나오미 클라인이 저서 『이것이 모든 것을 바꾼다This Changes Everything』에서 강조했듯, 기업들은 새로운 석유 매장지를 찾기 위해 약 3,000킬로미터 깊이에 있는 '암염 하부층subsalt'을 시추하는 등 극단으로 치닫고 있다. 수압파쇄법[hydraulic fracking, 고압의 액체를 이용해 광석을 파쇄하는 채광 방법]을 이용해 천연가스를 추출하는 메탄 누출 공정에도 호황이 일고 있다. 그 결과 천연가스도 공급 과잉에 직면해 있다. 에너지 업계에서는 천연가스 추출 사업이 '재정 절벽에 다다를 수 있다'고 평가했다. 소규모 석유 및 가스 생산업체들 가운데 지난 4년간 약 175개 업체가 파산 보호를 신청했을 정도로 어려움을 겪어왔다. 엑슨의 이익은 2019년 절반으로 줄었고 주가는 지난 10년간 보합세에 머물고 있다.

1910년대부터 한 세기가 넘도록 석유 및 가스 산업이 혈세로 보조금을 지원받아 왔는데도 왜 관련 기업들은 재정적으로 힘든 것일까? 연간 총보조금 추정치는 다양하지만, 한 소식통에 따르면 2019년 미국에서만 107억 달러가 보조금으로 지급되었다. 화석연료 로비 단체에서는 태양광과 풍력 산업에 '사회주의적' 성격의 보조금이 지급된 점에 불만을 토로했다. 화석연료 산업에서 받는 지원금의 약 5분의 1로 추정되는 금액이 투입된다는 것이다. 미국의 태양과 풍력 보조금 지급은 2020년에 완료될 예정이었다. 이미 보조금의 취지가 달성되었기 때문이다. 친환경 산업이 이제는 자유 시장 경제의 수요로 성장할 만큼 탄력받게 된 것이다. 국익에 부합하는 신생 유망 사업에 보조금을 지급하는 것은 충분히 경제적으로 타당하다. 그러나 구시대적인 사업을 하는 대기업들을 수십 년에 걸쳐 지원하는 것은 경제적으로 타당하지 않다.

메이어는 『다크 머니』에서 올린 재단Olin Foundation의 윌리엄 사이먼 회장의 말을 인용했다. 올린 재단은 기후 변화 부정론을 주장하는 채굴 사업자들이 재정을 크게 지원하는 조직 중 하나다. 사이먼 회장은 "자본주의는 적들에게 보조금을 줄 의무가 없다"고 밝혔다. 그는 대학이 자본주의에 대한 적대감의 온상이라고 생각했고, 대학에 제공하는 보조금을 비난한 것이다. 나는 이렇게 반격하고 싶다. 대중이 갈망하는 친환경 영역에서 혁신하지 못한 채 고배를 마시는 기업들에 자본주의는 보조금을 지급할 의무가 없다는 것이다. 안타깝게도 석유 회사들은 수익성이 좋은 분야로 방향을 틀었다. 친환경 산업만 제외하고 말이다. 오히려 새 플라스틱 원료인 '신재 플라스틱' 생산에 집중했다.

플라스틱에 대한 불편한 진실

석유 및 가스 산업은 연료를 팔아 수익을 창출한다고 생각하는 사람들이 대부분이다. 그러나 플라스틱의 99퍼센트는 석유와 천연가스에서 추출되는 화학성분으로 만든다. 연료로 플라스틱을 만드는 관행은 석유산업의 큰 먹거리 사업이 되어가고 있다. 이러한 이유로 엑슨, 셰브런을 비롯한 여러 석유 회사들이 최근 몇 년 동안 그토록 비닐봉지 사용금지령에 대해 주 입법부에 강력히 저항했다. 사실 비닐봉지를 1976년 미국에 최초로 도입한 회사는 엑슨이었다. 출시 전 시범 판매에서 식료품점이나 소비자들은 미국 독립 200주년을 기념해 선보인 빨간색, 흰색, 파란색 비닐봉지에 대해 전혀 만족하지 않았다. 한 식료품점 직원이 기자에게 "일부 고객들은 진지하게 분노를 표출하며 악을 쓰기도 했다"고 전했다. 고객들은 대부분 노골적으로 싫어하는 기색을 보였다. 상점들이 종이봉투 대신 비닐봉지를 사용하라고 설득하기까지 10년이 넘는 기간 동안 상당한 홍보와 노력이 필요했다. 비닐봉지를 이용해 예상치 못한 물건을 소개하는 등 긍정적인 반응을 끌어내기 위해 대대적인 캠페인이 이어졌다. 어느 언론 보도에서는 비닐봉지가 '조깅하는 사람들의 바람막이 점퍼나 해변에 가져가는 비치백'을 포함해 열일곱 가지 다른 방법으로 재활용될 수 있다고 장점을 홍보하기도 했다. 엑슨은 어떻게든 사람들의 마음을 사로잡기 위해 점원들이 봉지 안에 물건을 쉽게 담을 수 있도록 손잡이 부분에 다양한 디자인을 선보이기도 했다. 회사가 비닐봉지를 이렇게나 밀어붙이게 된 이유는 자유 시장 경제에서 그만큼 수요가 높았기 때문이 아니었다.

비닐봉지 금지령에 대한 반대 캠페인은 '허위 정보 활용 지침서'를 철저히 따랐다. 우선 공익을 위해 봉사하고 있음을 암시할 만한 이름으로 조직을 결성했다. '미국 비닐봉지 협회American Progressive Bag Alliance'였다. 미국 화학 위원회American Chemistry Council가 주도하는 이 조직은 협회 사이트에 조직의 주소를 'PBA c/o Edelman, 1500 Broadway, New York, NY 10036'으로 게재했다. PR 전문기업 '에델만Edelman'의 주소였다. 비닐봉지는 종이봉투보다 환경 파괴가 적다는 잘못된 이분법적 논리를 어떻게든 설득해 이해시키는 것이 이들의 임무였다. 실제로 종이는 쉽고 수익성 있게 재활용될 수 있지만, 비닐봉지를 재활용할 만한 시장을 찾는 것 자체가 도시 재활용 시설의 골칫거리다. 심지어 비닐봉지가 종종 비싼 쓰레기 분류 기계에 감긴다. 이렇게 되면 재활용 시설에서 50만 달러짜리 기계에 감긴 2센트짜리 비닐봉지를 치우기 위해 수 시간에 한 번씩 기계 작동을 멈추고 봉지를 걷어내야 한다. 그러나 가장 안타까운 사실은 소수의 그릇된 견해가 큰 관심을 받으며 사람들이 '거짓 등가성false equivalence'에 빠져 줄곧 헤어 나오지 못한다는 점이다. 오랜 역사를 놓고 봐도 사람들은 시장에 갈 때 재사용이 가능한 가방이나 장바구니를 들고 갔다. 시장에 가서 장을 볼 때마다 상점에서 무료로 비닐봉지를 제공받거나 혹은 소비자가 돈 주고 사는 방식만큼 비효율적이고 돈 낭비가 심한 방법이 있을까 싶다.

언론 선동가들

허위 정보 유포자들의 교묘한 유포 전술은 발견하기 어려운 경우가 많다. 기자가 어떻게든 뒤를 캐내려고 해도 결국 공익을 위해 봉사하는 단체고 자금 지원은 어디에서 받는지에 대한 판에 박힌 내용만 듣게 된다. 대기업들과 그 기업들과 제휴된 PR 및 싱크 탱크 단체들이 허위 정보 캠페인을 벌인다는 점은 안타깝지만, 그들이 그렇게까지 하는 데는 분명한 이유가 있다. 그런데 왜 굳이 주류 언론에서까지 거짓 정보를 전파하는 데 적극성을 보이는지 이해가 안 간다. 내가 뉴욕시에서 재활용 분야를 총괄하면서 확실히 깨달은 사실은 언론이 재활용에 관해서만큼은 과열되게 오도해 왔다는 점이다. 수십 년 동안 언론은 재활용 산업이 사양길을 걸을 것으로 전망했다. 실제로는 미국에서만 1,170억 달러 규모의 산업으로 성장해 53만 4,500개의 일자리를 제공하는데도 전혀 아랑곳하지 않고 말이다.

2018~2019년 동안 주요 신문과 방송국 뉴스 보도에서 쏟아지는 머리기사는 "누가 재활용 산업을 죽였는가?", "왜 미국의 재활용 산업이 황폐해졌는가?"와 같은 내용이었다. 왜 이렇게 악담 일색이었을까? 2018년 3월, 중국은 폐자재 수입을 금지하기 위해 '폐기물 금수 조치National Sword'를 발효했다. 많은 재활용품, 특히 오염된 종이와 낮은 품질의 플라스틱을 다시는 수입하지 않겠다고 선언한 것이다. 그전까지 중국에 팔린 폐기물 자재의 양은 어마어마했다. 한 보

고서에 따르면, 미국에서 두 번째로 큰 폐기물 수거 기관인 '리퍼블릭 서비스Republic Services'는 2017년 전체 재활용품의 35퍼센트를 중국에 팔았다. 그리고 그 수치는 2018년 1퍼센트로 떨어졌다.

여러 보고서에서는 중국으로 보내던 재활용 폐기물을 거의 보낼 수 없게 된 수많은 재활용 사업 업체들의 처참한 현실을 전하며 경각심을 주었다. 《뉴욕타임스》는 재활용품 수거업체들이 부과해 온 수수료를 언급하며, "전국 수백 개의 소도시와 대도시들은 … 재활용 사업을 중단하고, 수거해 오던 폐기물의 종류를 제한하거나 높은 가격을 요구하며 폐기물 처리를 약속했다"고 보도했다. 또한 CBS 뉴스는 "폐기물 분류시설에 아무 값어치를 못 하는 종이 쓰레기가 산더미 같이 쌓여가고 있다. 한때 재활용 쓰레기로 돈을 벌었던 대도시와 소도시들은 이제 처리 시설에 높은 비용을 지급하며 쓰레기 수거를 요청하고 있다. 재정난을 이기지 못한 일부 재활용 처리 업체들은 완전히 문을 닫은 상태에서 지자체들은 재활용 쓰레기를 매립지에 버리거나 소각하는 것 외에는 선택의 여지가 없게 되었다"고 보도했다. 그러나 2019년 3월 미국 시장의 약 절반을 점유하는 미국 최대 재활용 회사인 '웨이스트 매니지먼트Waste Management'사의 대변인에게 주요 무역 저널인 《리소스 리사이클링》의 기자가 얼마나 많은 도시가 재활용 사업을 접었는지 묻자 그는 이렇게 말했다. "5,000개 이상의 지자체 고객 중에 지금껏 두 곳에서만 재활용 사업을 단기 혹은 장기적으로 중단하기로 했습니다." 게다가 미국의 상위 25개 도시 중 단 한 곳도 재활용 사업을 없애지 않았다.

중단되었던 대부분의 재활용 사업은 주로 소도시나 시골에서 진행된 것들이었다. 재활용 사업이 본격화될 수 있었던 것은 '파괴적 혁신disruption' 덕분이었다. 이것으로 인류에 너무나 중요하고, 진작 등장했어야 할 기술 혁신이 활개를 칠 수 있었고, 재활용 소재에 대한 내수 시장도 점차 발전하기 시작했다. 게다가 중국은 재활용 산업의 가치를 높게 평가하며, 이 분야에서 경제 대국으로 거듭나고자 하는 열망을 키워나갔다. 2018년부터 뉴스 및 온라인 출간물 사이트인 '웨이스트 다이브Waste Dive'는 미국 전체 50개 주에서 얼마나 많은 재활용 서비스나 프로그램이 중단되었는지 추적하기 위해 종합적인 노력을 기울였다. 재활용 사업이 중단되어 여러 지역에 영향을 주긴 했지만, 실제로 중단된 사업은 예상보다 훨씬 적은 것으로 드러났다. 노변 쓰레기를 재활용하는 곳이 1만 개가 넘었는데, 2021년 초까지 중단된 곳은 100여 개 정도였다. 대도시에서 중단된 곳은 한 군데도 없었다.

지난 10년 동안 쓰레기 분리 기술이 얼마나 놀라운 발전을 거두었는지 다루었던 뉴스 보도는 별로 없었다. 적외선 기술을 이용해 다른 유형의 플라스틱을 분리하는 광학 분류기에서 분류한 플라스틱을 컨베이어 벨트에 넣으면 자동으로 분리 수거통으로 투입할 정도가 되었는데도 말이다. 최근에는 재활용 시설에 로봇공학 및 인공지능이 도입되어 수익, 처리 마진율, 처리 보고율을 높이고 있다.

재활용 산업이 죽어간다는 비관적인 기사에서 다루지 않은 중요한 내용이 또 있다. 미국의 기업들과 제지 공장 투자자들이 2019년 첫 6개월 만에 재활용 산업을 확대하기 위해 총 10억 달러를 투자했다는 소식이다. 중국은 줄곧 재활용 산업에 대한 주요 투자국이었다. 홍콩에 본사를 둔 '나인 드래곤즈Nine Dragons'는 세계에서 가장 큰 골판지 상자 제조업체다(중국에서 가장 부유한 여성이 지분을 소유하고 있다). 이 기업은 폐쇄된 제지 공장을 부활시키거나 가동 중인 제지 공장을 확장하는 데 5억 달러를 쏟아부었다. 이렇게 중국 기업들은 미국에서 판매하기 위한 종이 제품을 만들기도 하지만, 전에 수입했던 종이 쓰레기를 미국 공장에서 펄프[종이 등을 만들기 위해 나무 등의 섬유 식물에서 뽑아낸 재료]로 만들고, 그 펄프를 다시 중국으로 수입하고 있다. 미국과 호주 회사들도 투자에 적극적이다. 프랫 인더스트리Prat Industries는 재활용 종이를 가공해 상자로 만들기 위해 오하이오주에 대규모 신규 공장을 건설 중이다.

플라스틱 재활용 시설에 대한 상당한 신규 투자도 진행 중이다. 2019년 6월 시에라 클럽[Sierra Club, 1892년 창립된 전 세계 최초의 환경 보존단체]에 실린 한 기사에서 미국 플라스틱 재활용 협회Association of Plastic Recyclers 회장은 "위기에 대한 경각심을 조장하는 내용 자체가 잘못되었다. 중국의 조치가 재활용 자체의 중단을 의미하지 않는다. 중국의 재활용 쓰레기 금지 조치는 미국이 재활용을 더욱 효과적으로 하는 데 필요한 시설에 투자할 수 있는 전화위복이 될 것이다"라고 말했다. 중국 조치의 시사점은 간단하게 정리할 수 있다. 미국이 쓰레기를 중국에 수출하는 관행에 마침표를 찍고, 애초에 발전했어야 할 미국 재활용 내수 산업이 엄청난 사업 잠재력이 있다는 사실을 수면 위로 끌어올렸다.

한편 언론에서 수년간 재활용에 대해 소신 있게 균형 잡힌 보도를 해온 기자들도 많다는 점을 인정해야 할 것이다. 하지만 자극적인 제목으로 '낚시성 기사'를 쓰는 기자들도 있다. 재활용의 여러 장점에도 불구하고 재활용에 대한 부정적인 내용을 실으며 이슈몰이를 하기 때문이다. 진실을 담은 기사보다는 유인형 기사가 좋은 기사인 듯 크게 회자되는 현실은 매우 안타깝다. 1996년 '재활용은 쓰레기'라는 제목으로 표지 기사를 쓴 《뉴욕타임스》의 존 티어니 기자는 단연코 센세이션을 일으킬 만한 내용을 다뤘다. 이 기사는 석유화학 회사들로부터 자금을 지원받고, 메이어가 '다크 머니' 자금줄을 쥐락펴락한다고 주장한 케이토 연구소Cato Institute, 리즌 재단Reason Foundation, 경쟁력 있는 기업 연구소Competitive Enterprise Institute의 학자들의 말을 인용하면서, 재활용에 반대하는 싱크 탱크들이 주장하는 잘못된 의견과 왜곡을 사실화했다.

티어니 기자의 기사는 빈정거리는 듯한 냉소적인 어조였다. 쓰레기의 자원적 가치에 대해 아이들의 눈을 뜨게 했던 한 초등학교 프로젝트를 폄훼하며, "재활용 사업을 의무화하는 것은 후대에 바람직하지 않다. 정치인, PR 컨설턴트, 환경 단체, 폐기물 처리 회사와 같은 몇몇 이해 관계자들에게 주로 단기적인 혜택을 제공할 뿐이다. 재활용 비용은 당면한 사회 및 환경문제에 투입되어야 마땅하다"고 적었다. 쓰레기를 매립하면 ─ 그는 재활용의 대안으로 쓰레기 매립을 강력히 지지한다 ─ 폐기물 운반회사와 매립업체에 막대한 세금이 투입된다는 내용은 언급하지 않았다. 실제 통계로 집계되는 공공 매립 비용에 혈세가 얼마나 투입되는지는 일언반구도 없다.

그는 매립지 공간이 부족할 일은 없다고 강력히 주장하지만(자세한 내용은 잠시 후에 설명하겠지만), 플라스틱 포장재가 매립지에서 다른 폐기물보다 더 적은 공간을 차지한다는 이유로 플라스틱을 옹호하기도 했다. 또한 플라스틱과 그 독소가 강, 호수, 바다를 오염시키고 있다는 사실을 밝히는 지금까지의 수많은 연구에 대해서는 언급하지 않았다. 재활용을 통해 숲을 보존하는 개념에 대해 "재활용 활동으로 나무를 보존한다는 것은 마치 옥수수 소비를 줄임으로써 옥수수 대를 보존하려는 것과 같다"고 주장했다. 그렇다고 우리가 나무를 이용할 때, 나뭇잎만 수확하진 않는다. 우리가 나무에서 사용하는 부분은 나무줄기이기 때문에 줄기도 모조리 사용한다. 숲은 우리에게 너무나도 중요한 '탄소 격리[carbon sequestration, 대기 중 배출되는 이산화탄소를 토양의 탄산염 또는 유기물 등 담체에 고정해 지하 또는 지상의 특정 공간에 저장하는 과정]' 기능을 하고 있다.

그가 기사에서 언급한 가장 터무니없는 주장은 언론에서 여러 차례 제기된 적 있는 내용이기도 하다. "만약 미국인들이 1,000년 동안 현재의 속도로 쓰레기를 계속 배출하고, 전체 쓰레기가 약 91미터 깊이의 매립지에 묻힌다면, 미국의 전체 쓰레기 더미는 3,000년까지 가로와 세로의 길이가 약 56킬로미터인 정사각형 대지를 채우게 될 것이다." 이 내용은 유명한 '밈'이 되어 재활용 반대론자들이 계속해서 자신들 주장의 근거로 사용하고 있다. 애매하기 짝이 없는 수학 공식도 넣는다. 매립장은 '양쪽 길이가 약 71킬로미터이고 깊이가 약 3,658킬로미터'라는 주장도 있고, 깊이는 언급 없이 '24 제곱 킬로미터'의 크기라는 주장도 있다. 이에 질세라 환경에 대한 도발적인 발언으로 유명한 자유주의 언론인 존 스토셀은 '친환경에 대한 착각'이라는 제목의 영상에서 "앞으로 수천 년 동안 '세계의 모든 쓰레기'를 약 24제곱 킬로미터의 매립지에 매립할 수 있을 것이다"라고 주장했다.

그렇다면 그 유명 밈의 출처는 어디일까? 클라크 와이즈먼 교수가 1990년 발표한 논문이다. 논문에서는 그가 곤자가대학교 교수로 재직 중이라는 사실은 언급되었지만, 엑슨, 코흐 재단 그리고 몇몇 채굴 이해관계 기관으로부터 재정지원을 받는 '부동산 및 환경 연구 센터Property and Environment Research Center, PERC'의 연구원으로도 활동한다는 점은 명시하지 않았다. 게다가 「기후 변화의 이점The Benefits of Climate Change」이라는 2007년 보고서를 출간하면서 기후 변화 부정론을 펼치고 재활용 반대에 대해 잘못된 이론을 꾸준히 개진해 왔다는 내용도 빠져 있었다. 매립지 공간에 대한 현실은 이렇다. 미국의 여러 주, 특히 북동부 주들과 캘리포니아주에서는 매립지가 매우 제한적인 상황이다. 티어니 기자가 간과한 매립 비용도 상당하다. 단도직입적으로 말하면, 여러분 주변에 쓰레기 매립지 근처에 살고 싶다거나 매일 출퇴근하는 길에 쓰레기 매립지를 지나가고 싶다는 사람이 있는가?

아마도 티어니 기자가 제기한 가장 터무니없는 주장은 "재활용이 그 자체로 아무런 가치 없는 목표가 되었다"는 내용일 것이다. 그 목표가 지구를 살리는 데 일조한다는 점을 완전히 무시한 발언이다. 티어니의 친구이기도 한 보수주의 작가 크리스토퍼 버클리는 티어니가 '별생각 없이 장난기 어린 발언을 한 것'이라며 그의 발언을 옹호했다고 크리스 무니 기자는 밝혔다. 그러나 그런 거짓된 기사를 국내 유명 신문에 게재한 것을 단순한 장난으로 볼 수 있을까? 무니가 티어니에게 기사 내용을 언급하며 그가 '진리를 위해 활동하는 디벙커[debunker, 틀렸거나 비과학적이거나 기괴하거나 비정상적이라 생각되는 주장들을 반증하고 추적하고자 하는 과학적 회의주의자로, 어떠한 사건, 이론, 현상이 타당성이 없음을 증명한다]'인지 물었다. 티어니는 이렇게 답했다. "저도 재활용의 좋은 면에 관해 쓸 수 있죠. … 그런데 그런 글은 너나 할 것 없이 다 쓰고 있잖아요." 가당치도 않은 논리다. 그의 기사에 대한 비난이 쏟아지면서, '환경 방어 기금Environmental Defense Fund'에서 기사 내용을 하나하나 반박하는 글을 발표하기도 했는데, 티어니 기자의 기사를 검토한 《타임》의 편집진은 기사를 내보내기 전에 제대로 검토도 안 했단 말인가? 왜 그런 글을 내보냈단 말인가? 결국 편집진은 2015년에 티어니 기자가 수정 기사를 올리도록 했다. 그런데 새로운 기사에서 그는 "재활용의 필요성에 대해 그 어느 때보다 많은 이가 공감하고 있지만, 경제·환경 면으로 어떤 이득이 있는지 따져보면, 이전과 달라지는 것이 별로 없다"고 주장했다. 이는 사실이 아니다. 실제로 재활용 산업이 창출한 지자체와 투자 수익은 기하급수적으로 성장했다. 전혀 변하지 않은 건 쓰레기 매립지로 쓰레기를 이송하는 막대한 경제적·환경적 비용이다.

재활용 산업은 지난 수십 년 동안 대부분의 공산품 산업과 유사한 추이를 보였다. 종이 재활용 사업이 몇 년에 걸쳐 점차 높은 수익을 보이자 새로운 업체들이 이 분야로 뛰어들었다. 1992년이 되자 재활용을 염두에 둔 신문지 공급이 급증하게 되었고, 이는 재활용 종이의 가격을 떨어뜨렸다. 시장의 수급 상황은 결국 조정되었고, 얼마 지나지 않아 종이 재활용 산업은 다시 높은 수익성을 띠었다. 2000년대 초까지 재활용한 종이는 미국에서 가장 많이 수출하는 품목이 되었고, 이 중 대부분은 중국으로 수출되었다. 중국은 재활용한 종이를 수입해 다양한 수익원으로 활용하며 자국의 제조업 열풍을 지원하는 데 힘썼다. 2009년, 미국의 재활용 산업은 또 한 번의 위기를 맞이했다. 2008년 글로벌 금융위기로 인한 전반적인 경기 침체가 미국을 강타한 것이다. 이 책에서 앞으로 다루게 되겠지만, 중국이 글로벌 금융위기의 타격에서 벗어나 번창할 수 있었던 비결이 있었다. '폐기물 금수조치'를 실시하면서, 수익창출원으로 재활용 산업에 박차를 가했기 때문이다. 재활용 분야를 단일의 사업 영역이라고 생각하는 경향이 짙은데, 바로 이 점 때문에 재활용에 대한 혼란과 오해도 많다고 생각한다. 재활용 사업 영역은 실제로 매우 다채롭다. 재활용의 대상 품목이 종이, 플라스틱, 금속, 유리로 다양하기 때문이다. 어떤 품목은 상대적으로 재활용 공정이 더 어렵기도 하다. 그러나 이러한 품목들은 모두 재활용이 가능하다. 이 책에서는 각각의 품목에 대해 빠르게 전개되는 획기적인 혁신 사례를 소개한다. 시 정부의 지자체 리더들이 반드시 파악해야 할 사실이 있다. 재활용한 물건의 가치도 중요하지만, 공산품을 매립지로 보내지 않았을 때 절약할 수 있는 비용이 무엇보다도 중요하다. 예를 들어 재활용할 수 있는 물건의 가치가 톤당 0달러, 즉 가치가 전혀 없다고 가정해 보자. 그런데 그 물건을 재활용하지 않고 미국의 한 매립지로 보낼 경우, 평균적으로 톤당 50달러의 지자체 예산이 투입된다. 물론 재활용할 수 있는 물품들은 충분히 가치가 있지만 — 알루미늄으로 만든 공산품의 경우, 상당한 가치와 이윤을 보장한다 — '내가 지금 이 물건을 재활용하지 않으면, 매립을 위해 어느 정도의 비용을 내야 하는가?'라는 관점에서 경제적 타당성을 분석해야 한다.

그나마 다행인 점은 자원을 채굴하고 추출하는 양을 감축하는 혁신, 수명이 길고 쉽게 고쳐 쓸 수 있는 제품들, 제품과 포장재를 재사용하는 사업 모델이 번창하기 시작했다는 것이다. 순환경제의 체계와 사업 모델을 옹호하는 세력도 정보 전쟁에서 승전고를 울리기 시작했다. 폴 호켄이 순환경제에 대한 선언문과 같은 『비즈니스 생태학The Ecology of Commerce』에서 25년 전에 언급했듯, 우리가 새로운 생산 및 소비 체계를 만들 수 있다는 점을 증명해내고 있기 때문이다. 호켄은 그러한 생산 및 소비 체계는 "매우 지능적으로 설계되고 구축되어 모든 단계에서 자연을 모방하고, 기업과 고객, 생태계의 공생을 반영한다"고 설명했다.

재활용에 대한 담론이나 심층 취재에서 간과해서는 안 되는 마지막 질문은 "누가 돈을 낼 것인가?"이다. 이때, 누가 재활용 비용을 낼 것인지는 중요하지 않다. 재활용을 안 했을 때 투입되는 비용을 누가 낼 것인지가 중요하다. 만약 미국에서 재활용을 중단한다면, 미국의 도시들은 쓰레기를 메우기 위해 매년 50억 달러 이상을 마련해야 할 것이고, 자재 판매를 통한 수억 달러의 수익이 빠지며, 지역별로 재활용과 제조업 분야에서 수만 개의 일자리를 잃게 될 것이다. 또한 가까운 곳에 추가 매립지를 건설했을 때 부동산 가격이 하락하는 리스크를 어느 지역에서 감당할 것인지도 고민해 봐야 한다. 재활용할 수 없는 것들, 그리고 재활용이 되지만 현재 재활용이 안 되는 것들은 담배가 건강에 미치는 영향처럼 직접적이고 극단적인 경제적·환경적 비용을 초래한다. 그리고 허위 정보 유포자들은 — 살충제 DDT 제조사, 다트 컨테이너사 혹은 엑슨모빌이건 — 대형 담배 회사들처럼 쉽게 포기하지 않을 것이다. 현재로서는 소비자들의 패배가 예상되는 투쟁이 일지 않는 한, 포기하지 않을 것이다.

순환경제 혁신 세력이 나가신다, 길을 비켜라

알그라모[Algramo, 칠레 기반의 친환경 기업]의 설립자 호세 마뉴엘 몰러를 만난 적이 있었다. 나는 그와 대화를 하면서 우리가 생각하는 임무, 즉 순환경제를 실천하는 사업 모델을 발전시키려는 생각이 일치한다는 것을 알게 되었다. 게다가 우리가 살아온 배경이 닮아 있다는 것도 신기했다. 호세는 모국인 칠레에서 경영대학원에 다닐 때 사업가가 되기로 했다. 내가 미국 경영대학원에서 그랬던 것처럼 말이다. 그도 자유시장의 실존에 대한 경제 이론을 배우면서 회의 감이 들었다고 했다. 또한 1980년대 앞장서서 규제 완화를 부르짖으며, 경제 자유화를 상징하는 '자유방임주의Laissez-faire'를 새로운 극단으로 이끈 시카고대학교의 강경 자유시장 경제 이론가들을 나타내는 '시카고 보이즈'가 칠레 경제에 대해 '실험'을 했다고 설명했다. 그는 "칠레는 그들의 실험실이었다"고 말했다.

당시 밀턴 프리드먼과 아놀드 하버거를 비롯한 그들의 경제학자 동료들은 잔인한 독재자 아우구스토 피노체트 장군의 고문으로 활동했다. 그들은 칠레 정부가 그들이 묘사한 대로 규제 완화와 권력 성장의 저력을 보여줄 수 있는 경제적 '충격 요법'을 구상하도록 자문을 제공했다. 그런데 사실상 처참한 경제적 파탄으로 이어졌다. 정책을 이행한 첫해 평균 소비재 가격이 375퍼센트 상승하는 등 물가 상승률이 치솟았고, 고용은 급감했다.

호세는 경영대학원 재학 중 산티아고 인근의 '레콜레타' 지역으로 이사하면서, 노동자 계급의 칠레인들이 피부로 느끼는 처참한 현실을 직접 보게 되었다고 했다. 먹고 사는 문제로 힘겨운 나날을 보내던 유년 시절의 내 어머니가 떠올랐다. 호세가 살던 그곳의 사람들도 온종일 뼈 빠지게 일하면서도 근근이 살아갔다고 했다. 그나마 경제 활동의 중심지였던 읍내의 슈퍼 혹은 식료품점에 장을 보러 가면, 가족을 먹여 살리며 가게 일을 95퍼센트 정도 책임지고 운영하는 여성들의 강인한 체력과 뛰어난 사업적 재간이 혀를 내두를 정도로 인상적이었다고 했다. 그는 당시에 룸메이트 두 명과 같이 살면서 생활용품을 구매하는 역할을 맡고 있었는데, 당시 동네 사람들이 막대한 '가난세poverty tax'를 내고 있다는 것을 깨달았다. 물건을 대량으로 구매할 만큼 형편이 좋지 않아서 소량으로 포장된 제품만 사게 되는데, 이렇게 되면 결국 쌀, 콩, 세탁 세제 등 모든 종류의 상품에 대한 50퍼센트나 더 많은 돈을 낸다는 것이었다. 이때 그에게 훗날 '알그라모'를 탄생시킬 기발한 아이디어가 떠올랐다. 고객들이 소량으로 제품을 구매할 수 있도록 하는 사업을 해보기로 한 것이다. 가격에서 포장비를 빼고 '그램(회사 이름 '알그라모'의 유래)' 단위로 저렴하게 제품을 파는 개념이었다.

그가 생각한 해법은 환경에 대한 자신의 확고한 의지를 그대로 보여주었다. 게다가 제품의 가격을 낮출 뿐 아니라, 동네 여기저기에 놓인 작은 쓰레기장에 산더미처럼 쌓인 플라스틱 쓰레기 문제도 어느 정도 해결할 수 있을 것 같았다. 각종 제품을 리필 가능한 용기에 넣어 판매한다면, 고객들은 처음 그 용기를 구매하고 다음부터는 원하는 양만큼만 제품을 구매하게 될 것이다. 소량 포장으로 판매되는 많은 품목의 비용에서 포장지 값이 많게는 40~50퍼센트를 차지하므로, 이 비용만 빠져도 제품가격을 낮출 수 있다고 판단했다. 게다가 '지갑 기능을 하는 포장 용기packaging as a wallet'에 대한 아이디어도 떠올렸다. 본격적으로 사업화를 시작하면서, 알그라모의 용기에 RFID 칩을 이식했고, 전산을 통해 고객들의 리필 거래 내역을 관리했다. 내역을 토대로 구매할 때마다 10퍼센트 할인을 제공하기도 했다. 고객들은 구매할 때마다 용기 비용을 절약하는 셈이었다. 그는 이러한 특수 용기를 제작할 수 있는 현지 제조업체를 찾았다(지역 경제에 기여하는 방법을 실천한 것이다). 그리고는 삼륜 전기 세발자전거에 디스펜서 기계를 장착해 여러 장소로 이동하면서 내용물을 리필해주는 서비스를 제공하게 되었다. 또한 산티아고 전역에 있는 2,000개의 슈퍼 및 식료품점과 제휴해 가게에 디스펜서를 설치했다.

그의 사업 모델은 혁신성 차원에서 크게 주목받아 매사추세츠공과대학의 솔브Solve 상을 받기도 했다. 이 상은 사회적 문제에 대해 잠재적으로 파격적인 해결책을 제시해 관련 기업들이 규모를 키울 수 있도록 일조한 기업가들에게 수여하는 상이다. MIT 과학자들은 시간이 지남에 따라 꾸준히 제품을 개선하고 회사가 환경에 미치는 긍정적인 환경 영향도 평가할 수 있도록 데이터 분석 역량을 강화하도록 지원한다. 2020년, 미국 경제 전문 매체 《패스트 컴퍼니》는 알그라모를 '남미에서 가장 혁신적인 회사'로 선정했다. 최근, 알그라모는 클로즈드 루프 파트너스와 제휴해 남미를 넘어 사업을 확장하며 브루클린에 디스펜서를 대량 설치하면서 미국에서 서비스를 시작했다.

소비자들의 인식을 바꿀 수밖에 없는 아이디어들

호세는 환경운동가였던 대학 동기들을 통해 순환경제학을 알게 되었다고 했다. 나에게는 운 좋게도 건축가 폴 마흐트라는 친구이자 멘토가 있었다. 나는 그를 통해 순환경제 운동에 입문하게 되었다. 그는 친환경 건축 분야의 선구자로 수동 태양passive solar 건축 설계 개념이 집에 도입되기 전부터 이미 적용하고 있었다. 그는 순환경제 운동의 뿌리, 그리고 관련된 중요한 이론가들과 실천 사례들에 대해 깊은 지식을 가지고 있었다. 그는 과거에 스타 수구(water polo, 수중에서 공을 갖고 행해지는 구기 종목] 선수로 활동했고, 내가 고등학교에 다닐 때 우리 학교 수구 코치이기도 했다. 내가 고등학교 2학년 때, 나의 홀어머니가 아파서 병원에 입원한 적이 있었는데, 그때 폴은 나를 그의 가족과 함께 지내도록 해준 고마운 사람이다. 40분 동안 그가 운전하는 차를 타고 학교와 그의 집을 오가며 우리는 많은 대화를 나눴다. 특히 환경보호와 복원에서의 혁신 활동에 대해 그는 열정을 보였다. 또한 그가 가족과 함께 새롭게 이사한 오래된 농가를 최첨단 친환경 주택으로 바꾸는 모습에서 친환경 해법을 찾겠다는 그의 헌신과 열정을 보았다. 심지어 마당에 있던 큰 닭장을 그의 사무실로 개축해 사용했다. 왜 굳이 멀쩡한 구조물을 철거하냐는 논리였다.

나는 대학에 진학한 후에도 폴과 연락하며 지냈다. 2002년 그는 건축가 윌리엄 맥도너와 화학자 마이클 브라운가트가 공동 집필한 획기적인 신간 『요람에서 요람으로Cradle to Cradle』를 내게 선물했다. 많은 독자도 같은 생각이었겠지만, 내게 큰 영감과 감동을 준 책이었다. 두 작가는 제품을 만들 때 사용되는 재료가 쉽게 용도 변경이 되도록 제품을 설계할 수 있는 설득력 있는 사례를 제시했다. 두 사람이 '요람에서 요람으로'라는 용어를 대중화했지만, 이 표현의 작명가는 따로 있었다. 또 다른 건축가 발터 슈타헬, 바로 '프로덕트 라이프 인스티튜트Product-Life Institute'의 설립자다.

슈타헬은 1970년대 후반에 유해 폐기물을 제작부터 폐기까지, 즉 '요람에서 무덤까지' 처리하는 개념이 인기를 끄는 것이 합리적이지 않다고 느끼며 이 용어를 생각해냈다. 당시는 유독성 폐기물을 배출하는 회사들이 독성 유출을 방지하도록 폐기장, 즉 '묘지'에 안전하게 폐기하는 책임을 지도록 하는 법안이 미국에서 통과된 지 얼마 되지 않은 때였다. 그야말로 인간의 독창성을 깡그리 무시한 근시안적인 조치라고 슈타헬은 생각했다. 그의 생각은 꼬리에 꼬리를 물었다. 차라리 유해 폐기물이나 폐기물을 전혀 배출하지 않는 것이 더 낫지 않을까? 제품을 순환고리[circular loop, 업사이클링과 리사이클링을 통한 순환과 공존]라는 맥락에서 '재탄생'하도록 제조하면 어떨까? 슈타헬과 맥도너는 당시 순환경제 모델의 사업적 타당성을 주창하는 선견지명이 있는 경제학자 및 생태학자들과 함께 논리를 펼치던 건축가 무리에 있었다. 칠레 국민이 경제적 파탄을 피부로 느끼며 고통을 받자, 경제학에 '우울한 과학the dismal science'이라는 별칭이 붙기도 했다. 그러나 일부 변절 경제학자들은 1960, 1970, 1980년대 경제에서 경제 순환을 기반으로 하는 시스템과 비즈니스 모델이 가장 우선시될 수 있고, 그렇게 되어야 한다는 이론을 전파하고 이해시키는 데 크게 기여했다.

그들은 수십 년 전 환경 자원의 고갈 문제에 대해 경고의 메시지를 던졌다. 지구의 자원이 이미 너무 고갈되어 자원에서 '가져오고, 만들고, 폐기하는' 방식을 극적으로 바꾸지 않으면 지구가 생명을 이어가지 못할 수 있다는 충격적인 사실이 경종을 울린 것이다.

'창백한 푸른 점 Pale Blue Dot'의 초상화

인류 역사상 가장 위대한 성과로 아폴로 8호의 임무를 꼽을 수 있다. 지구가 얼마나 취약한 상태에 있는지에 대해 전 세계인의 눈을 뜨게 했기 때문이다.

건물 30층 높이의 아폴로 8호 새턴 V 로켓은 인류 역사상 가장 대담한 임무를 위해 1968년 발사된 가장 강력한 우주선이다. 여기에 주어진 임무는 지구의 강한 중력에서 벗어나 달의 궤도에 진입하는 것이었다. 그렇게 하려면 지구의 대기와 우주 사이의 장벽인 카르만 라인Karman line을 돌파하기 위해 약 386,243킬로미터를 이동하고, 정확히 시간당 38,946킬로미터의 전례 없는 속도로 도달해야 했다. 그런 후에는 달의 어두운 면에 접근했을 때, 스스로 궤도에 몸을 던지기 위해 정확히 적절한 순간에 속도를 시속 약 8,047킬로미터로 조절해야 했다. NASA가 지구에서 달까지의 '달 천이 trans lunar injection'라고 명명한 초인간적인 기동력으로 마지막 엔진을 연소하면서 달의 궤도에 진입하는 것이 관건이었다. 만약 우주선의 엔진 하나가 진입 중에 고장 나거나, 우주 비행사들이 너무 빨리 또는 너무 늦게 1초라도 연소에 대한 계산을 잘못했다면, 그들이 타고 있던 작은 우주선은 통제 불능의 상태가 되어 달 표면의 조각들로 돌진하거나 궤도에서 벗어나 되돌아올 수 없는 우주 공간으로 자유 낙하했을지도 모른다.

애초에 지구 궤도에만 진입하기로 계획되었던 이 임무는 미국이 달 착륙에서 소련을 능가하려는 야심으로 급작스레 상향 조정된 것이었다. 세 명의 우주 비행사들, 프랭크 보면, 제임스 러벨, 빌 앤더스는 정신적·육체적으로 초강도 훈련을 받았다. 임무의 위험도가 너무 높아 우주 비행사 앤더스의 아내는 임무 책임자였던 크리스 크래프트가 우주 비행사들이 안전하게 돌아올 확률이 50퍼센트라고 대답했을 때 가슴을 쓸어내리며 안심했다. 달 탐사선이 정확히 사전에 계산된 시점에 궤도로 돌진하면서 목표 지점에 도달하며, 진정한 공학의 승리가 드러냈을 때는 십 년 묵은 체증이 다 내려간 듯했을 것이다.

임무의 주된 목적은 달 표면을 촬영해 훗날 달 착륙을 위한 장소를 물색하는 것이었다. 우주선의 네 번째 회전에서 보면이 우주선의 방향을 천천히 새로운 각도로 돌렸을 때, 우주 비행사들은 어렴풋이 달의 지평선을 보았다. 달의 회색 곡선 뒤로는 우주의 깊고 검은 광활한 배경이 있었다. 그리고 지평선 너머로 올려다보니, 파란색과 흰색의 작고 밝은 구체가 보였다.

"맙소사!" 빌 앤더스가 소리쳤다. "저 광경 좀 봐! 지구가 떠오른다. 와, 너무나 아름답다."

인간이 처음으로 우주의 오아시스와도 같은 지구의 전체 모습을 보게 된 것이다. 청량한 파란 색lapis blue의 바다, 그리고 그 위를 덮는 하얀 소용돌이 모양의 구름은 마치 세 명의 용감한 여행자들을 안전하게 집으로 안내하기 위한 봉화처럼 무한한 우주 공간에 존재감을 드러냈다. 보면은 "하느님이 보시는 지구가 이런 모습이겠다"

라고 생각했다고 전했다. 앤더스는 서둘러 사진을 찍었다. '지구돋이Earthrise'로 알려진 이 사진은 인류가 지구의 귀중한 자원이 얼마나 한정적인지를 인식하는 데 큰 영향을 미쳤다고 전해진다. 로버트 커슨은 달 착륙 미션에 대한 저서 『로켓 맨Rocket Man』에서 "우주 비행사들은 달을 발견하기 위해 여기까지 왔지만, 결국 지구를 발견하게 되었다"라고 기술했다.

2년 전, 영국의 경제학자 케네스 볼딩은 『다가오는 우주선 지구의 경제학The Economics of the Coming Spaceship Earth』이라는 제목의 매우 영향력 있는 에세이를 출간했다. 환경 과학자들이 자원 감소, 종의 멸종, 대기 오염의 정도를 광범위하고 정교하게 이해하게 되면서, 섬세하게 균형 잡힌 생태계로 구성된 지구에 대한 개념이 주목받게 되었다. 이에 따라 급진적인 새로운 경제 이론이 등장하게 되었다. '재생'이라는 생태학적 순환 속에서 자원 낭비가 없는 자연의 순환을 모델로 한 경제 논리다.

볼딩은 자원 고갈 시대에 새롭게 정립된 '우주인 경제spaceman economy' 이론과 무한 팽창을 가정한 과거의 '카우보이 경제' 이론을 대조했다. 카우보이 경제는 "무모하고, 자원 착취적이며, 낭만적이고, 폭력적"이라고 설명했다. 그러나 새로운 '우주인 경제' 이론에서는 "소비에서 나오는 모든 생산물은 새로운 생산을 위한 투입물이 되기 위해 끊임없이 재활용될 것"이며, 지구는 "자연의 고갈이나 오염과 무관하게 저장고가 제한적인 하나의 우주선이다. 따라서 인간은 우주선 안의 순환 생태계에서 자신의 자리를 찾아야 한다"고 설명했다.

지구돋이 사진 덕분에 우리는 그 '우주선'을 보았다. 환경운동은 활기를 띠었고, 많은 선구적인 사상가는 볼딩이 상상한 '순환고리' 경제를 발전시키는 데 박차를 가하기 시작했다.

생태계로서의 경제

미래를 내다본 석학 중에는 경제학자 허먼 데일리도 있다. 그는 '정상 상태 경제steady-state economy'라는 개념을 대중화했다. 그리고 이를 "절대 정적이지 않지만 지속해서 자원이 재생되는 경제"라고 설명했다. 그는 『침묵의 봄』을 읽고 영감을 얻었다고 했다. 신선한 충격과 감동을 회상하면서, "경제가 광범위한 생태계의 부분 집합이라는 사실에 대해 가만히 생각"해 보면, '모든' 경제성장이 생태계를 희생하면서 일어나고 있다는 점을 인정하게 될 것이라고 했다. 인류는 어리석게도 '인간의 경제'가 자연으로부터 독립된 '인간이 만든 메커니즘'이라고 생각하게 되었다고 그는 주장했다. 사실 인간의 경제는 완전히 자연계에 의존하고 있고 자연의 과정으로부터 배울 점이 많다고 했다. 이에 덧붙여 "성장 경제 — GDP에 대한 맹신 — 에서 급격하게 벗어나야 한다"는 점을 강조했다. 그는 지속 가능한 발전을 전파하는 선두 주자 중 한 명이다.

그렇다면 자연계를 보존하거나 되살리는 새로운 경제 모델이 어떻게 개도국을 포함해 전 세계 사람들의 삶의 질을 계속 향상할 수 있는 경제 번영을 꽃피우게 할 것인가? 경제학자들은 그 답을 찾기 위해 생태학으로 눈을 돌렸다. 경제학자 데일리는 경제 순환성의 토대를 마련한 생태경제학이라는 새로운 분야의 창시자 중 한 명으로, 이 분야에 큰 영향을 주었다.

세월이 흐르면서 순환경제 개념이 진화해 왔기 때문에 설명하는 방식과 세부 내용은 약간씩 다를 수 있을 것이다. 그러나 인간 경제가 자연을 존중할 뿐만 아니라 자연을 반영해야 한다는 기본 전제에는 이견이 없다. 자연계의 퇴화·재생·생산 체계를 지침으로 하면, 천연자원을 훨씬 더 지혜롭게 활용할 수 있을 것이다. 생태학자 배리 코모너는 그의 1971년 베스트셀러 『닫히는 원Closing Circle』에서 순환성의 개념을 구체적으로 설명했다. 그는 자연경제가 지닌 본질적 우월성을 설득력 있게 묘사했다. "자연에는 낭비가 없다."

그렇다고 자연에서 버려지는 쓰레기가 별로 없다는 의미는 아니다. 생물학자이자 생체모방 전문가 데이나 바우마이스터가 내게 전해준 통찰이다. 자연에서 버려지는 것들을 생각해 보면, 온갖 종류의 천연 쓰레기가 떠오를 것이다. 가축이나 동물에서 벗겨져 나오는 허물이나 껍질의 양이 어마어마하다. 뱀이 벗어버린 허물은 숲바닥에 널려 있다. 다람쥐가 도토리를 먹다가 달콤하고 기름진 씨앗 부분에 도달하면, 도토리 껍질을 골라서 뱉어내곤 한다. 나무도 나뭇잎이 필요 없게 되는 시점에 낙엽을 흩뿌린다. 단 잎사귀를 떨어뜨리기 전에 잎에서 나무에게 중요한 영양소인 질소를 빨아들이는 생태계의 신비를 보여준다고 바우마이스터는 설명했다. 이러한 이유로 질소가 빠진 나뭇잎은 부서지기 쉬운 갈색으로 변해 떨어진다.

그렇다면 자연이 버리는 쓰레기와 인간이 버리는 쓰레기에는 어떠한 차이가 있을까? 자연은 자연에서 나오는 쓰레기를 최대한 활용하기 때문에, 생분해성 쓰레기만 만들어낸다는 점이 다르다. 자연은 쓰레기를 남기는 동시에 가장 효율적인 방식으로 쓰레기를 분해해, 새로운 생명이 성장할 수 있는 영양분을 공급한다. 자연에서 버려지는 쓰레기는 장기적인 쓰임새와 주변 환경을 복원하는 능력이 최고치라고 할 수 있다.

자연의 제조 공정은 그야말로 최고의 효율을 자랑한다. 예를 들어 한 그루의 떡갈나무가 자연에서 기여할 수 있는 부분은 무궁무진하다. 실존주의 철학자들이 즐겨 드는 비유가 있다. "어느 날 아무도 없는 울창한 숲속에서 나무 한 그루가 쓰려진다고 가정해 보자. 숲에는 그 소리를 들은 사람이 없는데, 그 나무가 쓰러질 때 소리가 났다고 할 수 있는가?" 나는 이러한 가정 자체가 문제라고 생각한다. 왜 그 소리를 들은 청중이 없다고 하는가? 수천 마리의 동물은 귀로 그 소리를 들을 수 있다. 실존주의자들이 말하는 소리를 듣는 주체인 '인간의 존재'는 굳이 필요 없다. 한편 지구상에서 가장 크고 오래된 떡갈나무 '메이저 오크'는 영국의 전설적인 숲 '셔우드 포레스트Sherwood Forest'에서 나뭇가지가 군데군데 꺾여 있긴 해도 올곧게 서 있다. 나무만 놓고 보면 아예 인간의 존재가 방해만 될 것 같다.

이 나무는 영국에서 가장 사랑받는 최고의 관광 명소가 되었다.

위풍당당한 보초병을 연상시키는 이 나무에는 거대한 가지들이 약 28미터나 뻗어 있다. 1,000년 이상 350종의 곤충, 온갖 종류의 새, 무수한 다람쥐, 너구리, 야생 칠면조, 사슴 등 숲속 동물들이 서식하는 거대한 생태계에 필수적인 역할을 하고 있다. 한편 곰팡이의 잔혹한 공격을 견뎌내기도 했다. 또 다른 곰팡이, 즉 거대하고 복잡한 균사체가 공생관계에서 곰팡이를 도와 나무를 공격한 결과, 나무줄기에 거대한 구멍이 파인 것이다. 하지만 이 균사체는 나무의 뿌리와 얽힌 버섯의 미세한 뿌리이기 때문에, 나무에 풍부한 영양분을 보내고 있다. 실제로 이 나무가 자라는 도시에서는 100퍼센트 청정 태양 에너지로 연료를 공급받고 있다. 이 나무에서는 당연히 해로운 배출물을 전혀 배출하지 않을 뿐 아니라, 나무의 거대한 수관[canopy, 많은 가지와 잎이 달린 줄기의 윗부분]은 공기에서 엄청난 양의 탄소를 빨아들인다. '메이저 오크'는 자원 선순환 고리를 나타내면서, 지구를 살리는 탁월한 생산 체계인 셈이다.

공산품 생산에도 이와 유사한 효율성과 순환성을 적용해 볼 수 있다. 실제로 이 분야에서 과감한 혁신을 선보인 선구자들이 많다. 온갖 종류의 제품을 만들고, 팔고, 사용하는 데 생태학적 접근법을 적용할 수 있다는 가능성을 증명했고, 이 방법으로 회사가 큰돈을 벌면서 이 길을 가지 않는 경쟁사들보다 단연 더 나은 성과를 보여주었다.

자연 생태계에서 얻을 수 있는 교훈은 무궁무진하다. 작게는 조그마한 물웅덩이에서부터 '메이저 오크' 떡갈나무처럼 하나의 생명체에서 복잡한 생태계, 나아가 숲, 바다, 사막, 대초원에 이르기까지 모든 자연의 영역에서 순환성이 작동하고 있다. 이처럼 순환경제 생태계도 하나의 생산자가 단일 제품에 적용할 수도 있고, 두 개의 기업 혹은 여러 기업이 합작으로 개발할 수도 있을 것이다. 가장 이상적으로는 전체 도시와 지역에 적용될 수 있을 것이다.

덴마크의 작은 항구도시 칼룬보르에서 몇몇 사업가들이 힘을 합쳐 훌륭한 성과를 낸 사례를 소개하겠다. 질란드 섬의 북동쪽 해안에 있는 이 도시는 순환경제 사상가들이 구체적으로 산업 생태계를 구축하는 방법에 대한 대략적인 비전을 제시하기도 전에 산업 공생 네트워크의 중심지가 되었다. 몇몇 기업 대표들이 협업해 '칼룬보르 에코 산업 단지Kalundborg Eco-Industrial Park'를 단계별로 개발한 것이다. 1972년 시작된 최초의 산업 공생 파트너십은 정유공장에서 생산되는 잉여 가스를 석고판을 만드는 인근 공장으로 수송해 연료로 사용하도록 송유관을 건설하는 사업이었다. 시간이 지남에 따라, 지역 농장뿐만 아니라 몇몇 다른 회사들도 사업에 참여하게 되었다. 한 회사는 석탄화력발전소에서 나오는 매연가스를 포집해 정화해 주고, 발전소에서는 단지 전체에 전기를 공급한다. 이때 매연가스를 정화하는 과정에서 석고가 생산되어 석고보드를 만드는 재료로 사용되기 때문에 석고보드 공장에 판매된다. 한편, 제조 공정에서 나오는 유기 폐기물을 바이오 가스 시설로 보내는 제약회사도 두 곳 있다. 시설로 이송된 유기 폐기물은 천연가스를 생산하는데 사용된다. 물은 각 회사 차원에서 순환되고, 최적의 물 효율을 위해 자원 순환형 '폐쇄형 루프'에서 정화된다. 두 제약회사 중 한 곳에서 생산된 수 톤의 폐 효모waste yeast는 공정을 거쳐 단지에 있는 농장의 돼지 사료로 사용된다. 돼지에서 나오는 배설물은 바이오 가스 회사로 보내져서 바이오 가스 생산에 사용된다.

이 단지는 설립 이후 입주 기업들이 이렇게 감축 노력을 하지 않았을 경우와 비교해 온실가스 배출량 63만 5,000톤을 감축했다는 결과가 2015년 분석을 통해 확인되었다. 게다가 입주 기업들의 운영 비용도 대폭 줄었다. 같은 보고서에 따르면, 기업들은 폐기물을 제거하고 단지 내에서 생산되는 재생 가능 에너지에 의존함으로써 연간 약 2,650만 달러(2,400만 유로)를 절감할 수 있었다. 칼룬보르 단지의 경이적인 성공 사례는 순환경제 모델을 크고 작은 형태로 적용하는 데 놀라운 영감을 주고 있다.

대한민국 울산의 '온산국가산업단지'에서도 순환경제 모델이 대규모로 활용되고 있다. 1,000여 개의 입주사들이 상주해 있는 이 단지는 한국 제조업의 심장 기능을 하고 있다. 현재 산업 생태학의 개념은 개발도상국에도 도입되고 있다. 세계은행은 터키 및 베트남 정부가 자국에서 국가 차원의 생태 산업 단지를 구축하도록 지원하고 있다. 단지 외에도 작은 단위의 공생 클러스터를 개발해 신생 벤처 기업들도 그 혜택을 최대한 누리도록 다양한 기업들이 기발한 창의성을 발휘하고 있다.

또 다른 대표 사례로 '블루시티BlueCity' 산업 단지가 있다. 스타트업들을 위한 산업 생태 중심지로 네덜란드 로테르담에 설립된 곳이다. 단지 안팎에서 나오는 커피 찌꺼기를 퇴비화해 버섯을 재배하는 '로테슈밤Rotterzwam'의 설립자들이 블루시티를 설립했다. 로테슈밤에서 재배된 버섯에서 배출되는 이산화탄소는 단지에 입주한 또다른 식품회사인 '스피로자르Spireaux'가 활용한다. 이 회사는 좋은 영양소가 풍부한 해조류 기반 반죽으로 채식 버거를 만든다. '프루트레더Fruitleather'라는 회사도 있다. 인근 항구의 부두에서 팔리지 않고 버려질 과일을 이용해 가죽과 같은 직물을 제조하는 곳이다. 블루시티 단지의 목표는 순환형 네트워크가 계속해서 성장해 자원이 낭비되지 않는 '쓰레기 무배출zero-waste'을 향해 한 걸음씩 나아가는 것이다.

이와 비슷하게 시카고에도 '플랜트Plant'라는 비영리 단체가 있다. 산업 단지를 형성해, 양조장, 빵집, 커피 로스터 사업장, 초콜릿 제조사, 그리고 몇몇 수경재배 농장을 비롯한 다양한 사업군이 입주해 있다. 이 단지는 이전에 육가공 시설로 이용되었다. 그런데 이제는 한 사업체의 폐기물이 다른 사업체의 연료나 재료로 이용되고 배출된 이산화탄소는 포집되어 농장에 보내져 식물에 의해 흡수된다. 한편 더 작은 규모로도 '공생'이 실천되고 있다. 영국의 '토스트Toast' 양조장은 현지 빵집, 식당, 식료품점에서 버려질 빵을 모아, 맥주를 만드는 데 사용한다.

생태계 서비스의 가치 평가

경제학자 허먼 데일리 등 여러 학자가 『침묵의 봄』에서 영감을 얻었다고 했다. 나도 이 책을 읽고 큰 감흥을 받았다. 특히 경제 구조의 근본적인 문제점에 눈을 뜨게 되었다. 기업들이 대체로 자기네들의 생산 방식으로 초래된 환경 피해를 정화하는 비용을 일반 대중에게 전가하는 관행이 대체로 허용되고 있다는 안타까운 현실을 알게 된 것이다. 『침묵의 봄』은 DDT를 비롯한 여러 독소에 대한 참혹한 폭로의 글로 잘 알려졌지만, 저자는 이 외에도 당시에 꽃을 피우기 시작한 '생태계'의 개념을 대중에게 알렸고, 다양한 생태계가 짓밟히는 현실을 생생하게 묘사했다. 그녀는 야생 쑥이 서양에서 씨가 말라가는 상황을 안타까워하면서, "보라색 세이지 꽃, 빠르게 뛰어다니는 야생 영양, 들꿩은 완벽한 균형을 이루는 자연계에서 활기 있게 살아가고 있었다"고 적었다. 저자는 눈에 보이지는 않아도 토양 속에 풍부한 생태계가 활발히 작동하고 있다는 사실을 동시대 학자들보다 먼저 인식하고 있었다. 그녀는 한 장을 할애해 토양 미생물에 얼마나 많은 환경 피해가 입혀지는지를 역설했다. 토양 미생물은 토양 건강을 지키는 데 필수적이고, 따라서 농작물 수확량과 직결되어 있다고 설명했다. 방대한 비료와 살충제를 농지에 뿌려대면 돌이킬 수 없는 토양 고갈로 이어질 것이라는 저자의 예측은 소름 끼칠 정도로 사실로 들어맞았다.

카슨은 환경을 오염시키는 화학 회사들이 어떻게 자기네들이 감당해야 할 막대한 서식지 유실 비용과 복원 비용을 대중에 떠넘겼는지 폭로했다. 이 회사들은 결국 공적 보조금을 받은 셈 아닌가. 제품이 생산되기까지 투입되는 모든 비용을 회사가 의무적으로 내도록 규제가 엄격했다면, 폐기 및 환경오염으로 인한 비용을 어떻게든 안 내기 위해 적극적으로 혁신을 도입하지 않았을까? 안타깝게도 이들 기업의 임원들은 폐기 및 환경오염에 대한 비용까지 책임을 지다가는 어쩔 수 없이 사업이 망할 것 같다고 판단했다. 차라리 보조금이 끊기지 않고, 환경오염 비용을 의무화하는 규제를 철폐하도록 로비 활동에 돈을 쓰는 게 낫다고 여겼다. 그러나 멀리 내다보면 그들의 전략은 무용지물에 가깝다. 결국 환경오염의 최고 주범이 되는 사업체들은 결국 파산의 길을 걷기 때문이다. 사업 모델이 재정적으로 유지될 수 없거나 법적 조치나 정부의 규제를 통해 자체 폐기물과 환경오염에 대한 비용을 토해내야 하니 말이다. 안타깝게도 눈속임과 로비 활동에 오랫동안 돈을 쏟아부은 탓에, 일반 대중은 아직도 울며 겨자 먹기로 막대한 비용을 내고 있고, 이들 기업이 환경과 사람들의 건강에 가한 폐해는 완전히 복구하는 것이 불가능해졌다.

이에, 선구적인 순환경제학자들은 생태계가 얼마나 소중한 기능과 역할을 하는지를 적극적으로 알리고 있다. 생태계는 생태계에 서식하는 동식물뿐 아니라 인간 사회와 경제 안정에도 소중하다는 인식을 높이는 데 힘쓰고 있다. 그들은 기업들이 생태계의 기능을 이용하는 만큼 그에 상응하도록 생태계를 파괴하는 대가를 치러야 한다고 주장한다. 그들이 고갈시켜 온 '자연자본'을 보충하는 방식이 가장 이상적이라고 설명한다. 또한 생태계가 제공하는 기능과 역할을 경제적 관점의 '용역', 즉 '서비스'로 간주하고, 이 서비스의 금전적 가치를 계산할 것을 제안한다. 현재 GDP에서 담아내지 못하는 한계를 보완하는 데 이용할 수 있다는 생각이다. 이는 생태계의 '서비스'를 고갈시킨 만큼 그에 상응하는 비용을 정확하게 국가의 경제 건전성을 산정하도록 GDP에 반영하자는 의견이다. 예를 들어 석유 시추기, 정유사, 화학 공장의 오염으로 멕시코만에서 어패류가 대거 폐사하자 미국의 여러 해안가 지역의 경제가 엄청난 타격을 받았다. 지역의 생계를 이렇게나 뒤흔들어 놓았는데도 국가 GDP에 고려되지 않아도 되겠냐는 말이다. 경제적 논리로 자연자본을 평가해 보라. 그러면 자연을 갈취하고 자원을 낭비하는 행위가 초래하는 경제적·환경적 피해가 얼마나 어마어마한지 소름 끼칠 정도로 알게 될 것이다.

자연자본의 개념은 영국의 경제학자 E. F. 슈마허에 의해 대중화되었다. 1973년 출간된 후 400만 부 판매고를 올린 그의 저서 『작은 것이 아름답다』에서 이 단어를 처음 소개했다. 자연이 우리에게 주는 보상은 단순히 '자원'이 아니라 인간의 모든 생산과 소비를 가능하게 하는 근본적인 '자본'으로 생각해야 한다고 그는 주장했다. 사업가들이라면 금융 자본을 지출한 만큼 보충해서 채워 넣어야 한다는 사실을 잘 알고 있지만, 자연자본을 대하고 관리하는 그들의 태도는 형편없다는 것이다. 그의 책은 대놓고 이렇게 시작한다.

"우리 시대의 가장 치명적인 오류 중 하나는 '생산 문제'만큼은 걱정 안 해도 될 정도로 해결되었다고 착각하는 것이다." "자연이 제공하는 '자본'이 ⋯ 지금 놀라운 속도로 소진되는데도, 현대의 산업 체계가 ⋯ 그 체계를 지탱하는 근간을 갉아먹는데도" 그런 착각을 하고 앉아 있다니. "새로운 생산 방식과 소비 패턴"을 생각해야 한다. 그래야 "인류가 영속적으로 생활을 유지할 수 있다".

 '순환경제'라는 용어는 그로부터 한참 뒤에 생겨났다. 1990년 유니버시티 칼리지 런던의 학자 데이비드 피어스가 제시했다. 그는 훗날 환경 경제학 분야의 선두 주자로 활동을 이어갔다. 피어스는 공동 저자 R. 케리 터너와 함께 개념적으로 '순환자원'과 '선형자원'을 이용하는 것이 어떻게 다른지 비교했다. 1989년 출간된 그의 또 다른 베스트셀러 『녹색 경제를 위한 청사진*Blueprint for a Green Economy*』도 환경 경제학에서 큰 영향을 준 책이다. 저서에서는 '오염자 부담polluter pays' 원칙을 소개한다. 정부가 환경오염을 일으킨 기업에 요금을 부과하도록 권고하는 원칙이다. '순환경제 액션 플랜Circular Economy Action Plan'의 하나로 유럽연합EU이 2020년 제안한 '생산자 책임법producer responsibility law'의 기초가 되기도 했다. 생산자 책임법은 발생하는 포장 폐기물에 대해 생산기업에 직접 책임을 묻는 것을 골자로 한다.

 이 외도 영향력 있는 두 권의 책을 소개한다. 폴 호켄의 『비즈니스 생태학』 그리고 폴 호켄, 애머리 B. 로빈스, L. 헌터 로빈스가 공동 집필한 『자연 자본주의*Natural Capitalism*』다[L. 헌터 로빈스는 지속 가능성 해법을 연구해 전 세계 기업들이 실천하도록 컨설팅을 제공하는 '록키 마운틴 인스티튜트(Rocky Mountain Institute)'의 설립자다]. 이들은 모두 '자연자본 회계'를 주창한 슈마허의 논리를 전파했다. 특히 호켄은 기업이 앞장서서 환경을 복원하고, 그 과정에서도 이윤을 창출할 수 있다고 주장했다. 『비즈니스 생태학』의 핵심 주제는 환경을 해치는 기업들이 환경을 보호하려는 기업들에 비해 '불공평한 이득'을 누리고 있다는 것이다. 호켄은 "어떻게 생명을 해치고 파괴하는 제품이 생명을 지키고 보호하려는 제품보다 더 싸게 팔릴 수 있는가?"라고 물었다. 싸게 팔 수 있는 이유는 환경에 피해를 준 만큼의 비용이 가격에 고려될 필요가 없었기 때문이다. 호켄은 자연자본을 화폐화할 수 있다는 개념을 설득력 있고 논리적으로 설명했다.

이 개념은 훗날 더 발전해 '자연 자본주의 체계', 즉 자연자본을 보존하고 재건하는 자본주의 체계를 정립하는 비전을 제시했다. 『자연 자본주의』의 공동 저자들은 "실제로 자연자본의 재고를 보충하고 확대하도록 산업 공정을 탈바꿈하게 되면 특히 수익성을 높일 수 있다는 사실이 입증되었다"라고 설명했다.

1990년대 초, 자연자본의 중요성을 강조한 선구자 중 한 명인 생태학자 토마스 그래델은 다양한 유형의 자연 생태계를 단순히 떡갈나무 생태계의 차원으로 보지 않고 '산업 복제의 모델models for industrial replication'로 간주하며 세부적으로 연구했다. 또한 '자연 공학'과 '인간 공학'이 환경에 미치는 영향에 대한 정교한 평가 모형을 개발했다. 예를 들어 비버 댐[beaver dam, 하천이나 늪지대에 보금자리를 마련하는 습성을 지닌 비버는 그 과정에서 엄청난 크기의 댐과 수로를 건설하는데, 이러한 댐은 폭우 때 물을 저장하고, 가뭄 때는 물을 지속해서 흐르게 해 홍수로 인해 발생하는 극단적인 피해를 막아주는 역할을 한다)과 서식지를 인간이 만든 전원주택과 비교해 볼 수 있다. 예상대로 비버가 인간보다 자원을 훨씬 더 효과적으로 사용하는 것으로 밝혀졌다. 시에라 클럽은 비버를 '궁극의 생태계 엔지니어'라고 묘사했다. 비버 댐이 환경에 미치는 영향을 생각했을 때, 인간이 지은 집보다 훨씬 더 우수하다는 것이다. 사실 비버 댐이 생태계에 가져오는 혜택은 어마어마하다. 그들은 수천 종의 생명 자원이기도 한 생태학적으로 풍부한 습지를 만든다. 그들이 형성하는 연못에서는 바닥으로 떠내려가는 침전물 속에 많은 양의 탄소를 저장해 둔다. 또한 개울의 수위를 높여 강의 지류를 새롭게 만들기도 하고, 독소가 들어간 개울을 정화하며 개울에 천연 비료를 주입해 고갈된 어류 개체 수를 복원한다. 환경 보호가들은 한때 비버가 멸종한 지역에 비버가 다시 들어와 살도록 아이다호주의 일부 지역에 비버들을 낙하산을 이용해 대거 떨어트리기도 했다(비버를 위한 일이었지만, 하늘에서 낙하하느라 외상을 입기도 했을 것이다). 16세기에 비버가 완전히 멸종된 영국에서는 일부 지역에서 비버를 복귀시키려 노력하고 있다.

비버는 생태계에 여러 이점을 가져오는 엄청난 실력의 건설자이다. 비버의 습지 복원 능력은 혀를 내두를 정도다. 습지는 물에서 독소를 걸러내고 질소와 같은 천연 화학물질의 수치의 균형을 맞추기 때문에 '자연의 신장'이라고도 불린다. 전 세계가 이미 심각한 담수 부족에 직면한 상황에서 인간은 물의 여과와 보존에 대규모 투자를 실행했지만, 물 위기는 악화할 뿐이다. 2030년까지 전 세계 담수 수요가 공급을 40퍼센트 초과할 것이라는 분석도 있다.

자연의 자원과 서비스에 적절한 금전적 가치를 매긴다면, 훨씬 더 지능적으로 사용할 만한 충분한 동기부여가 될 것이다. 정부가 자연의 자원과 서비스를 지능적으로 사용하도록 의무화하는 분위기가 형성될 수도 있다. 물론 금전적 가치를 매기는 작업은 매우 복잡할 것이다. 그러나 전 세계 많은 개인과 조직이 이 작업을 할 수 있도록 여러 기발한 수단을 선보이고 있다. 그들은 기본적으로 자연 자본의 개념을 중요하게 받아들이며, 사업 계획에서 중요한 실무 요소로 정립시켰다. 그 결과 환경오염의 당사자들이 더 많은 책임을 질 수 있는 매우 설득력 있는 근거가 되고 있다. 또한 생태계 서비스를 보존하고 복원하는 데 도움을 주는 회사와 지역사회에는 그들의 선한 행동에 대해 보상을 받을 수 있는 체계도 고안했다.

데이비드 피어스는 생태계 서비스의 가치를 체계적으로 계산하는 연구의 선두 주자였다. 그는 진정 계산의 대가였다. 숲이 제공하는 탄소를 회수해 저장하는 '탄소 격리 값'은 약 1만 제곱미터당 2,000달러까지 오를 수 있다. 그렇다면 대형 삼림에 적용하면 탄소 격리 값은 얼마나 될까? 뉴잉글랜드에 약 131,523제곱킬로미터 크기의 숲이 있다고 가정해 보자. 이곳 생태계를 통해 제공되는 서비스는 연간 260억 달러에 달할 것이다. 숲이 제공하는 또 다른 귀중한 서비스에는 홍수를 조절하는 '숲 보전'의 기능이 있다. 멕시코와

페루에서 원주민 공동체가 거주하는 숲이나 거주지 부근의 숲을 보존하는 노력을 보상하는 지원 사업을 성공적으로 개발하는 데 피어스가 개발한 계산 공식이 이용되었다.

점점 더 많은 환경 경제학자가 피어스의 뒤를 이어, 설득력 있는 다양한 환경 서비스 평가 방식을 제시했다. 다양한 평가 방식은 기업을 운영하면서 환경을 악화한 기업들이 그에 상응하는 비용을 내야 한다는 주장에 힘을 실어주었다. 예를 들어 꿀벌과 나비는 식물의 꽃가루를 옮겨주는 수분 매개 역할을 하는데, 최근에 이 기능을 금액으로 환산했더니 5,770억 달러로 추정되었다. 한편 농업 전문 대기업들은 이 기능에 의존하고 있지만, 이들이 사용하는 농약으로 전 세계에 있는 유익한 나비와 꿀벌이 죽어가고 있다. 그런데도 이 기업들은 5,770억 달러 중에 한 푼도 지급하지 않고 있다. 꿀벌과 나비와 같은 화분 매개 곤충들이 떼죽음을 당하는 상황에서 투입되는 비용은 결국 농민들이 지불하고 있다. 농민들은 양봉업자들에게 임대료를 지급하며 꿀벌 군집을 빌려 쓰는 상황이다. 이 외에도 여러 환경 피해로 인한 비용 — 환경 미화 작업, 수질 정화 및 담수화 시설 운영비, 이종 방류 및 기타 보존 및 복구 조치 비용 — 은 납세자의 몫이 되었다.

'실제 원가 회계true cost accounting'는 자원과 자연이 제공하는 서비스에 대한 전체 비용과 자원을 제조·판매·폐기했을 때 환경과 인간에 미치는 피해에 대한 전체 비용을 고려해 재화와 용역의 가격을 계산하도록 새롭게 개발된 실용 학문이다. 세븐스 제너레이션

Seventh Generation의 설립자 제프리 홀렌더와 같은 환경 운동의 선구자들의 공로와 더불어 '실제 원가 회계' 방식이 도입된 결과, 비즈니스 커뮤니티에서는 환경을 해친 만큼의 비용을 낸다는 개념에 점차 수긍하게 되었다. 미국의 가정에 쉽게 볼 수 있는 세븐스 제너레이션의 두루마리 휴지는 100퍼센트 재활용 섬유로 만들기 때문에, 경쟁 브랜드보다 가격을 올려야 하는 상황이 되자, 설립자 홀렌더는 현 상황이 비합리적이라고 느끼며 '실제 원가 회계'를 전파해야 한다는 사명감이 생겼다. 경쟁사들이 천연 목재를 판매하며 연간 약 10억 달러의 세금 감면 혜택을 받고 있었기 때문이다. 벌목된 나무에서 나오는 종이 펄프를 매입한다는 이유로 부지불식간에 세금에서 나오는 막대한 보조금을 받고 있었다. 그는 "거의 손을 못 쓸 정도로 뿌리가 깊은 관행이라는 걸 알았다"라고 회상했다. 경쟁사들은 원자재에 대한 실제 시장 가격을 내지도 않을뿐더러 산림 서비스를 고갈한 대가, 삼림 황폐로 초래된 비용에 대해 자신들의 몫을 지급하지 않았다.

영국의 컨설팅 회사 '트루코스트Trucost'와 네덜란드의 사회적 기업 '트루 프라이스True Price'와 같은 여러 조직에서는 가정의 각종 생필품에 대한 '실제 가격'을 산정하는 데 일조해 왔다. 트루 프라이스의 분석에 따르면, 환경을 고려하지 않은 기존의 방식으로 재배한 커피 250그램 한 봉지의 '실제 가격'은 5.17달러, 지속 가능한 방식으로 재배한 커피 한 봉지 가격은 4.58달러여야 한다. 지속 가능한 공정으로 생산된 친환경 제품의 '소비자 구매 가격'이 상대적으로 높다. 그런데 '실제 원가 회계'의 논리를 적용하면, '아깝지만 내야 하는 추가 금액'인 것이다. 추가 금액이 아깝다고만 여길 것인가? 환경을 생각하지 않고 만든 제품의 소비자 구매가격은 높지 않겠지만, 그 추가 금액만큼 '세금'을 내야 한다는 생각은 하지 않는가?

실제 원가 회계는 기업들이 스스로 환경에 미치는 영향을 평가하고 피해를 해결할 방법을 파악하도록 도와주는 강력한 도구가 되었다. 이 도구를 적극적으로 활용한 기업인이 있다. 독일에 본사를 둔 푸마Puma의 전직 대표이사이자 할리데이비슨Harley-Davidson의 현 회장인 요헨 자이츠다. 그는 트루코스트의 도움으로 최초의 환경 손익 보고서를 작성해 2011년에 공개했다. 보고서에서는 2010년 푸마의 환경 영향 총비용이 1억 4,500만 유로라는 사실을 보여주었다. 자이츠 회장은 푸마의 지속 가능성 노력을 진전시키는 데 환경 손익 분석 평가EP&L가 도움이 되었다고 했다. 이 책에서 푸마의 사업에서 어떠한 부분에 순환경제 개념이 적용되었는지 소개하고자 한다. 여기서는 자이츠 회장이 재임하는 동안 푸마의 주가가 4,000 퍼센트 상승했다는 정도로 마무리하겠다.

폐기물 관리의 문제를 넘어선 회사의 실적 향상

스위스 건축가 발터 슈타헬은 순환형 생산 방식이 우수한 이유가 환경적으로 지속 가능할 뿐만 아니라 회사의 실적을 끌어 올리기 때문이라는 점을 거듭 강조했다.

73세의 나이가 무색할 정도로 활력이 넘치는 슈타헬은 공개 강연과 유튜브 영상에서 생명주기가 길고, 쉽게 재사용하고 수리해 사용할 수 있는 제품을 설계하는 것에 관해 열정적으로 의견을 펼친다. 순환경제 전도사에 그치지 않고, 자기 삶에서 강연 내용을 실천해 오고 있다. 자신이 타던 30년 된 1969년식 도요타 차체를 완전히 재제작하고 나서, 그 차를 운전해 동네 진입로에 들어서는데 한 이웃이 "그 오래된 차를 언제 바꾸실까 했는데 드디어 새 차를 모시네요"라고 말했다며, 흐뭇한 미소를 지었다. 그는 이웃의 말에 대해, "사람들이 아직도 제품의 품질을 새것과 동일시하는 것 같다. 관리를 잘해서 오래 쓰는 게 품질이 좋다는 건데, 오래 쓴다는 것 자체가 미련하고 꽉 막힌 태도라고 생각한다"라며 안타까워했다.

1970년대 중반, 제네바에 소재한 혁신적인 '바텔 연구소Battelle Research Centre' 제품연구원으로 활동하던 슈타헬은 유럽연합으로부터 당시 유가가 4배 급등한 상황에서 어떻게 하면 제조 공정에서 에너지를 덜 사용할 수 있는지에 관한 연구를 의뢰받았다. 당시 슈타헬의 보고서는 업계에 신선한 충격을 가져왔다. 제품을 다시 새롭게 한다는 의미의 '리퍼비시[refurbish, 한국에서는 '리퍼브'라고 축약해 부르기도 한다]' 공정을 거치면, 제품 수명을 연장할 수 있고, 이렇게 하면 에너지 사용을 줄일 뿐 아니라, 에너지를 투입해 단순노동을 줄이는 등 양질의 일자리도 창출할 수 있다는 내용이었다. 그가 공동 설립한 '프로덕트 라이프 인스티튜트'는 '요람에서 요람으로' 기반의 설계, 자원 선순환 '폐쇄형 루프'의 제조·제품 배송·복구에 대한 가능성을 연구하고, 구현 방법에 대해 컨설팅을 제공한다.

초기 생산 과정에서 천연자원을 더 효율적으로 사용하고, 제품을 빠르게 재활용하기보다 제품 주기를 더욱 연장할 수 있다면, 회사 차원에서도 재무 성과를 훨씬 높일 수 있다. 이 논리는 『성과 경제 The Performance Economy』에 등장하는 '성과 경제'의 핵심 전제이기도 하다. 저자는 현재 '순환경제'라는 용어로 대체해 사용하고 있다.

슈타헬은 '서비스로서의 제품product-as-a-service'이라는 개념을 강조하며, 제품 자체보다는 서비스, 즉 제품의 성능을 판매하는 기조를 적극적으로 지지해 왔다. 회사에서 수명이 긴 제품을 만들고, 제품 수리와 복구 부문에 투자하면, 이에 대한 재무적인 이득이 따른다는 개념은 충분히 효과적인 인센티브로 작용했다. 제품을 판매하면 고객이 제품 소유권을 갖는 기존 방식과 달리 제품에 대한 소유권이 제조사에 있고, 회사는 고객에게 사용료만 청구하기 때문에, 제품에 대한 책임도 유지하게 된다. 그렇기에 제품이 오래가고 시장에서 여러 번 재사용되도록 제품을 설계하고, 수리, 리퍼브 및 업그레이드에 두자할 냉분이 생기게 된다. '서비스로서의 제품'이 탈산업 사회의 디지털 경제 혁신이라고 인식하게 됐지만, 실제 산업화가 한창이던 시절에도 의외로 이 사업 모형을 강력히 수호하던 기업들(탄소 배출량이 가장 많은 부문의 일부 기업 포함)이 있었다.

자동차 및 제트 엔진 제조의 선두기업 롤스로이스는 1962년 자사가 판매하는 비즈니스 제트기에 들어가는 '바이퍼Viper' 제트 엔진에 대해 엔진의 사용 시간에 따라 서비스 비용을 받는(power by the hour, 엔진+서비스) 사업 모델을 적용했다. 엔진을 직접 판매하는 게 아니라 엔진 사용 시간을 판매하는 개념이었다. 이 방식은 대형 상업용 항공기 엔진에도 적용되었다, 경쟁사인 제너럴 일렉트릭과 프랫 앤 휘트니Pratt & Whitney에서도 이에 질세라 같은 방식을 적용했다. 타이어 제조사 미쉐린Michelin은 20년 동안 상업용으로 판매하는 트럭에 대해 '주행 거리별 서비스(service by the mile, 타이어를 개수 단위로 판매하는 대신 타이어의 주행 거리별로 돈을 받는 방식)'를 제공했다. 회사는 디지털 트래킹 방식으로 타이어 이용 현황을 모니터링하고, 이동형 차량 정비소를 운영하면서 타이어를 회수하고 수리·복원·개조 서비스를 제공했다. 최근에도 이와 유사한 매우 바람직한 서비스가 등장했다. 조명 대기업 필립스는 피버스Phoebus 전구 카르텔의 회원사로서 2015년부터 사용한 광량lux에 연동해 과금되는 서비스형 조명을 공급하기 시작했다. 필립스는 조명 시스템, 전구 및 모든 것의 소유권을 유지하고, LED를 설치하고 주간 및 야간 내내 최적의 조명 수준을 유지하기 위해 지속적인 원격 디지털 모니터링을 수행했다. 그 결과 기업들은 전기 사용을 크게 줄일 수 있었다. 한편 암스테르담의 스키폴 공항은 하루에 5만 가구가 사용하는 것과 맞먹는 양의 전기를 사용하고 있었다. 그런데 필립스와 계약을 맺고 조명 비용을 50퍼센트나 줄일 수 있었다. 이처럼 모범 기업들의 성공 사례는 오랜 경험을 통해 환경, 주주, 고객을 위해 가치를 창출하고 있다는 증거가 된다.

강력한 '폐쇄형 루프'를 지향하는 생산 경제에서 제품을 재활용하는 시점은 최대한 미루는 것이 좋고, 재활용 자체가 최후의 수단이어야 한다고 슈타헬은 주장했다. 재제조된 자동차 엔진은 4,900달러로 판매될 수 있지만, 그 엔진을 재활용을 거쳐 고철로 만들고 나면 그 가치는 160달러로 급락하기 때문이다. 재활용 대신 엔진을 복구하면 그 가치는 어떠할까? 우선 엔진을 복구하면 원자재를 추출하는 환경 파괴(나중에 더 자세히 설명하겠다)를 줄일 수 있고, 고철로 녹일 때 과열로 인한 온실가스 배출을 크게 줄일 수 있다. 게다가 엔진 복구 작업에는 고급 기술이 필요하므로, 이와 같은 기술이 요구되는 일자리가 대거 창출될 수 있다.

슈타헬은 제품이 수명을 다했을 때가 재활용 시점이라고 생각하며, 제품을 설계할 때 재활용 단계까지 염두에 두어야 한다고 강조했다. 자재를 분해하고 복원할 수 있도록 설계해야 한다는 것이다. 제품을 만드는 단계에서부터 사용되는 부품과 자재가 훗날 쉽게 분리되도록 해야 한다고 주장했다. 재활용 단계에서 제품의 자재를 분리할 수 없도록 제작된 제품이 너무 많기 때문이다. 전형적인 튜브 형태의 치약을 생각해 보라. 치약 튜브는 치약이 잘 짜지는 최적의 압착 정도를 위해 플라스틱과 알루미늄의 혼합물로 만들어진다. 그런데 두 재료를 분리하기가 매우 어려워서 실용적인 목적을 위해 재활용할 수 없게 되어 있다. 미국에서 치약 튜브가 4억 개, 세계적으로는 15억 개가 매년 폐기되고 있다는 점을 고려하면, 해결책을 모색하는 일이 시급하다. 다행히도 콜게이트Colgate가 새롭게 선보인

튜브는 알루미늄을 사용하지 않고 재생 플라스틱으로 만들었지만, 적합한 압착 정도를 유지할 수 있었다. 그들의 도전은 쉽지 않은 과정이었다. 5년간의 험난한 노력의 결과물이었다. 제품 설계 과정에서 튜브 재질과 압착 정도에 대한 최고의 조합을 찾는 실험을 비롯해 다양한 난관이 있었을 것이다. 그들의 헌신적인 노력에 존경심을 표한다.

비즈니스 혁신가들은 슈타헬이 주창한 '줄이기reduce, 재사용하기reuse, 다시 만들기remake, 복구하기recover, 새단장하기renew'를 적용한 제품과 사업 모델을 개발하는 데 큰 진전을 이루었다. 윌리엄 맥도너와 마이클 브라운가트 등이 주도한 '요람에서 요람으로의' 제품 설계 안내서는 제품 설계자들에게 문제 해결에 필요한 영감을 주었다. 그들은 관련된 표준을 널리 알리고 C2C(cradle to cradle, 요람에서 요람으로) 제품을 평가하며, 업계에서 인정받는 인증을 부여하기 위해 '크레이들 투 크레이들 제품 혁신 연구소Cradle to Cradle Products Innovation Institute'를 설립했다. 그 이후 줄곧 개념을 전파하며 수요를 높이는 데 지대한 공을 세워왔다.

한편 쓰레기를 줄이는 노력에서 두각을 나타낸 기업도 있다. 이번에 소개할 기업은 스티로폼 제조사 '다트'와도 특별한 인연이 있었던 '그린 홈Green Home'이다. 100퍼센트 식물성 및 생분해성 식품 포장재를 생산하는 남아프리카 공화국 기업이다. 다트가 스티로폼의 대체품 개발을 망설이던 시기에 그린 홈의 창립자 캐서린 모리스는 포장재에 대한 지식이 전혀 없던 상태에서 불과 1년 안에 사탕수수 폐기물, 폐목재 섬유, 폐목재 셀룰로스, 대나무나 식물 기반의 녹말로 플라스틱을 대체하는 방법을 고안해냈다. 모리스는 원래 영상 제작자로 활동하고 있었는데, 태국 여행에서 생분해성 식품 포장을 보고 영감을 받게 되어 창업한 것이다. '의지가 있는 곳에 길이 있다'는 것을 몸소 보여주었다. 그녀 외에도 생분해성 포장재 사업의 폭발적인 성장을 선도하는 여러 스타트업을 창업하고 기업 연구소에서 일하는 수많은 혁신가가 숭고한 노력을 해주고 있다.

제품 재사용으로 큰 성공을 거둔 사례도 있다. 파타고니아가 중고품들을 회사의 매장과 온라인 사이트에서 판매하는 '원웨어Worn Wear' 프로그램이다. 파타고니아 의류는 오래가도록 제작되기 때문에, 고객들은 본사에서 보증하는 중고 판매 프로그램에 따라 사용했던 파타고니아 물건들을 회사에 되팔 수 있다. 회사에서는 수거된 중고품은 세탁해 완전히 새 제품으로 탈바꿈시킨 후 판매한다. 처음에는 시범 운영한 서비스였는데 폭발적인 반응이 이어져 회사는 매우 놀랐다. 사업개발부의 필 그레이브스 선임 이사는 그 시작점에 대해 이렇게 말했다. "처음에는 우리가 파는 옷을 더 오래 사용했으면 하는 바람으로 시작했는데, 이제는 우리의 성장하는 온라인 쇼핑 사업을 제대로 키워보고 싶다. 언젠가 모든 대형 브랜드도 판매한 의류가 중고로 거래되는 '리커머스recommerce' 사이트를 갖도록 장려하는 것이 우리의 목표다." 파타고니아는 그의 말을 실천에 옮기는 중이다. 노스페이스, 메이시스, 제이크루, 버버리를 비롯한 여러 브랜드가 이 캠페인에 동참하고 있다. 나중에 설명하게 되겠지만, 이 혁신 모델은 온실가스 배출을 크게 줄일 수 있는 잠재력을 지닌다.

그렇다면 건설 분야에는 어떻게 적용될까? 건물을 설계할 때 복구 및 용도 변경을 고려할 수 있는데, 최종 분해 및 재사용을 염두에 두고 건물 전체가 시공된다. 네덜란드의 벤로에 위치한 시청 건물이 그 좋은 예이다. 부동산 개발업자들과 제휴를 맺은 컨설팅 기업 'C2C 엑스폴랩C2C Expolab'이 개발한 '요람에서 요람으로의 지침'에 따라 시공과 해체 청사진을 설계한 경우다. 건물에 적용된 놀라운 혁신 기술이 있다. 바로 '자동 물림self-gripping' 벽돌이다. 회반죽을 이용하는 대신 금속 고정 장치로 벽돌을 고정하기 때문에 나중에 벽돌을 쉽게 풀 수 있다. 시공 현장에서 배출되는 폐기물의 3분의 2를 차지하는 고형 폐기물이 철거 작업에서 나온다는 점을 고려한다면, 이 분야의 혁신은 무궁무진한 잠재력을 지닌 셈이다.

밴쿠버의 반두센 식물원VanDusen Botanical Garden의 방문자 센터는 첫눈에 탄성을 자아낸다. 친환경적으로 리모델링된 최초의 사례이자 가장 매력적인 건축물로도 인정받고 있다. 이 건물은 캘리포니아의 조경가이자 재생 디자인의 선구자 존 T. 라일John T. Lyle이 제시한 원칙을 구현했다. 재생 디자인은 순환성 논리가 꽃을 피우는 데 거름이 된 분야다. 이와 관련해 '살아 있는 건물living building'이라는 개념이 생겨났다. 건물이 주변 자연환경과 조화를 이루고, 주변 서식지의 생태계를 복원하는 데 일조한다는 의미다. 존 T. 라일은 누구보다 많이 앞장서서 이 개념을 전파하고 있다.

반두센 방문자 센터야말로 '살아 있는 건물'로 손색이 없다. 우아한 곡선의 토담, 거대한 꽃 잎사귀가 미끄러지듯 펼쳐진 모습, 그리고 100퍼센트 폐쇄형 루프 방식으로 설계된 태양 에너지와 상수도 시스템은 야생 난초의 아름다움과 생태적 신비에서 영감을 얻은 것이다. 주변 자연경관을 향해 완만하게 내려가는 복층 지붕에는 풀이 무성하다. 다람쥐, 나비, 토끼 등 여러 동물이 와서 즐겁게 뛰어다니는 '샐러드 볼(샐러드처럼 다양한 사회구성원들이 상호공존하며 각각이 색깔과 향기를 지니고 조화로운 통합을 이룬다는 논리)'로 기능하도록 설계되었다. 빗물 수집 장치는 빗물을 모은 후 여과하고 방출해 지역 지하수를 보충한다. 저장된 빗물은 여과되어 다양한 용도로 사용되기도 한다. 이 건물은 인간이 대도시에서도 자연과 분리되지 않고 '함께' 살 수 있다는 가능성을 보여주는 감동적인 증거다. 이 책에서 다루겠지만, 이 주제에 대해 전 세계적으로 창의적인 사례가 펼쳐지고 있다.

개별 제품, 회사, 건물에서 순환성을 적용한 모범 사례가 많이 등장하는 한편, 도시, 지역, 국가 차원의 대대적인 변화도 진행되고 있다. 아시아 국가들도 적극적으로 산업 생태계를 도입하고 있지만, 생산자들이 매립지에서 자사 제품을 폐기하는 과정에 들어가는 전체 비용을 책임지게 하는 유럽연합의 '순환경제 액션 플랜'도 큰 진전을 보여준다.

스타트업들의 경우, 처음부터 순환경제를 사업의 핵심 요소로 간주할 수 있지만, 단계별로 개념을 발전시킬 필요가 있다. 한편 기존 기업들의 경우, 처음에는 특정 제품이나 제품 라인에 순환경제를 적용하는 것이 바람직하다. 가장 간단한 프로세스, 즉 재생 가능 에너지로 전환하고, 원재료를 재생 재료 또는 재활용할 수 있거나 지속가능한 방식으로 재배한 목재와 면화와 같이 생태적으로 건강한 재료로 교체하는 단계부터 시작할 수 있다. 수리와 재활용이 쉬운 모듈식 구성 요소로 새롭게 설계하고, 제품을 회수하고 재활용할 수 있는 역 공급망을 개발하는 것은 더욱 난해한 단계다. 그러나 지금껏 봐왔듯이, 수익이 안정적인 우량 기업들도 순환경제의 방향으로 성큼 다가가고 있다.

의식의 문제

바람은 지금 30노트(시간당 55.56km 속도)까지 불었고, 벌써 5노트나 올라갔다. 거센 강풍은 우리를 빙하 옆으로 점점 더 가까이 밀어냈다. 비록 빙하를 피해 안전하게 돌아갔지만, 약 1.6킬로미터 차이로 가까스로 통과한 것이었다. 빙하의 최북단을 돌았을 때였다. 모양이 완벽하게 아치형인 거대한 얼음 동굴 두 개가 빙하 내부 깊은 심연 속으로 가라앉고 있었다. 숨이 멎을 것 같은 아찔한 광경이었다. 각 동굴은 킹피셔호가 항해할 수 있을 정도로 충분히 컸다. 그러나 한 번 들어가면 결코 나올 수 없는 동굴이었다. 동굴 옆면은 옥색으로 물들어 있었지만, 검고 칙칙한 바다와 어둑한 하늘에 비해 하얗게 보였다. 빙하 주변에는 숨 막힐 정도로 고립감이 감돌고 있었다. 이러한 광경을 인간의 눈으로 직접 확인한 적이 단 한 번도 없었을 것 같은 느낌이었다.

영국의 '데임(Dame, 여성에 관한 기사 작위)' 앨렌 맥아더 여사가 약 18미터 길이의 킹피셔호를 타고 혼자서 세계 일주를 하며 적은 글이다. 그녀는 힘들기로 유명한 '벤데 글로브 레이스(Vendee Glove race, 프랑스의 무동력 범선 세계 일주 레이스)'에서 24세의 최연소 나이로 완주에 성공했다. 글에서 '우리'라고 표현했는데, 그녀 자신과 그녀가 탄 배, 그리고 자신과 마음으로는 같이 있다고 느꼈던 지지자들, 끊임없이 성공을 기원하는 응원의 이메일과 문자를 보내준 수많은 고마운 이를 지칭한 것이다. 그녀는 경기에서 2위를 했지만, 5년 후인 2005년 최단 시간으로 단독 항해에 성공해 세계 기록을 깼다. 28세의 최연소 나이로 기사 작위를 받는 기록을 세우기도 했다.

맥아더는 세계 일주 여행으로 깊은 깨달음을 얻었다고 했다. "세계 일주를 떠나기로 마음먹으면, 생존에 필요한 모든 것을 가지고 가게 된다. … 남극해에 도달했을 땐, 가장 가까운 마을에서 약 4,000킬로미터 떨어진 상황이었다." 우주를 다녀온 사람들이 무한한 검은 우주에 대한 공포감을 느끼며, 지구가 우주 속의 한낱 작은 먼지에 불과하다고 말한 것처럼 그녀도 지구를 바라보는 시야가 바뀌었다. 그녀는 항해 중에 발휘한 열정과 뚝심으로 귀환 후에 '앨렌 맥아더 재단'을 설립하면서 순환성의 발전을 촉진하고 실천하는 데 동참했다. 2012년 재단은 맥킨지와 협력해 모든 업종의 기업이 순환 프로세스를 채택할 방법에 대한 상세하고 설득력 있는 보고서를 작성했다. 나아가 정부와 재계에서 널리 참고한 방대한 연구와 영향력 있는 보고서를 후원하고, 순환성에 관한 혁신 활동과 자금 조달이 활발히 전개되는 데 일조해 왔다.

엘렌 맥아더는 벤데 글로브 레이스가 진행되는 어느 날 밤 지지자들에게 이렇게 이메일을 보냈다. "제가 이메일을 마무리하려고 하는 이 순간, 창문 너머로 제 시선을 사로잡는 게 있네요. 달빛이 구름 틈 사이로 자그마하게 존재감을 비추고 있네요. … 둥글고 아름다워요. … 제가 보는 달이 여러분이 칠흑 같은 밤에 볼 수 있는 달과 같다는 걸 속삭여주는 듯해요."

아폴로 8호가 지구상의 모든 인류의 삶이 지구의 건강과 얼마나 밀접하게 관련되어 있는지에 대해 인식을 높인 지 50년이 조금 넘었다. 이제 지구의 효율적이고 재생적인 순환성의 지혜를 활용함으로써 살기 좋은 지구, 인류에 도움이 되는 지구로 만드는 것에 대한 인식을 다시 한번 일으켜야 할 때다.

― **2부** ―

넘쳐나는
순환적 해법

삼림을 아끼기 때문에

나는 프레시킬스 공원(미국 최대 매립지)을 거닌 후, 스태튼 아일랜드 서부 해안의 아서 킬 수Arthur Kill 로 가장자리에 있는 '프랫 인더스트리즈' 공장의 하역 부두에 올라가 보았다. 재활용하기 위해 뉴욕시에서 수거된 400톤의 신문지가 높이 쌓여 있는 바지선이 선착장에 묶여 찰싹찰싹 흔들리고 있다. 멀리 맨해튼의 마천루가 반짝거린다. 1997년 이곳 공장 문을 연 직후 프랫 인더스트리즈의 안소니 프랫 대표가 기자에게 했던 말이 생각난다. 그는 도시를 바라보면서, 기자에게 "기자님이 보고 계신 광경이 도시 같죠? 그런데 혹시 쓰레기에 관심이 있으실지 모르겠지만, 그건 도시가 아니라 정말로 매일 스스로 재생되는 도시 숲이에요. 이곳의 재생 잠재력은 엄청나죠."

내가 블룸버그 시장 재임 시절 뉴욕시에서 일했을 때, 프랫 가문의 이야기를 듣고 놀란 기억이 있다. 안소니 대표의 조부는 나치 아래에 있는 유럽에서 호주로 건너간 무일푼의 유대인 난민이었다. 그는 세계적인 상자 제조 및 재활용 회사를 일으킨 자수성가한 사업가였다. 프랫 인더스트리즈는 순환경제 모델을 구축한 훌륭한 기업가 정신을 보여주는 대표적인 사례다. 전 세계 선두의 상자 제조사인 프랫은 통합형 순환 생산 시스템을 개발했고, 1990년대에는 미국에 있는 상자 제조공장에 혁신적인 폐쇄형 루프 접근법을 도입했다. 회사는 큰 성공을 거두어 미국 26개 주에서 100퍼센트 재생지를 사용하는 공장 100여 곳을 운영하고 있다. 자체적으로 공급망을 제어하기 때문에 효율성을 극대화하고 변동성을 줄일 수 있다. 재활용 시설, 분쇄 시설, 상자 제조 시설이 같은 곳에 있는 공장이 대부분이다. 회사의 제지 재활용 시설은 시 정부와 장기 계약을 맺은 상태인데, 시에서 폐지나 목재를 받아 펄프를 생산하고, 펄프는 상자공장으로 넘어가 제지가 되어 상자 생산에 이용된다. 뉴욕 시설은 프랫이 보유한 시설 중에 규모가 가장 큰 편이다. 이곳의 효율적인 폐쇄형 루프 방식은 피자 소비율이 매우 높은 뉴욕시에 피자 상자를 만드는 데 필요한 골판지 상자를 상당량 제공하고 있다. 오전에 파쇄 후에 재복원되는 종이는 단 열두 시간 만에 피자 가게에 입고되어 상자에 쓰인다.

프랫의 각 시설의 순환형 통합 방식은 발터 슈타헬이 그렇게도 주창한 현지의 폐쇄형 루프 생산의 장점을 극명하게 보여주는 사례다. 공급망에서 중간 상인을 생략했을 뿐 아니라 생산물을 멀리 수

송할 필요가 없기에 에너지 소비와 배출량을 줄일 수 있었다. 한마디로 최첨단 폐기물 분리 및 재활용 기기에 꾸준히 투자해 온 결과, 압도적인 효율성을 자랑하는 에코 산업 단지를 구축하는 데 성공한 것이다. 공급망에서 폐기물과 비용을 어떻게 하면 줄일 것인지를 두고 심혈을 기울여 방법을 찾은 결과, 일반 거실 크기의 자그마한 구멍가게 같은 공장에서 가내수공업처럼 시작했던 사업이 연간 30억 달러의 수익의 대박을 터뜨릴 수 있었다. 이 사업은 오늘날까지도 프랫 가문이 소유하고 운영하고 있다.

커비와 로드 마이어가 안소니 프랫 대표의 아버지에 관해 쓴 일대기를 보면 상자를 만드는 사업은 회사의 창립자 레온 프랫이 발트해 연안의 그다니스크[Danzig, 현재는 그단스크(Gdansk)라고 칭함]라는 폴란드 도시를 야반도주했을 때 염두에 둔 창업 아이템이 전혀 아니었다. 1차 세계대전 이후 프로이센 왕국이 해체되면서 폴란드인들에게 수여된 이 도시에는 주로 독일인들이 들어와 살게 되었다. 또 히틀러가 부상함에 따라 나치당이 조직되었고, 1933년 선거에서 이 도시 정부의 여당을 장악하게 되었다. 나치당의 박해가 빠르게 뒤따랐고, 레온의 여러 유대인 친구들이 폴란드를 떠났다. 하지만 그와 그의 아내 패트리샤는 폴란드를 떠나고 싶지 않았다. 레온은 작은 자전거 가게를 운영했고, 패트리샤는 1934년 아들 리처드를 낳았다. 부부는 그곳에서 편안한 삶을 살기를 바랐다. 그러나 1938년 나치의 침공이 다가오자, 그들은 선택의 여지가 없다고 판단했다. 국가 대부분이 유대인들에게 문을 닫았지만, 호주는 예외였다. 그래서 그들은 호주에 정착하기로 결정했다.

그들은 달랑 2,000파운드를 갖고 멜버른 땅을 밟았다. 뭘 해서 먹고살지도 모른 채 아무 생각이 없었다. 전해 들은 바에 따르면, 그는 과일 재배 경험이 전혀 없었음에도 호주의 곡창지대로 알려진 셰퍼턴 시 주변의 비옥한 토양 지역에서 약 242,811제곱미터의 대지를 사는 데 전 재산을 쏟아부으며, 과일을 재배하기로 결심했다. 새로운 일에 도전하는 투지와 끈기는 이 가문의 DNA인 것 같다. 레온은 과일을 판매하면서 안정적인 이익을 거두었다. 그는 장사하면서 과일을 담을 상자가 부실하다고 느끼며, 차라리 본인이 품질 좋은 과일 상자를 만들면 어떨지를 생각하게 되었다.

그는 함께 호주에 온 친척 몇 명, 그리고 평소에 알고 지내던 엔지니어와 함께 상자 제조공장 한 곳을 건립하기로 했다. 추가로 엔지니어 두 명을 고용해 고철 부품으로 첫 번째 기계를 만들었다. 기계 제작의 경험이 없었는데도 불구하고, 훗날 재활용 선구 기업의 전초를 알리듯 우여곡절 끝에 성공한 것이었다. 가로 약 4.6미터에 세로 약 6미터 공간에 최초로 그들의 공장을 완공했다.

안소니의 아버지 리처드는 1969년 이 공장을 인수해 소규모 사업체를 호주 최대 기업으로 만들었다. 재활용한 상자에서 펄프를 100퍼센트 추출할 수 있다는 점이 회사의 경쟁력이었다. 미국의 기업들이 종이를 재활용하는 생산역량이 부족하다는 점에서 큰 사업 기회를 발견한 안소니는 프랫의 미국 사업을 확장했다.

안소니의 머리 색이 이제 밝은 빨간색에서 황금빛 갈색으로 변하면서 더욱 중후한 매력을 발산하고 있다. 그는 항상 환한 미소와 재치 있는 농담을 아끼지 않고, 언론을 피하지도 않는다. 훗날 좋은 친구가 된 권투선수boxer 무하마드 알리의 열렬한 팬이기도 한 그는 한 기자에게 프랫 인더스트리즈가 세계에서 무하마드 알리 다음으로 위대한 세계 2위의 '박서[boxer, '권투선수'와 '상자 제조 회사'의 두 가지 의미가 있다]'가 되는 상상을 하면 흐뭇해진다고 전했다. 하지만 사업에 관한 한 안소니는 더할 나위 없이 진지해진다. 그는 끈질긴 혁신가 기질의 사업가다. 프랫의 미국 진출이 처음부터 업계의 인정을 받은 건 아니었다. 미국 사업이 별 탈 없이 성공 가도를 걷고 있어도, 업계는 프랫을 '싸구려 재활용 업체'로 헐뜯었다고 안소니는 전했다. 그러나 월마트와 뉴욕시를 포함한 많은 대기업과 주요 도시들이 지속 가능성 목표를 달성하는 데 도움을 줄 협력사를 물색한다며 프랫에 접근하자, 프랫의 이미지는 완전히 바뀌었다. 어느새 어설픈 싸구려 업체의 이미지는 사라져 버렸다. 나는 바지선이 전형적인 작고 빨간 예인선에 의해 부드럽게 앞으로 밀리면서 프랫 선착장으로 우아하게 올라오는 광경을 보면서, 공장으로 종이를 운반하는 과정조차도 최적의 에너지 효율을 염두에 두고 수행된다는 점이 매우 인상적이었다. 블룸버그 뉴욕시장은 기후 변화 복원 마스터플랜에 따라 바지선의 수송을 지원하기 위해, 가스를 많이 소비하는 트럭 대신 에너지 효율이 더 높은 철도로 종이를 가져올 수 있도록 프랫 공장까지 약 1.6킬로 길이의 선로를 마련하는 계획을 승인했다. 순환형 제지업을 선도하는 프랫 인더스트리를 비롯한 여러 기업은 가장 효과적으로 온실가스 배출을 줄일 수 있는 자연림을 보호하고 복원하는 데 중요한 조력자로 활동하고 있다. 자연림은 지구상에서 이산화탄소를 가장 많이 흡수하는 천연자원이다. 자연림의 나무는 몸통과 뿌리에 엄청난 양의 이산화탄소를 저장한다. 잠시 후에 다루겠지만, 종이를 만들고 재생산하는 기술의 위대한 혁신은 순환경제의 발전을 보여주는 대표적인 사례다. 그러나 여전히 재활용 차원에서 풀리지 않은 숙제가 남아 있었다. 종이컵의 문제였다. 종이컵은 매우 단순한 발명품으로 보이지만, 사람들이 대체로 잘못 알고 있는 부분이 있다. '넥스트젠 컵 챌린지NextGen Cup Challenge'라고 하는 친환경 컵 공모전에서 클로즈드 루프 파트너스가 알게 된 내용이기도 하다.

음용 방법의 혁신

클로즈드 루프 파트너스의 임직원은 투자할 만한 신생 기업을 물색하고 있었다. 그런데 그 과정에서 투자적격 등급을 받는 데 걸림돌이 많다는 점, 나아가 그 문제점들을 해결하는 데 도움이 될 '혁신 인큐베이터'와 같은 창업보육기관이 없다는 사실을 알게 되었다. 그래서 우리는 그 역할을 맡기로 했다. 나는 흩어져 있는 퍼즐 조각을 끼워서 맞추는 방법을 찾는 연구를 수행하고, 관련 기업들이 협업할 수 있도록 '순환경제센터Center for the Circular Economy, CCE'를 설립했다. 우리는 네슬레와 월마트를 비롯한 많은 주요 소비재 브랜드와 소매유통기업, 세계자연기금World Wildlife Fund과 같은 주요 NGO, 그리고 유명한 디자인 회사 IDEO를 포함한 세계에서 가장 존경받는 디자인 혁신 전문가들과 파트너십을 맺을 수 있었다. 우리는 다양한 사업 활동을 추진했는데, 특히 스타트업 기업가들이 참여해 특정 문제에 대한 해결책을 찾도록 유도하는 공모전에 심혈을 기울였다. 우승기업에는 자금 지원과 전문가 컨설팅을 제공했다. 이 외에도 직면한 이슈들이 비슷한 다양한 브랜드 간에 지식 기부 등의 형태로 '경쟁적 협력precompetitive collaboration'을 활성화하는 데 집중했다. 참신한 해결책으로 투자적격 등급을 받아 펀딩이 성사되도록 하는 것이 이 사업의 취지였다.

순환경제 센터CCE의 총괄직에 블룸버그 뉴욕시장 재임 시절 함께 일했던 행정부의 동료 케이트 데일리Kate Daly를 위촉했다. 센터장으로서 그녀가 추진한 첫 번째 사업은 초기 협력사인 스타벅스와 맥도날드와 '넥스트젠 컨소시엄'을 만드는 것이었다. 컨소시엄의 목표는 재활용·퇴비화·재사용이 가능한 컵 디자인을 연구하면서 따뜻한 음료용 컵, 차가운 음료용 컵 그리고 '테이크아웃'용 일회용 컵에 대한 재생이용 솔루션을 발전시키는 것이다. 현재 컵을 재활용할 때 문제점은 두 가지로 요약할 수 있다. 첫째, 컵이 음식이나 액체로 오염되는 경우가 많다. 둘째, 종이컵은 음료가 새는 것을 막기 위해 안쪽 면이 플라스틱 라이닝plastic lining으로 코팅돼 있는데 대부분의 재활용 공장에서는 이를 제거할 수 있는 시설이 없어서 재활용 시장에서 가치가 거의 없다. 그 결과 매년 전 세계적으로 생산되는 2,500억 개의 종이컵 중 너무나도 많은 양의 종이컵이 매립지에 버려진다.

스타벅스와 맥도날드 모두 종이컵에 대해 100퍼센트 지속 가능한 친환경 해법을 찾기 위해 수년간 노력해 왔기에 우리와 함께 이 문제에 관심이 있는 여러 유통업체와 브랜드들과 컨소시엄을 이끌어가는 데에 적극적이었다. 세계자연기금WWF과 IDEO도 자문 기관으로 합류했다.

공모전에는 신생 기업부터 중견 기업까지 전 세계로부터 480개의 컵 디자인이 접수되었다. 순환형 혁신가들의 커뮤니티가 얼마나 활기차게 나아가는지 분명히 알 수 있었다. 혁신, 지속 가능한 패키징, 투자라는 세 가지 분야 전문가 열두 명으로 구성된 전문위원진의 도움을 받아 최종 후보 기업을 열두 곳으로 추릴 수 있었다. 이들은 이미 자사의 솔루션으로 사업을 하거나 기술 실증(proof of concept, 시범사업 추진 전 기술적인 불확실성 해소를 목적으로 진행하는 시제품 설계·구현 및 성능 검증) 단계에 있었다. 우리는 이들에게 펀딩과 컨소시엄에서 제공하는 '액셀러레이터' 서비스를 지원했다.

이 외에도 스타트업 피칭 대회도 개최했다. 참여사들이 심사 위원단 앞에서 사업 내용을 소개하는 방식이었다. 대회는 언론, 업계 전문가, 잠재 투자자들에게 흥분과 전율을 안겨주었다. 어떤 솔루션이 우승해도 넥스트젠 컨소시엄의 협력사들이기도 한 세계 최대의 식당 브랜드와 계약을 체결할 확률이 높았기 때문이다.

피칭 대회에서 첫 번째로 무대에 선 발표자는 '솔루블루SoluBlue' 의 창립자 아이카 던다르였다. 솔루블루는 영롱한 캐리비안 블루 색상의 예쁜 컵을 혁신적으로 개발한 영국 기업이다. 플라스틱처럼 보이지만 100퍼센트 식물성 소재로 만들어졌기 때문에 생분해 처리가 가능하고 해양 동물이 먹어도 안전하다. 컵을 다른 회사들에 판매한 후, 생분해 처리 비용을 청구해 추가 요금을 받는 것을 목표로 세웠다. 던다르 대표는 "컵을 사는 회사들은 컵 가격뿐 아니라 컵의 폐기 비용도 내는 겁니다"라고 설명했다. 그녀는 무대 위에서 무사히 발표를 마친 것에 안도하며, 황급히 무대를 내려왔다. 그런데 투자자들이 질문을 하고 싶다고 해서 다시 무대로 올라갔다. 마크 쿠반 컴퍼니즈Mark Cuban Companies의 아베 민카라 전무의 질문이었다. "어떻게 수십억 개의 컵을 생산할 수 있나요? 그리고 왜 회사들이 굳이 생분해 처리 비용을 당신의 회사에 지급할 것으로 생각하나요?" 던다르 대표는 혁신 컨설팅 회사로부터 사업의 규모를 작게 시작하라는 조언을 들었지만, 이 기술은 확장성이 우수하고 고객사들은 이미 쓰레기 처리 비용을 지불하고 있다고 답변했다. 좋은 답변이었다.

다음 발표자는 유한회사 RECUP의 공동창립자 파비안 에커트였다. 매력적인 파스텔 녹색의 재생 플라스틱으로 만든 컵을 서비스 형태로 제공하는 독일 기업이다. 그는 '테이크아웃 커피의 혁명coffee-to-go revolution'을 일으키는 것이 꿈이라고 밝혔다. '커피 컵을 대여한 고객들'은 '테이크 아웃'한 커피 컵을 들고 시내를 돌아다니다가 제휴된 수많은 매장 중 한 곳에 반납할 수 있다. 모든 반납 장소는 모바일 앱을 통해 쉽게 확인할 수 있고, 반납과 동시에 보증금 1유로를 돌려받는다. 수거된 컵들은 살균 세척에 들어간다.

2년이 지난 현재, 회사는 독일 전역에 걸쳐 3,000개 이상의 매장과 서비스 제휴를 맺었다. 컵을 추적하고 복구를 최적화할 수 있도록 컵에 작은 컴퓨터 칩을 내장할 계획도 있다. 수거되는 물건을 첨단 기술로 반환할 수 있는 훌륭한 사례라고 생각했다. 하지만 환경에 대한 애정이 깊은 친환경적인 소비자들에 대한 틈새시장을 넘어, 사업적으로 효과를 발휘할 수 있을지 의문이 들기도 했다. 보증금 1달러 정도를 지불하고 반납 장소를 찾기 위해 돌아다닐 사람이 얼마나 될까? 독일에서는 잘 될지 몰라도, 미국이나 중국에서는 과연 효과를 발휘할까? 넥스트젠 컨소시엄이 해답을 찾는 내용이 이러한 종류의 질문이다.

대부분의 최종 후보들은 종이 재활용 시장에서 종이컵의 쓰임새를 최대화하는 다양한 내부 코팅 소재를 발명해 생분해와 재활용이 가능한 종이컵을 만드는 더욱 간단한 해결책을 찾는 데 매진했다 미국의 스타트업 '풋프린트Footprint'가 개발한 컵도 물과 기름의 영향을 받지 않고 재활용할 수 있는 소재로 만들어졌다.

혁신 발명품은 대개 처음부터 많은 사람에게서 인정받지 못한다. 종이컵을 예로 들어보겠다. 종이컵은 1907년 보스턴의 변호사 로렌스 루엘렌Lawrence Luellen에 의해 발명되었다. 그는 당시 전염성이 심한 콜레라, 결핵, 디프테리아와 같은 재앙은 사람들이 공공 음수대와 정수기에 놓인 유리나 금속으로 만든 '공용 컵'에 입을 대고 물을 마셔서 급격히 퍼졌다는 과학 연구 결과에서 영감을 받았다고 했다.

▲ 최소한 애들은 못 마시게 합시다

루엘렌은 자신이 발명한 종이컵을 '헬스 컵Health Kup'이라고 칭하며, '인디비주얼 드링킹 컵 컴퍼니Individual Drinking Cup Company'를 설립했다. 그는 음수대 옆에 설치할 수 있는 자판기도 발명했다. 두 모금 정도만 마실 수 있는 작은 컵을 자판기를 이용해 1페니에 살 수 있었다. 루엘렌은 1910년에 자신의 경이로운 발명품을 시장에 소개했다. 정부는 '학교 음수대 컵이 죽음을 부른다'와 같은 끔찍한 삽화와 경고문구를 이용해 공동 컵에 대한 대대적인 공공 캠페인을 벌였지만, 여론의 반응은 싸늘하기만 했다. 돈을 내고 컵을 이용해야 한다는 생각에 격렬히 반대했다.

미국의 여러 주 정부는 1911년 텍사스 법에 따라 울며 겨자 먹기 식으로 '공동 컵의 난잡한 사용'을 금지하는 조례를 통과시키기 시작했다. 처음에는 반대 의견이 강했다. 한 기자는 기사에서 '지난 일주일 동안 뉴욕에서 공용 컵 사용을 금지하는 터무니없는 법률이 통과되어 국민의 심기가 불편했다'고 적었다.

그러나 기차역과 버스정류장에서부터 뉴욕의 호화로운 5번가에 있는 우아한 플래그십 매장 로드 & 테일러Lord & Taylor에 이르기까지 공용 컵들이 점차 사라지고 물 자판기가 늘어났다. 이에 도전이라도 하는 듯 개성 넘치는 접이식 금속 컵을 들고 다니는 사람들이 많아졌다. 멋진 여행용 가죽 케이스에 컵을 넣어 다니는 사람들도 있었다. 지금도 이베이eBay 사이트에 가면 대략 어떤 모습인지 알 수 있다. 오늘날까지 다양한 유형이 생산되고 있지만, 한 번 쓰고 버리는 일회용품에 너무나 익숙해진 탓에 실제 이용률은 낮은 편이다.

1918년 독감 팬데믹은 미국인 약 67만 5,000명, 전 세계적으로는 5,000만 명의 목숨을 앗아갔다. 그 결과 종이컵이 전 세계적으로 보편화된 시점은 한참의 공백이 지나고 1918년이 되어서였다. 지금 이 시대를 살아가는 우리가 코로나바이러스를 경험하면서 마스크 착용을 빠르게 수용한 것도 상황이 주는 절박함 때문이지 않았는가. 결국 종이컵을 발명한 루엘렌 변호사는 하루아침에 영웅이 되었다.

한편 새로운 제품을 개발하는 과정은 당혹스러움의 연속이다. 첫 단추를 잘못 끼우는 경우도 비일비재하고 힘든 세부 작업은 상상 못 할 만큼의 많은 시간을 요구한다. 친환경 종이컵을 재발명하는 일이 그렇게 까다롭지 않았다면 맥도날드와 스타벅스 모두 스스로 해결책을 찾지 않았을까?

클로즈드 루프 파트너스가 개최한 공모전을 통해 우리는 종이컵 사용의 문제가 얼마나 복잡한지 뼈저리게 느낄 수 있었다. 다수의 엄격한 기준을 거쳐야 하나의 컵이 탄생할 수 있다. 매우 높은 온도의 음료를 담는 동시에 사용자가 편하게 들 수 있어야 한다. 또 내용물이 새지 않도록 뚜껑이 단단히 닫혀 있어야 한다. 케이트 데일리 CCE 센터장은 IDEO, 스타벅스, 맥도날드의 담당 파트너들과 협업해 성능 및 안전 문제를 전체적으로 평가했다. 나는 회사 직원들과 종이를 다시 자원으로 복원하고 '리펄핑성[repulpability, 폐종이를 물에 풀어 펄프를 다시 채취하는 공정으로, 리펄핑성이 좋으면 펄프 회수율이 높고 공정 효율성이 올라서 종이의 재활용이 쉽다]'을 높이기 위해 복잡한 물류 시스템에 대해 재활용 업체들의 자문을 구하기도 했다. 그러나 문제가 해결되더라도 혁신에 대한 조기 수용도가 낮은 것처럼 소비자들이 디자인에 어떻게 반응할지는 전혀 알 수 없었다. 넥스트젠 컨소시엄은 공모전에서 엄선된 최종 후보들이 제안한 솔루션을 샌프란시스코 주변의 커피숍에서 실제 테스트해 보기도 했다. 테스트 결과를 토대로 넥스트젠 컨소시엄은 현재 여러 브랜드가 솔루션을 채택하고 확장할 수 있도록 지원하는 단계에 접어들고 있다.

최근 주요 제지 공장 두 곳이 넥스트젠 컨소시엄과 2년간의 제휴와 협업을 종료하고 본격적으로 재활용한 종이컵을 생산 원료의 일부로 사용하는 데 합의했다. 물론, 재활용하기 어려운 컵을 재생 컵으로 교체하는 작업은 수년이 걸릴 것이다. 그러나 분명한 점은 고군분투한 노력이 그 이상의 결실을 가져온다는 것이다. 스타벅스의 친환경 사업부 '글로벌 소셜 임팩트Global Social Impact'의 콜린 채프먼 부사장은 "달에 탐사선을 보내겠다는 획기적인 생각처럼, 지금 우리가 하는 노력도 지속 가능성을 향한 과감한 도전이다"라고 말했다.

세계적 수준의 기업들이 협력한다는 사실, 특히 팽팽한 경쟁 관계인 두 기업도 지속 가능성 분야에서 손을 잡았다는 점은 특히 고무적이었다. 나중에 설명하겠지만, 플라스틱 재활용을 촉진하는 또 다른 이니셔티브에서도 경쟁 기업의 제휴 경향은 두드러졌다. 펩시코[PepsiCo, '펩시'는 펩시코의 자회사 탄산음료 브랜드이자 코카콜라 컴퍼니의 최대 라이벌이다]와 코카콜라 컴퍼니와 같은 업계의 치열한 주요 경쟁사들이 '경쟁전 문제 해결precompetitive problem solving' 단계에서 함께 마음을 다해 협력한다는 사실을 과연 상상이나 했겠는가? 세계적인 혁신 전문기업 IDEO가 참여했다는 사실만 봐도, 이제 우리가 순환성 혁신의 변곡점에 다다른 것 같다는 확신이 든다. 우리 시대의 가장 혁신적인 인물 중 다수는 그들의 핵심 전략으로 순환성을 활용한 제품과 서비스에 초점을 두고 있다.

우리는 아직 어떤 컵이 최종 승자가 될지 모른다. 컵의 재활용과 재사용에 대해 다양한 해법이 어떻게 펼쳐질지도 감이 안 온다. 그러나 확실한 건 컵을 재활용하고 재사용함으로써 살아남는 나무 한 그루 한 그루가 기후 전쟁에서 중요한 역할을 한다는 점이다. 한편 소비자로서는 모든 종이 제품을 최대한 재활용하는 노력이 필요하다. 기업들은 순환성을 토대로 한 여러 해결책을 발전시키기 위해 최첨단 종이 재활용 시설에 신속히 투자해야 한다. 그러나 택배 상자의 수요가 급증하는 상황에서 우리가 소비하는 종이의 양이 조만간에 극적으로 줄어들지는 않을 것이다.

종이 업종의 활황세

1887년 3월 초, 29세의 윌리엄 랜돌프 허스트는 적자를 면치 못한 샌프란시스코 신문 〈데일리 이그제미너〉를 인수해 대중의 관심을 자극하는 무가지 형태의 신문으로 변모시켰다. 머리기사는 크고 굵은 글씨의 충격적인 내용으로 신문 1면을 빼곡히 장식했다. 한번은 비열한 범죄와 범죄자들에 관한 개탄 섞인 글을 1면에 실었다. 러시아의 알렉산더 황제에 대한 암살 시도에 관한 내용은 공포심을 조장했다. '암살자들. 러시아 국민에게 돌아가야 할 왕관이 이 대가리 위에 불안하게 놓여 있다. 인간 사냥개들은 이 사람을 죽이기 위한 사냥길에 나섰다. 생각할 수 있는 모든 형태의 위험이 그를 따라다닌다. 죽음의 기운이 구석구석에 도사리고 있고, 그의 모든 발걸음에 인간 사냥개들이 득실댄다(실제 기사의 축약본이다).' 샌프란시스코 남쪽의 오래되고 기풍 있는 호텔 델 몬테에 불이 나서 잿더미가 되었을 때 허스트 대표는 1면 전체에 "배고픔에 굶주린 광기의 불꽃. 필사적인 욕망으로 더 높고도 높게 위로 날뛴다. 야만적인 분노의 불길은 두려움에 떠는 손님들에게 달려든다"고 실었다. 한편 자살 시도에 관한 자극적인 헤드라인이 그해 크리스마스의 1면을 장식하기도 했다. "산타로사 주민들 충격의 도가니. 독극물을 마시고 자살 시도를 한 마틴 여사. 전기 덕분에 가까스로 목숨 건지다." 그런데 글쓴이는 배터리가 어떻게 관련이 있는지는 언급하지 않았다. 누구나 이 이야기가 크리스마스 아침의 즐거운 분위기와 전혀 맞지 않는다고 생각했지만, 자살, 그리고 자살 시도가 독자들의 관심을 끌기엔 딱 좋았다. 허스트는 독자들의 심리를 꿰뚫고 있었다.

그는 막장 드라마를 방불케 하는 기사를 작성하는 오랜 베테랑이었다. 뉴욕시에서 발행하는 《더월드》 발행인 조지프 퓰리처는 이 분야의 대가였는데, 허스트의 기사 작성법에 지대한 영향을 주었다. 허스트는 망하기 직전에 놓인 《뉴욕 저널》을 매수해 뉴욕시의 언론계를 장악하려고 시도했고, 퓰리처도 이에 질세라 자극적이고 선정적인 내용을 과도하게 보도하면서 두 사람은 '옐로 저널리즘'이라는 전투에서 치열히 싸워댔다. 당시 한 영국 기자는 당시 상황을 "미친 인간 둘이 서로 자기의 하수도가 우월하다며 자랑하는 경연"으로 묘사했다.

그들의 파렴치한 선정주의는 사람들의 말초신경을 자극하기에 충분했고, 종이 신문 구매율을 크게 끌어올렸다. 미국에서 인쇄된 신문의 양은 1880년과 1890년 사이 10년 동안 2배로 늘었고, 1900년에는 또다시 2배로 늘었다. 종이 생산량은 급격히 치솟았고, 그 이후로도 계속 증가하고 있다.

1975년, 《블룸버그 비즈니스위크》는 '미래의 사무실The Office of the Future'이라는 제목으로 기사를 실었다. 제록스Xerox의 조지 E. 페이크 대표는 "제트기가 여행업에 혁명을 일으킨 것처럼 컴퓨터가 사무실의 형태를 바꿀 것"이라고 예측했다. 여러 차원에서 맞는 말이었지만, 컴퓨터 화면이 종이를 대체할 것이라는 발언을 복사기 회사 사장이 했다는 게 아이러니하다. 복사기 사용이 워낙 쉬워진 탓에 종이 사용이 늘어났다는 사실은 그럴싸하게 들리지만, 가정용 프린터 가격이 크게 줄고, 인터넷이 등장하면서 오히려 종이 사용이 더욱 증가했다는 점은 놀라울 따름이다. 1999년 보고서에 따르면, 당시 북미인들은 1인당 연간 11,916장의 종이를 소비하고, 유럽인들은 7,280장을 소비했다. 전 세계의 연간 종이 소비량은 월드와이드웹이 처음 가동된 다음 해인 1990년에 약 2억 5,000만 톤에서 2010년까지 4억 톤으로 증가했다. 지난 20년 동안 미국에서 전체 종이 사용량이 126퍼센트 증가했다.

사람들은 인터넷을 통해 더 많은 정보를 쉽게 얻을 수 있었기 때문에, 알게 된 정보를 인쇄해서 보고 싶은 욕구도 커졌다. 그런데 왜 굳이 종이에 출력해서 보려고 했을까? 정확한 답은 없지만, 전자책이 등장하고 나서도 종이책의 인기가 계속된 이유는 종이책이 주는 심리적 효과 때문일 것이다. 활자체의 인쇄본을 손의 감각으로 느껴보려는 이들이 많고, 화면상에서 읽는 것보다 인쇄물로 읽을 때 이해도가 더 높은 것으로 나타났다.

인터넷이 활성화되면서 사무용지가 곧 감소하리라 예상했지만, 불과 2008년이 되어서야 겨우 2~3퍼센트 정도밖에 줄지 않았다. 그러나 개발도상국에서는 사무실과 가정용 프린터의 판매 증가와 함께 사무용지 소비도 증가하고 있다.

그런데 종이 수요를 충족하기 위해 매년 전 세계적으로 약 40억 그루의 나무를 벌목하는 상황이다. 얼마나 많은 나무인지 감이 안 올 것 같아, 피부에 와 닿을만한 통계 결과를 소개하겠다. 《뉴욕타임스》의 일요일판을 인쇄하려면 7만 5,000그루의 나무가 필요하다. 미국 전역의 모든 신문 독자들이 매년 종이신문의 10분의 1만 재활용한다면, 2,500만 그루의 나무를 살릴 수 있을 것이다.

한편 온라인 쇼핑의 활황으로 세계 상자 시장의 연간 성장률은 연간 약 4퍼센트까지 올랐다. 이 수치는 향후 몇 년 동안 지속될 것으로 예상된다. 연간 4퍼센트의 성장률은 향후 7년 동안 온라인으로 거래되는 상자에 대한 수요가 50퍼센트 증가할 것이라는 의미다. 그런데 온라인 쇼핑이 강세를 띠긴 했지만, 상자 이용률이 크게 올라간 건 아니다. 소비자들에게 직접 전달되는 상자가 더 많아졌을 뿐이고, 오히려 가정용 택배 상자는 이전에 유통업체들이 취급한 상자보다는 크기가 훨씬 작아졌기 때문에, 전반적인 상자 '크기'는 줄었다. 그러나 전체적으로 이용되는 상자의 '개수'는 여전히 어마어마하다. 그나마 다행인 점은 종이 과학자 게리 스콧[Gary Scott, 유한킴벌리의 '스카트(Scott)' 브랜드와는 무관하다]이 나에게 말했듯이, "제지 산업이 어느 정도 친환경 쪽으로 움직이고 있다"는 사실이다.

제지 공장은 한때 굴뚝에서 유황 분진을 뿜어냈다. 근처에 살거나 창문을 내리고 차를 몰고 지나가는 사람들은 그 냄새를 결코 잊지 못할 것이다. 게리 스콧은 위스콘신에 있는 제지 공장에서 약 800미터 떨어진 곳에서 유년 시절을 보냈다. 폭풍우는 주로 공장 쪽에서 휘몰아치는 날이 많았다고 했다. 사람들은 유황의 악취가 동네에 퍼질 때마다 좀 있으면 비가 오겠다고 생각했다. 그의 아버지와 형제들은 제지 공장에서 일했다. 그도 같은 공장에서 고등학교와 대학교 내내 야간 근무를 이어갔다. 왜 공장이 밤새도록 가동됐느냐고 물었더니 장비가 너무 복잡해 가동에 열두 시간이나 걸리기 때문에, 중간에 작동을 중단하는 것 자체가 말도 안 되는 일이라고 했다. 종이 압축물을 용해하던 시절부터 지금까지 많은 발전을 거듭한 결과, 현재 종이를 만드는 과정은 기본적인 단계를 거치며 간단하게 진행되는 편이다.

종이를 제조하려면 목재가 섬유상의 상태로 만들어지는 펄프 제조 공정, 즉 '펄핑pulping'을 거쳐야 한다. 대량 생산이 본격화된 계기는 1840년대 발명된 펄핑 공정 덕분이었다. 수십 년 동안 목재 칩 [wood chip, 펄프 및 섬유판의 제조원료로 사용하기 위해 목재를 잘게 절삭한 목재 조각]을 기계적으로 분쇄해 가루 형태로 만드는 방식이 사용되었다 (영어 숙어 표현에서 만신창이가 될 때까지 얻어맞는 상태를 의미하는 'beaten to a pulp'가 있다. 목재 칩을 여러 차례 강타 혹은 분쇄한다는 의미의 어원이기도 하다). 신문 용지를 여전히 천연 펄프로 만드는 곳도 많지만, 대부분의 고급 용지에 대해서는 독성이 없는 화학물질을 주로 이용하는 화학 펄핑이 적용된다. 스콧은 오늘날 제지 공장에서 배출되는 가스는 대부분 증기의 형태라고 말했다.

이처럼 종이 재활용 공정이 더욱더 순환 논리를 따르고 있다. 집으로 배송되는 각종 고지서의 봉투 끝부분에 필름지가 부착된 모습을 보게 될 것이다. 그런데 이러한 필름지가 재활용이 가능할지 궁금해한 적이 있는가? 특가 할인 쿠폰 꾸러미가 전단지에 접착제로 붙어서 배포되는 일도 있지 않은가? 그렇다면 필름지, 스테이플러 심, 접착제를 제거한 후에 재활용해야 하지 않을까? 그렇다. 이렇게 분리 작업을 할 수 있는 최고의 재활용 기계가 정교하게 제작되었다. 망시판, 원심분리기, 공기 방울을 이용한 특수 공정을 거쳐 플라스틱 코팅을 종이컵에서 분리할 수 있다. 재활용 사업이 단지 쓰레기 치우는 작업을 미화해서 표현한 것이라는 편견을 갖던 이들도 이 공정을 지켜보면 그 정교함에 고정관념이 즉각 사라질 것이다. 주요 재활용 시설에서 대규모로 정교하게 각 공정이 진행되는 모습은 대단한 볼거리다.

웨스트버지니아주에 있는 모농가헬라강Monongahela River에 접해 있는 '레졸루트 포레스트 프로덕츠Resolute Forest Products'라는 펄프를 생산하고 판매하는 회사가 있다. 공장에는 오렌지 주스와 우유 용기, 냉동식품 상자, 봉투, 가정용 및 사무용 프린터 용지로 가득 찬 여러 종류의 종이 더미 수 톤이 보관되어 있다. 종이 더미에 저급 용지를 식별하는 혼합물을 분사해 저급 용지와 일반 용지를 분리한 후, 각기 다른 공정으로 투입한다. 투명색 스프레이 용액을 뿌리면, 종이의 색이 빨간색에서 보라색까지 다양한 스펙트럼의 색으로 바뀐다. 학생 시절 생물학 수업에서 우리가 모두 실험했던 pH 막대를 산에 담갔을 때 빨갛게 변하는 방식과 유사한 화학 반응이다. 저급 용지를 분리하고 남은 기타 혼합 용지는 수 톤에 달하는데, 정확한 구성과 무게를 파악하기 위해 방사선 빔 센서를 사용하는 컨베이어 벨트에 의해 '드럼'이라고 불리는 거대한 액화 기계로 보내진다. 드럼은 펄프의 완벽한 일관성을 얻기 위해 정확히 적절한 양의 종이로 채워진다. 이 결과로 생긴 반액체 상태의 회색 슬러시는 스테이플, 종이 클립, 깨진 유리 조각이 포함되어 있는지 파악하는 데 사용되는 필터를 통해 다음 공정으로 보내진다.

다음 공정에서 회색 슬러시는 원심분리기에 투입된다. 원심분리기는 은박지나 플라스틱 코팅과 같은 무게감이 있는 비섬유성 성분을 가장자리로 밀어낼 정도로 강력하게 돌아간다. 한편 가벼운 종이 섬유는 중간으로 모이고 기계는 윗부분을 빨아들인다. 이때 생성된 섬유질 덩어리는 두꺼운 혼응지[papier-mache, 펄프에 아교를 섞어 만든 종이 재질, 습기에 무르고 마르면 아주 단단함]처럼 보인다. 이 덩어리는 다음의 반죽 공정으로 넘어간다. 들쭉날쭉한 강철 톱니가 달린 기계들은 섬유로부터 잉크 입자를 빼내기 위해 펄프를 밀어낸다. 잉크를 제거한다는 의미에서 '디잉킹de-inking' 공정이라고 한다(유기 효소와 같은 물질을 이용한 섬세한 방식으로 잉크를 빼내기도 한다). 덩어리를 기계적으로 거세게 연타하면, 반죽처럼 되직해진 펄프는 부상조[flotation tank, 응집제를 주입해 부상성 오염물질을 물 표면으로 띄워서 제거하는 부상 공정이 진행되는 수조]로 보내진다. 그다음에는 부상조에서 펄프에 다시 물을 공급하는데, 이때 덩어리는 미세한 슬러시로 바뀐다. 그런 다음 부상조에서 공기 방울을 펌핑하면, 잉크 입자가 부상조에 부착되면서 위로 뜨게 된다. 마치 맥주잔에 거품이 그윽하게 올라올 때 같다. 이렇게 떠오르는 입자를 걷어 내면 된다. 그러나 펄프 공정이 끝난 건 아니다. 다시 반죽을 개는 작업이 필요한데, 이때 다른 부상조에서 공기 방울을 끄집어내 접착제 입자를 제거할 수 있다.

레졸루트 공장은 효율성, 지속가능성, 혼합지 처리 면에서 세계 최고 수준이었기 때문에 2018년 중국 최대 제지회사 구룡제지(玖龍紙業, Nine Dragons Paper)의 미국법인에 인수될 수 있었다. 미국 공장이 중국 대기업에 인수되었다는 사실은 분명 시사하는 바가 크다. 미국의 언론은 재활용 산업이 파멸에 이르렀다고 속단해 왔지만, 중국은 이 산업의 밝은 미래를 눈여겨봤다는 점이다. 경제적으로 어려움을 겪는 웨스트버지니아주의 석탄 채굴 현장의 노동자들에게도 시사하는 바가 있다. 종이 재활용은 지구의 미래뿐 아니라 일자리의 미래가 순환경제에 달려 있다는 사실을 증명하고 있다.

　재활용 공장은 레졸루트 재활용 공장을 표준 삼아 업그레이드되어야 한다. 오히려 재활용 활동을 통해 나무의 벌목을 제한하는 것은 중요한 산림 보존 해결책 중 하나일 뿐이다.

순환형 임업

　제지업체들은 숲의 성장과 자연 파괴 및 재생을 연구하는 과학자들이 개발한 재생 임업 방법이 실제로 활용되기까지 핵심적인 역할을 해왔다. 이들은 우림의 울창한 수관, 그리고 희귀하고 오래된 숲의 가장 깊은 곳까지 들어가 탐험 활동을 벌였다. 자연의 순환형 구조를 본받아 숲을 존중하고 재생하는 마음가짐으로 나무를 심고 삼림을 가꾸는 법을 터득하기 위해서였다. 순환형 구조에서 숲은 풍부한 목재와 식량 자원을 제공하면서도 울창한 자연을 지켜나갈 수 있다. 국제 비영리 단체 국제삼림관리협의회Forest Stewardship Council, FSC는 산림관리 관행을 감시하는 활동을 벌인다. 많은 제지 회사 및 소비재 제조업체는 FSC 인증이 발급된 삼림에서만 원료를 공급받는다. 우수한 기준으로 관리되는 FSC 인증 삼림은 펄프 제조와 벌목을 위해 많은 양의 나무를 생산하지만, 환경 피해를 최소화하는 정교화된 방식을 적용해야 한다.

　수 세기 동안 산림 황폐화와 복원이 반복되었지만, 친환경적인 방법으로 관리되는 숲이나 나무가 별로 없다는 게 문제다. 아마존과 인도네시아의 황폐한 열대우림뿐만 아니라 산림 보존 및 재생을 광범위하게 추진하려면 대중의 경각심을 키워야 한다. 아마존의 파괴 현상에 대한 내용은 언론에서 집중적으로 보도해서 많이들 알고 있지만, 잘 알려지지 않은 캐나다의 열대우림 파괴도 심각한 상황이다. 북미의 열대우림도 예외가 아니다. 캐나다의 브리티시컬럼비아주는 지구상에 남아 있는 가장 큰 온대 우림의 본거지인데, 막대한 벌목 활동이 자행되고 있다. 미국 남동부의 숲도 예외는 아니다. 한편 유럽의 난방 시스템은 목재를 연소해 가동되는데, 이때 대량의 목재를 펠릿[pellet, 삼림에서 생산된 목재나 제재소에서 나오는 부산물을 톱밥으로 분쇄한 다음, 높은 온도와 압력으로 압축해 일정한 크기로 생산한 청정 목질계 바이오 연료]으로 전환한다. 환경 과학자 윌리엄 무모William Moomaw는 이와 같은 유럽 숲의 캐노피 유실량이 지구상의 어떤 곳보다 더 많다고 밝혔다.

그나마 다행인 점은 '순환경제 이니셔티브'가 앞으로 나아가야 할 방향을 보여주고 있다는 사실이다. 순환경제는 숲 생태계의 복잡한 구조에 대해 정보를 축적해 가며 순항 중이다. 독일 아이펠 산맥에 있는 너도밤나무 숲을 관리하는 삼림감독관 피터 볼레벤은 숲 생태의 경이로움을 아름답게 묘사한 『나무들의 숨겨진 삶The Hidden Life of Trees』에서 이렇게 기술했다. "나무는 서로 협력해 숲이 완전하게 기능하도록 힘을 실어준다. 전체가 부분의 합보다 더 크다는 것을 몸소 보여준다." 연구자들은, 토양 전체에 걸쳐 뿌리와 균사체가 연결되어 하나의 그물망을 이루며 서로 영양분을 사이좋게 나눠 갖는데, 이때 광합성을 통해 너도밤나무들이 당분을 공유하고 있다는 사실을 발견했다. 마치 나무들이 사회주의 체제를 구축한 것처럼, 너도밤나무 열매의 수확량이 높은 나무들이 수확량이 낮은 나무들에 당분을 공급하며 부양하고 있다. 같은 종의 나무 간에만 상부상조할 것이라고 예상할 수 있겠지만, 실제로 그렇지 않다. 삼림 생태학자 수잔 시마드는 브리티시컬럼비아주에서 오랫동안 자리를 지켜온 숲에서 우뚝 솟은 침엽수이자 상록수인 더글러스 전나무가 가을에 잎을 떨어뜨린 후 근처의 낙엽성 자작나무로 영양분을 보낸다는 사실을 발견했다. 영양분을 받은 자작나무는 직접 생산한 당류 일부를 그늘진 지역에서 자라는 전나무들로 보내며 신세를 갚는다.

　나무의 신비로운 적응력과 생명력은 열대우림에서 가장 극명하게 드러나는 것 같다. 전 세계적으로 50퍼센트의 생물 종이 열대우림에 서식한다고 알려져 있다. 생물 종이 워낙 풍부해서 지금껏 총집계를 한 적이 없겠지만, 대략 5,000만 종의 생물이 서식할 정도로 놀라운 생물다양성을 자랑한다. 1만 제곱킬로미터의 우림만 있어도 수백 종의 나무가 자랄 수 있는 한편, 오랜 낙엽수림의 경우 그 수가 20종 이하로 추정된다.

　숲은 '지구의 폐'라고 한다. 이산화탄소를 빨아들인 후, 산소를 내뿜고, 비가 내리면 썩은 굵은 가지와 몸통이 흙 안으로 운반되면서 많은 양의 탄소를 지하로 보내기 때문이다. 현재 전 세계 산림이 인간 탄소 배출량의 약 4분의 1을 흡수할 수 있다는 가능성을 고려해 볼 때, 삼림의 탄소 격리 기능은 많은 잠재력을 지닌다. 단, 지나친 벌목과 산불이 일어나지 않아야 한다는 전제가 있다. 최근 몇 년 동안, 특히 미국 서부와 호주에서 대형 산불이 빈번히 일어났다. 따라서 기후 변화와의 전쟁에서 가장 급선무 중 하나는 산불을 예방하는 일이 되어야 한다. 다행히 산림 과학자들은 왜 대형 산불이 더 빈번해지고 재앙으로 변하는지에 관해 설득력 있는 통찰을 제시하고 있다. 또한 화재를 진압하는 최상의 방법, 자연 고갈의 주범인 지나친 벌목 행위와 고의적 방화를 통한 토지 개간을 막을 수 있는 가장 효과적인 방법에 대해서도 통찰 있는 분석을 제시한다.

일부 임업 전문가들은 오래된 숲을 완전히 내버려두는 것이 최적의 방법이라고 주장한다. 반면 선별적으로 나무 걷이를 해야 하고 사람이 직접 적극적으로 숲을 관리해야 한다고 주장하는 전문가들도 있다. 어린 숲이 탄소를 포획하는 스펀지 역할을 할 수 있어서, 가능한 한 빨리 많은 나무를 심어야 한다는 연구도 있다. 이를 위해 2020년 세계경제포럼World Economic Forum, WEF은 1조 그루의 나무 심기 지원 단체인 '1t.org'를 출범시켰다. 사람들로부터 기부금을 받아 나무 심기 활동을 하는 전 세계 단체를 소개하는 '지구를 위한 나무 심기Plant-for-the-Planet' 어플 운영 단체 '1조 그루 나무 심기Trillion Trees Initiative'를 비롯한 여러 조직의 활동에 힘을 실어주는 취지였다. 매우 야심 어린 목표다. 그런데 여전히 의문은 남는다. 과연 가장 이상적으로 숲을 보존하고 키워나가는 방법은 무엇일까? 일부 전문가들은 나무를 새로 심어 숲을 만들기에는 토지가 제한적이며, 단순히 탄소 침하를 극대화하기 위한 나무 심기는 잘못된 것이라고 경고한다. 목재를 수확하기 위해 숲을 경작하면 천연림의 생태계적 부담을 덜어주는 순기능도 있지만, 환경에 악영향을 줄 여지가 많고, 나무에 치명적인 잎마름병을 초래할 수도 있다는 주장이다.

예일대 산림환경대학원 환경 대학의 마크 애슈턴은 삼림 성장과 재배에 대한 세계 최고의 전문가 중 한 명이다. 그는 동남아시아 보르네오섬에 있는 브루나이 술탄국에서 태어났다. 그의 아버지는 삼림과학에서 전설적인 인물로 알려진 피터 애슈턴이다. 보르네오섬에서 한때 울창하게 우거진 우림의 모든 수목 종을 목록화했다. 그 험난한 탐험 중에 목숨을 잃을 뻔한 아찔한 순간도 많았다. 현재 그 우림은 거의 파괴된 상태다. 그가 기록한 수목이 약 3,000종에 달할 정도로 울창하고 다채로운 우림이었지만, 무미건조한 팜유 농장에 그 자리를 내주었다.

또한 피터는 아들이 전문으로 하는 숲의 보존과 재생에 대해 각국의 모범 사례를 연구했다. 생물 종이 다양한 숲에 대해 국제적으로 비교 연구를 세계 최초로 실시하기도 했다. 아들 마크는 스리랑카, 인도, 뉴잉글랜드에서 30년 이상 삼림 군집을 연구해 오고 있다. 현재는 숲의 보존과 경작을 최적화하는 포트폴리오 관리 접근 방식을 전파하고 있다. 그의 이론은 현재 인류와 지구에 가장 효과적으로 도움이 되는 순환경제의 철학과 실천 방식에 조화롭게 맞닿아 있다. 또한 그의 조언은 순환성의 근본적인 전제, 즉 자연의 섭리를 따르는 것이 정도라는 이치와도 일맥상통한다.

탄소 격리 사업을 추진할 때 주로 나무를 새로 심고 가꾸는데, 두 서너 가지 혹은 한 가지 종류의 나무를 심는 경우가 많았다고 마크는 지적했다. 나무의 종류가 제한적이면 특히 빨리 자라고 오래 살기 때문에, 탄소 흡수가 가장 빠르다고 생각하기 때문이다. 그러나 그는 오히려 나무의 종류가 제한적이면 숲이 마름병에 취약해진다는 사실을 연구로 증명해 보였다. 한 종류의 나무가 빽빽하게 들어차 있으면, 어떤 해충들은 공격 대상이 되는 나무들 사이를 쉽게 오가며, 그의 말처럼 "나무 부족 전체의 씨를 말라버리게 한다."

천연림이 어떻게 회복력을 갖게 되는지에 대한 그의 연구는 다양한 나무 종들이 함께 성숙해야 한다는 점을 강조한다. 그의 주장을 곱씹어 보면, 미국 최대 매립지인 프레시킬스 공원에서 곧바로 생겨난 천연 숲에서 싹을 틔운 놀라울 정도로 다양한 나무들이 생각난다. 피터 애슈턴은 "자연이 제 할 일을 하도록 내버려 두어야 한다"고 한다. 그래야 숲과 나무 농장들이 인간 마음대로 원하는 시기에 작물을 수확하는 행위를 견뎌낼 뿐 아니라 곤충, 나무 질병, 가뭄에 의힌 "모든 잠재적 공격"을 별 탈 없이 이겨낼 수 있기 때문이다. 그는 "인간은 삼림의 탄소 저장량을 최대한 늘리는 데 혈인이 되어 있다. 그러나 정작 신경 써야 할 부분은 "삼림의 회복력을 극대화하는 방법이다"라고 주장한다. 탄소 격리로 향하는 최적의 경로인 셈이다.

캘리포니아와 호주에서 화마가 할퀴고 간 산들에 대해 생각하면서, 산불의 원인에 대해 생각해 봤다. 화재 진압을 위해 취지는 좋지만, 잘못된 방법이 하나 있다. 산불 전체를 한 번에 진화하는 접근이다. 번지는 불길로부터 나무를 지나치게 보호하다 보면, "숲에서 저장하는 평균 탄소량보다 숲에서 감당하기에 너무 많은 탄소가 배출된다"고 설명했다. 산불이 아니라도 이미 심한 가뭄과 기후 변화로 인해 침입 곤충의 개체 수가 증가하는 상황에서, 탄소량이 치솟으면 바닥에 떨어진 많은 나무줄기와 가지가 또 다른 산불의 도화선이 된다는 것이다. 그는 미국 원주민과 호주 원주민들이 오랫동안 사용했던 화재 예방 방법에서 배울 점이 있다고 했다. 평소에 제어 상태에서 인위적으로, 저강도로, 빈번하게 '의도적 화재'를 일으키는 '계획적 불놓기[controlled burn, 처방화입(處方火入)이라고도 함]'다.

호주 북부에서 원주민들은 정부와 합의해 '계획적 불놓기'를 실시했고 큰 효과를 거두었다. 이에 2013년 정부에서 이 정책을 사업화했고, 그 이후 이 지역에서 발생하던 대형 화재가 절반으로 줄었으며, 온실가스 배출량 약 40퍼센트 감소했다. 이 사업 참여자들에게는 '탄소 배출권 거래제cap-and-trade scheme'를 통해 현금 보상금을 지급해 왔다. 지금까지 총 8천만 달러가 지급되었다. 높은 실업률로 경제난이 심했던 이 지역에 단비처럼 고마운 경제적 부양책이 되었다.

애슈턴은 이러한 경제적 인센티브가 아마존뿐만 아니라 목재와 농업을 위한 개간이 이어지는 많은 숲에서 산림 보존하는 데 큰 도움이 된다고 강조한다. 삼림 보존에 대한 보상금이 삼림 파괴에 대한 금전적 혜택보다 커진다면, 산림의 황폐화도 점차 줄어들 것이다. 이 논리는 개발도상국뿐만 아니라 산림 황폐화가 진행 중인 미국과 캐나다에도 적용될 것이다. 삼림 황폐화가 심각한 수준에 이르게 된 원인은 큰돈을 벌 수 있기 때문이다. 부유한 나라에서도, 환경론자들의 극심한 저항에도 아랑곳하지 않고 숲을 망가트리며 이윤을 추구해 왔다. 그러니 경제적으로 어려운 지역에서 강제적인 금전적 보상 없이 삼림 보존 활동에 적극적으로 참여하기를 기대하는 것은 그저 안일한 희망일 뿐이다.

그렇다면 어떻게 가장 효과적으로 보상하면 좋을까? 예일대학교의 토마스 그래델과 그의 동료들이 주도적으로 실천하는 방법이기도 한데, 산림 생태계 서비스의 가치를 금전적 가치로 설명하는 접근이다. 여러 차례 보완되면서 보편화된 개념이기도 하다. 우선 숲에 대한 정의부터 내려보면, 숲은 지구의 허파 기능을 담당하면서, 물 여과 시스템을 통해 야생동물뿐만 아니라 인간에게도 식수를 제공하는 데 주도적인 역할을 한다. 온대 숲의 성숙한 나무 한 그루는 하루에 약 378리터의 물을 흡수, 정화, 방출할 수 있다. 열대우림의 나무는 아마도 그 2배의 역량을 보유한다. 아마존의 수질 여과 기능은 정교하고 혁신적이다. 아마존은 지구 전체에서 소비되는 식수의 15퍼센트를 공급한다. 숲도 홍수와 침식을 예방하는 데 열심이다. 해양으로 흘러 들어가는 하천을 따라 심은 나무가 어상에서 어획량을 증가시키고 굴 양식장에서 굴의 수확량을 증가시킨다는 사실이 한 연구를 통해 밝혀졌다. 나무에서 떨어지는 낙엽이 물의 산성도를 높이고 해양 동물들이 먹이로 삼는 플랑크톤의 성장을 촉진하기 때문이다. 지역사회가 적극적으로 산림을 관리하도록 지자체에서 지원금을 제공하면서 매우 만족스러운 결과가 나왔고, 이러한 추세는 전 세계적으로 인기를 얻고 있다. 최근 평가에서 지원사업에 대해 대략 연간 360억 달러가 지급되었다는 사실이 밝혀졌다. 멕시코에서 진행된 지원사업을 통해 생태계를 파괴하는 벌목 활동이 대략 38퍼센트 감소했다는 분석 결과가 나왔다. 캘리포니아에서는 아마존 열대우림 관리에 관한 모범 사례 및 표준을 규정하고, 표준을 준수했음을 증명하는 지자체와 주 정부들이 캘리포니아 기업에 탄소 크레딧[carbon credit, 온실가스의 배출 삭감 또는 흡수하는 사업을 통해 생성되는 배출 삭감·흡수량을 가치화한 것]을 판매할 수 있도록 허용했다.

단, 원시림을 보존하고 나무를 새로 심는 활동은 산림 벌채, 나무 경작 및 보상금 지급 정책이 연계되어야 한다. 연동된다는 사실을 입증할 수 있고, 유기적으로 연동되는 사례가 늘어난다면 전 세계적으로 울창한 숲을 기대할 만할 것이다. 인간이 망가트린 자연환경은 충분히 복구할 수 있다. 미국이 영국의 식민지가 되고 난 이후, 뉴잉글랜드 숲의 절반 이상이 농사를 짓기 위해 개간되었다는 점을 떠올려보라. 현재 상황은 어떤가? 대부분의 농가는 사라졌고, 해당 지역의 80퍼센트는 다시 숲으로 덮여 있지 않은가. 아마존이 단지 작은 부족 주민들만 사는 원시적인 땅이라고 생각할지 모르지만, 사실 아마존은 수천 년 동안 여러 집단의 사람들이 거주하던 곳이다. 농사를 짓기 위해 땅을 개간하고, 여러 종류의 나무를 대거 벌목한 자리에 견과류, 야자수, 고무, 코코아나무를 심고 열매를 수확했던 그런 비옥한 땅이었다. 그런데 오늘날의 아마존은 인간의 개입이 많던 시절을 방불케 할 정도로 피폐화된 상태다. 아마존의 실태를 발견한 연구팀의 캐롤라이나 레비스 연구원은 "인간의 손길로 아마존을 풍요롭게 할 수 있다"는 희망적인 말을 남겼다. 현재 아마존에 거주하는 원주민들 가운데 아마존을 보존하는 데 적극적으로 동참하는 이들이 많다.

　'세이보 얼라이언스Ceibo Alliance'는 에콰도르 아마존에 사는 코판, 시오나, 세코야, 와오라니 부족의 원주민들이 설립한 비영리 단체다. 이 단체는 소 사육과 팜유, 고무 채취를 위해 숲을 개간하는 활동에 반대한다. 2020년 《타임》에서 뽑은 가장 영향력 있는 100인 중 한 명으로 선정된 공동 설립자 네몬테 넨키모는 《더 가디언》에서 비중 있게 다뤄졌다. 기사 제목은 「서구 세계에 전하는 메시지: 당신들의 문명이 지구에 사는 생명체들의 목숨을 앗아가고 있다」였다. 본문에서는 "수많은 세월 동안 당신들은 우리의 땅에서 약탈을 일삼아 왔다. 그러나 우리의 생활과 생각을 파악하려는 용기, 호기심, 존중은 전혀 없었다"고 밝혔다. 그나마 다행인 것은 세이보 얼라이언스의 활동을 통해 부족들에 대한 편견과 무례함이 서서히 바로잡히고 있다는 점이다. 에콰도르 정부는 그들의 영토인 아마존에 무분별하게 석유 탐사 사업을 추진했고, 참다못한 넨키모 대표는 원주민들의 권리를 침해한 에콰도르 정부를 상대로 소송을 걸었다. 법원은 원주민들의 손을 들어주었다. 현재 세이보 얼라이언스는 환경운동가, 변호사, 임업 과학자, 인류학자로 구성된 국제단체인 '아마존 프런트라인Amazon Frontlines'과 협력해 원주민들이 아마존의 삼림과 토지 관리인의 권리를 보호받을 수 있도록 추가적인 법적 전략을 실행하는 것에 대한 논의가 한창이다. '열대우림 동맹Rainforest Alliance'이라는 국제기구도 있는데, 아마존 숲에 거주하는 여러 토착민은 이 기구와 협업해 생물다양성을 보존하는 고대 관습에 따라 열대우림에서 지속 가능한 농사를 짓고, 삼림 보존에 관한 다양한 직업에 종사할 수 있는 방법을 찾아 나서고 있다. 열대우림 동맹은 2011년부터 이 사업을 통해 토착민 파트너들이 1억 9,100만 달러를 벌어들였다고 보도했다. 산림 보존이 환경에 유익한 것은 말할 것도 없고 경제적으로도 많은 이윤을 가져온다는 사실을 증명하기에 부족함이 없다.

수잔 시마드가 말했듯이 "숲에는 여러 생태계가 복잡하게 상호작용을 한다. 따라서 숲의 치유력은 상상을 초월할 정도로 위대하다." 전 세계 사람들이 마음만 먹으면 숲을 보호하고 치유하는 활동에 동참함으로써 기여할 수 있는 활동이 매우 많다. 우선 소비자들은 지속 가능한 관리 숲에서 만들어진 FSC 인증 마크가 부착된 종이 제품을 선택할 수 있을 것이다. 또한 인터넷에 '접이식 컵'이라고 검색하면 재사용이 가능한 컵 제품을 쉽게 찾을 수 있다. 이 외에도 종이 신문을 보는 대신 온라인 뉴스를 읽는 것으로 전환하는 것도 가능하다. 앞으로는 더 많은 지역에서 비닐봉지 사용을 금지하고 상점에서는 종이봉투로 대체하는 바람직한 방향으로 나아갈 것이다. 이 흐름을 타서 소비자들도 집에서 장바구니를 가져가는 습관을 들이면 좋을 것이다. 이 외에도 직장이나 가정에서 종이 사용을 줄일 수 있는 다양한 방법을 모색해 볼 수 있다. 출판사에서 이 책을 담당하는 편집자는 직업상 교열작업을 위해 수시로 종이를 인쇄해서 봐야 하는데, 양면인쇄를 생활화하는 것을 볼 수 있다. 구매자로서 재활용한 종이 포장재와 골판지 상자를 이용하는 업체들을 주로 이용할 수 있고, 리필 스테이션이 있는 매장에 용기를 챙겨가 해당 상품을 리필해 올 수도 있을 것이다. 물론 철저하게 폐지를 분리수거하는 노력도 매우 중요하다.

기부 활동으로도 삼림 보존 및 재생 캠페인에 동참할 수 있다. '스탠드 포 트리즈Stand For Trees', '콩고 분지 열대우림 프로젝트Congo Basin Rainforest Project', 아마존 산림 보호 프로젝트Amazon Forest Protect Project'와 같은 산림 구조 및 재생 사업이 다양하게 전개되고 있다. 정부기관에 탄원서를 제출할 수도 있다. 산림규제를 효과적으로 이행하고, 엄격한 규제에 대한 법안을 통과하며, 미국의 산림규제를 개선하는 데 많은 역할을 하는 '컨서베이션 바이 코얼리션(Conservation by Coalition, 연맹에 의한 보존)'과 같은 단체에 기부할 수도 있다. 프레시 킬스 매립지가 풍요로운 숲 생태계로 탈바꿈한 모습은 불사조의 재탄생을 방불케 한다[불사조는 500년을 주기로 자기 몸을 불태워 죽고는 다시금 그 재 속에서 부활한다]. 우리도 희망을 잃지 않고 숲이 다시 태어날 기회를 준다면, 숲은 놀라운 회복력을 보여주며 인간에게 온갖 편익을 제공하는 등 상상을 초월한 감동의 선물을 선사할 것이다.

GREENER GROCERY

환경을 생각하는 먹거리

블룸버그시 정부에 합류한 직후, 로버트 코리건이라는 '설치류 전문의ratologist'가 시청에서 전문별정직으로 재직해 있다는 얘기를 들었다. 나는 그와 대화해 보고 싶어 곧장 그에게 연락해 약속을 잡았다. 상의할 안건도 중요했지만, 무엇보다 '설치류 전문의'라는 직업이 있는지도 몰랐기에 호기심에 직접 만나보고 싶었다. 내가 시청에서 가장 먼저 해보고 싶었던 사업이 '음식물 쓰레기 수거 프로그램'이었기 때문에, 그의 자문이 사업을 추진하는 데 큰 도움이 될 것 같았다.

코리건은 설치류학 박사 학위 소지자다. 원래는 해양학자가 되려고 했지만, 대학원에서 해충 관리학 객원 교수의 강의에 매료된 후 꿈이 바뀌었다. 대학원 시절 쥐들이 가득한 헛간에서 30일 동안 살면서 쥐들이 얼마나 역동적으로 야행성 행태를 보이는지 자세히 관찰할 수 있었다. 그 이후로는 '모든 면에서 너무나도 아름다운 포유동물'인 쥐에 대해 경외감을 느끼며 흠뻑 빠지게 되었다. 그리고 쥐를 박멸하기보다는 쥐의 개체 수가 늘지 않도록 통제하는 방법을 연구하기 시작했다. SNS 활동도 적극적이다. 트위터에서 쥐에 대한 관찰 일지를 포함해 쥐에 대한 인식 개선을 위한 피드를 꾸준히 올린다. "그거 아세요? 영화에서 입이 거친 제임스 캐그니[천의 얼굴을 가진 갱스터 무비의 대부이자 미국 영화사 최고의 성격파로 손꼽히는 배우]도 '더러운 쥐새끼 같은 놈you dirty mouse'이라는 욕은 한 번도 안 했답니다." 현재 60대 중반인 그는 빈티지 느낌의 철테 안경을 쓴 단정하고 격식 있는 이미지를 풍긴다. 스스로 '야밤의 쥐 사파리 투어real-deal nighttime rat safaris'에 진심인 수장으로 묘사하지만, 겉모습만 보면 영락없는 회계사다.

다수의 도시에서 사람들은 길가 쓰레기통에 음식물 쓰레기도 함께 버린다. 따라서 설치류에게 먹이 찾는 일은 매우 쉽다. 코리건은 뉴욕에 쓰레기통이 너무 많아 설치류를 쉽게 배 불리고 있다고 지적했다. 뚜껑이 열려 있거나 철망으로 덮어놓은 쓰레기통이 오랫동안 사용되었기 때문에, 설치류가 들락날락하는 데 최적이었다. 이런 쓰레기통이 그의 표현에 따르면 쥐가 음식에 다가가도록 도와주는 '쥐 사다리'였던 것이다. 도시들이 시급히 해결해야 할 문제는 '쥐 퇴치'가 아니라 '음식물 쓰레기 문제'라는 주장이다.

환경 정책은 열띤 정치적 논쟁에 휘말려 갑론을박에 처하는 경우가 많다. 그러나 누구 하나 이견을 내지 않는 유일한 정책이 하나 있다. 도시의 쥐 개체 수를 줄이는 것에는 항상 만장일치다. 물론 음식물 쓰레기를 일반 쓰레기와 분리해 퇴비화해서 토양 영양소로 바꾸거나, 혐기성 분해를 통해 청정에너지를 생산하는 데 사용하면, 쓰레기 매립 처리 비용을 줄이는 등 장점이 많다. 그러나 이런 접근은 어떨지 고민하게 되었다. 음식물 쓰레기 수거 프로그램을 도입해서 인도와 지하철 선로를 허둥지둥 돌아다니는 쥐의 개체 수를 줄일 수 있다는 사실을 증명한다면, 만장일치로 이 제안을 수락하지 않겠나 싶었다. 코리건도 이 제안을 높게 평가하면서, 동네별로 음식물 쓰레기통을 특수 제작해 설치하는 것에 찬성했다. 쓰레기가 철저히 외부와 차단되기 때문에, 음식 냄새를 맡고 찾아오던 쥐들도 발길이 뜸해질 것이고, 결국 동네에 발길을 끊게 될 것이라는 점도 강조했다. 우리는 이 사업안에 대해 신속한 승인과 지역사회 주민들의 지지를 받았다.

이처럼 음식물 쓰레기를 잘 활용하면, 환경 영향을 줄이는 순환형 식품 시스템 개발에 큰 탄력을 줄 것이다. 단, 이걸로는 충분치 않다. 애초에 음식물 쓰레기 발생량 자체를 파격적으로 줄일 필요가 있다. 너무나도 멀쩡한 음식들이 매일 미국 전역과 세계의 많은 지역에서 믿기지 않을 정도로 과다하게 버려지고 있다. 미국에서는 생산된 식품의 약 40퍼센트가 버려지고 있다. 전 세계적으로는 30~40퍼센트 정도가 버려진다. 《컨슈머 리포츠》[1936년 창간된 미국의 상품 테스트 전문 월간지]는 미국인들이 하루 평균 454그램의 음식, 즉 1,250칼로리의 음식을 버린다고 추정한다. 버리는 주체별로 나누어보면, 미국 가정은 43퍼센트, 식당은 18퍼센트, 슈퍼와 같은 식료품점은 13퍼센트, 병원과 학교 같은 구내식당은 8퍼센트, 농가는 16퍼센트를 차지한다. 평균 미국인들이 동남아시아와 사하라 이남 아프리카의 평균 소비자들보다 10배나 더 많은 음식을 버린다는 점을 생각해 보라. 실제로 음식물 쓰레기는 쓰레기 매립지로 보내지는 쓰레기 흐름에서 20퍼센트, 즉 가장 큰 부분을 차지한다. 폴 호켄의 『플랜 드로다운Project Drawdown』에서는 대기 중 온실가스를 줄일 수 있는 세 번째로 효과적인 수단으로 음식물 쓰레기를 줄이는 것을 꼽았다.

따라서 식품 경제를 순환형으로 만드는 방법에 대해 고민할 때 가장 먼저 생각해 봐야 할 문제는 대체 왜 이렇게나 많은 멀쩡한 음식을 폐기하는가다. 무엇보다도 너무 오랫동안 그렇게 해야 한다고 세뇌되었기 때문일 것이다.

구매할 때 지나친 우려를 버리자

유통기한을 나타내는 표현은 참으로 다양하다. 가장 많이 쓰는 '판매 허용 기한Sell by', '소비기한Use by', '최상 품질 기한Best by, Best before, Best if used by', '신선도 기한Freshest before', '만료 기한Expires on' 등이다. 우리가 구매하는 식품 대부분에는 이러한 라벨 중 하나가 찍혀 있다. 판매 허용 기한과 소비기한이 모두 표시된 경우도 많다. 날

짜는 공식적이고 정확해 보이고, 과학에 기반한 수치처럼 느껴지지만 사실은 그렇지 않다. 이 라벨들이야말로 미국에서만 매년 약 290억 달러의 멀쩡하고 안전한 식품이 폐기되는 주요 원인이다. 그렇다면 유효기간은 어디에서 정할까? 주로 제조업체가 날짜를 계산하고 제품에 라벨을 붙이기도 하지만, 일부는 공급업체의 제안에 따라 슈퍼나 마트와 같은 소매유통업체에서 부착한다. 이들은 어떻게 기한을 정할까? 많은 식품의 경우, 제조업체가 음식 샘플을 실험실에 보관하고 썩는 기간을 측정한 다음, 매대에 오르기까지의 이동 시간을 고려해 유통기한을 추정한다.

식품이 식료품점에서 가정까지 공급망을 통해 이동하면서 노출되는 온도, 이동 시간 그리고 습도와 같은 식품을 상하게 할 만한 요소에는 변수가 너무 많아서 정확하게 예측하기가 매우 어렵다. '유통기한'으로 적힌 날짜들은 음식이 실제로 상하기 시작하는 시점을 나타내지도 않는다. 최상의 외관, 향기, 맛을 기준으로, 최상의 상태가 아닌 시점을 추정한 일자에 불과하다. 많은 소비자가 생각하는 것처럼 연방법에서 유통기한을 의무적으로 표기하도록 하진 않는다(단, 유아용 식품은 예외로 유통기한이 의무화되어 있다). 미국 41개 주에서 우유와 같은 일부 제품에 유통기한을 적도록 의무화하고 있지만, 주마다 법이 제각각이다. 그렇다고 생산업체들이 유통기한을 정하는 데 어떠한 악의가 있는 것도 아니다. 공급망이 비효율적으로 운영되고 오랫동안 고인 물처럼 변화를 반영하지 못했기 때문이다. 그러니 생산업체와 유통업체가 고객들에게 적절하고 일관되게 유통기한을 안내하는 데 필요한 데이터를 제대로 받을 리가 있나. 그 결과 그들은 제품의 신선도 유지 기간을 어림잡아 최대한 정확한 유통기한을 정하는 데 심혈을 기울인다. 그런데 정작 그 근사치가 정확하지 않기에 완벽할 정도로 멀쩡한 음식이 매립지로 보내지면서 수십억 달러의 손실이 발생한다.

현재 미국에서는 음식물 쓰레기 문제의 심각성이 날짜 표기가 부정확해서 음식이 낭비되는 문제로 끝나는 게 아니다. 아무리 맛과 신선도가 우수하더라도 신선식품의 외관만 보고 유통기간과 관계없이 슈퍼나 마트 같은 식료품점, 식당, 소비자들은 음식을 쉽게 버리고 있다. 식료품점 중에는 의도적으로 버리는 경우가 많다. 팔려는 양보다 훨씬 여유 있게 재고를 보유하기 때문에 매일 밤 상당한 양의 신선한 음식을 버린다. 고객들이 매장에 들어섰을 때 상태가 훌륭하고 무른 부분이 전혀 없는 아보카도, 토마토, 복숭아, 배와 같은 신선식품이 많이 쌓여 있는 모습을 선호하기 때문에, 매장에서도 여유분을 많이 입고하게 된다. 미국에서 판매되는 생선류의 90퍼센트가 수입되고 있고, 특히 많은 양이 수천 킬로미터 떨어진 아시아에서 수송되는 물량임에도 불구하고 26퍼센트의 생선이 판매되지 못하고 폐기될 정도로 과잉재고 문제는 심각하다.

트레이더 조Trader Joe's의 더그 라우치 전직 사장은 식료품점의 태도에 대해 이렇게 설명했다. "매장에서 식품 폐기량이 적을 경우, 재고를 충분히 비축하지 않았고 고객 경험이 불만족스러울 수 있다는 신호라고 간주할 수 있다." 이러한 생각이 자리 잡혀 있다 보니 일반적인 식료품 가맹점의 이윤이 평균 1~3퍼센트밖에 되지 않을 정도로 손실이 심각하다. 슈퍼마켓 체인 '스탑 앤드 샵Stop and Shop'에서는 '채소 및 과일 같은 신선식품을 탑처럼 쌓아 놓고 판매하는 방식'을 폐기하면 어떠한 결과가 나올지 연구를 했다. 그 결과, 고객들은 상품이 소량으로 진열되어야 훨씬 더 신선하다고 인식한다는 사실이 밝혀졌다. 실제로 소량으로 진열했을 때 신선도가 3일 정도 더 지속되었다. 스탑 앤드 샵은 이 방식을 도입했고, 매년 1억 달러를 절감할 수 있었다. 다른 식료품점들도 진열 방식에 변화를 모색하고 있다. 수년 동안 종교적 신념처럼 고수했던 과잉재고 정책이 어떠한 타당한 근거나 믿을만한 연구로도 뒷받침할 수 없다는 사실을 터득해간다. 그나마 유일하게 객관적인 자료로는 손익계산서가 있다. 기업들이 오랫동안 이용해 온 손익계산서는 판매 추정량보다 추가 입고로 상당량을 매립지에 보내 수백만 달러의 손실이 발생한다는 내용을 증명해 보인다.

그렇다면 음식물 쓰레기를 어떻게 정의 내릴 수 있을까? 신선식품이나 포장을 안 뜯은 식품에 대한 인식에서 출발할 수 있을 것이다. 각 식품의 가치를 어떻게 매길 것인지, 각 식품에서 중요하게 생각하는 가치는 무엇인지를 생각해 볼 필요가 있다. 스스로 '프리건(freegan, 자본주의와 소비주의에 반대해, 소비재를 사지 않고, 버려진 음식을 통해서 살아가려고 하는 사람)'이라고 칭하는 소비반대주의자들이 있다. 우리가 버리는 푸짐하고 건강한 수많은 식품으로 생활하는 이들이라면, 사람이 먹어도 무방한 신선도에 대해 일가견이 있을 것 같다.

뉴욕시에는 프리건의 삶을 사는 사람들을 위해 결집한 체계적인 단체가 있다. 'Freegan.info'라는 웹사이트를 운영하는 이 조직은 '음식물 쓰레기'라고 치부하는 멀쩡한 음식에 대해 대중의 인식을 높이는 노력을 하며, 매달 '프리건 투어'를 개최하고 있다. 내 기자 친구가 투어에 참여하고 나서는 내게 자신이 경험한 내용을 설명하며 자문을 구했다.

투어는 저녁 9시 맨해튼의 '어퍼 웨스트 사이드'에서 시작되었다고 했다. 다양한 연령대의 사람들이 20명 정도 모였다. 내 기자 친구처럼 투어에 처음 참여한 사람들도 꽤 많았지만, 한 주에 3~4번 정도 참여하는 전문 프리건들도 있었다. 그녀는 음식을 실을 세탁 카트를 끌고 온 몇몇 회원들을 보고 매우 놀랐다고 했다. 설마 저렇게 큰 카트에 신선식품이나 포장을 안 뜯은 식품을 '꽉' 채울 수 있단 말인가.

대부분의 식료품점에서 저녁 9시는 되어야 쓰레기 봉지를 내놓고, 두어 시간은 지나야 쓰레기 트럭이 수거하러 오기 때문에 투어는 9시에 시작한다. 회원 한 명이 음식을 어떻게 채집[foraging, '포레깅'이라고도 함]하는지에 대한 규정을 설명했다. 비닐봉지에 들어 있는 음식의 경우, 자신들이 쓰레기 문제를 일으키면 안 되기 때문에 봉투를 뜯지 말고 매듭을 풀어서 개봉하라고 했다. 쓰레기통에서 괜찮은 채집 대상을 발견한 경우, 관심이 있을 수 있는 다른 회원들을 배려해 소리를 쳐 자신이 발견한 내용을 알려주라고 했다. 그리고 이 단체의 리더가 나와서 사람들에게 친절하게 장갑이 필요한지 물었고 그녀가 모아둔 짝짝이 벙어리장갑이 가득 든 가방을 내밀었다. 내 친구는 쓰레기 봉지를 뒤적거릴 것을 감안해 양손에 낄 장갑을 꺼내 들었다.

"그런데 말이야, 봉지를 세 번씩이나 묶어 놓은 거 있지." 그녀가 내게 말했다. "왜 그런지 알아? 열기 어렵게 하려고." 매장에서는 프리건들이 봉지를 마구 뒤지는 광경을 고객들이 보지 않길 바라는 마음에서 봉지를 꽉 묶어서 풀기 어렵게 했다.

회원들이 찾아낸 음식들은 상상을 초월했다고 한다. 그녀는 로메인 상추가 가득한 봉지를 찾았는데, 자세히 보니 씻은 지 얼마 안 된 신선하기 그지없는 상태였다고 했다. "매장에서 이런 걸 대체 왜 버리는 거야?" 그녀가 내게 물었다. 고객들은 잎이 너무 많은 큰 덩이의 상추를 사면 냉장고에 보관했을 때 쉽게 상하기에 작은 덩이를 선호하고, 매장에서는 겉잎을 떼어내서 버린다고 답했다.

회원들은 식료품 가게 앞에서 곡물 상자가 가득 든 봉투도 발견했다. 봉투 안에는 유전자 조작을 거치지 않은 순종으로 보라색의 비싼 '에어룸heirloom' 보리 품종도 들어 있었다. 마른 곡식은 유통기한이 따로 정해지지 않을 정도인데, 왜 이 귀한 걸 버리는 것일까? 매장에서 식품을 버리는 기준이 유통기한에 국한되지 않는다는 사실을 보여주는 대목이다. 주기적인 재고 정리 차원도 크다. 매장에 물건을 납품하는 식품 브랜드사들이 매장과 체계적인 계약을 맺는데, 계약에서는 세부적으로 어떠한 제품을, 어느 위치, 얼마나 오랫동안 매대에 둘 것인지를 명시한다. 그녀가 가장 이해하기 어려웠던

부분은 식품이 보관된 상자들에 난도질이 되어 있다는 점이었다. 매장에서는 프리건들이 집중적으로 몰려서 약탈하는 사태를 막기 위해 상자에 의도적으로 칼집을 내고 비매품처럼 보이게 한다고 설명했다. 그녀는 그날 완벽하게 먹기 좋은 과일과 채소, 그리고 신선한 베이글이 가득 담긴 봉투를 수확했다. 빵, 요구르트, 치즈, 엄청난 양의 고기와 생선과 함께 매장에서 처분한 '음식 쓰레기'였다.

다음 날 밤, 회원 15명은 그들이 전날 채집한 음식을 함께 먹기 위해 모였다. 재료의 껍질을 벗기고 잘게 썰고 블렌더에 넣어 프리건들의 주식이기도 한 과일 스무디를 몇 차례 갈았다. 이 외에도 밥을 접시 두 개에 담았고, 보라색 보리쌀도 한 접시에 담았다. 토마토, 당근, 순무, 두부 소시지, 콩나물, 브로콜리에 영어 라벨이 없는 정체 모를 한국식 소스를 약간 곁들여 볶아 접시에 담았다. 이 소스는 아시아 식료품점에서 가져온 것인데, 이곳에서 수십 개의 양념을 가져왔다. 샐러드와 함께 제공되는 드레싱 같은 양념도 있었고, 빵과 곁들여 먹는 소스도 있었다. 어떤 병에는 특이하게 젤리 형태의 크랜베리 소스도 있었다.

넘쳐나는 식량 vs. 부족한 식량

프리건들을 몇 안 되는 수렵 채집 사회를 연구한 인류학자들, 그리고 고대의 매혹적인 유산을 파헤친 고고학자들로 비유할 수 있을 것이다. 두 부류의 프리건 모두 자신들이 채집한 음식에 대해 샅샅이 파악하고 있었다. 회원 한 명당 1주일에 약 17시간, 그러니까 하루에 2시간 반이 조금 넘는 시간 동안 폐기된 음식을 채집하고 사냥하면서 가져갈 음식을 빠르게 판단하는 도사들이다. 그들의 식사는 환경운동가 마이클 폴란이 추천하는 행복한 밥상이다. "과하지 않은 채식 위주의 진정한 음식"이다. 식품영양학자들이 표현한 "먹을 수 있는 유사 식품"과 대비되는 개념이다.

고대의 수렵채집인 유골을 분석했더니, 비만, 당뇨, 심장 질환과 같은 대부분의 현대인 질병을 앓았던 흔적이 거의 나타나지 않았다고 한다. 그들의 건강 상태가 그렇게도 좋았다고 하니, 문득 궁금증이 생겨난다. 왜 인류는 한곳에 정착해 농경 생활을 시작하게 된 걸까? 농사를 지으며 수확하는 일이 만만치 않았을 것이고, 초기 농경 작물은 영양가도 부족했을 텐데 말이다. 초기 농경인의 유골을 보면 후대 농경인보다 키도 작고 뼈와 치아 건강도 부실한 것으로 나타난다. 수렵과 채집 생활에서 농경 생활로 넘어간 계기가 맥주였다는 추론이 있다. 사람들이 농경 생활을 시작하면서 처음으로 재배한 작물은 밀, 보리, 쌀 등 맥주를 만들기 위한 재료였다. 인간이 곡물을 이용해 최초로 만든 음식이 빵이었다고 주장하는 식품 고고학자들도 많지만, 식물학자 조나단 소어가 보리를 알코올로 자연 발효하는 작업을 계기로 농작물 재배가 본격화되었다고 주장하자, 인류 최초의 작물에 대한 논란은 일단락되는 듯했다. 그 후에도 이 주제에 대해 격렬한 논쟁이 벌어졌지만, 맥주 여신을 찬양하던 수메르인의 유적에서 맥주를 양조하는 과정을 상세하게 그린 석판이 출토됨에 따라 다시 한번 최초의 맥주에 방점이 찍혔다. 출토된 석판에서는 당시 수메르인들이 즐겨 마시던 맥주 양조법이 상세히 적혀 있었다. 수메르인들에게 빵을 만드는 주된 이유는 맥주를 위한 원료로 사용하기 위해서였다. 그러니 '맥주가 먼저냐, 빵이 먼저냐?'는 '닭이 먼저냐, 달걀이 먼저냐?'와 비등비등해 보인다. 어느 쪽이 먼저건 간에, 맥주 양조가 농경살이의 어려움에 희망의 물꼬를 틔웠다는 점에 대해서는 쉽게 가늠이 간다.

전 세계 너무나도 많은 이들이 배를 곯는 상황에서 먹을 수 있는 음식물이 마구 버려지는 상황만큼 황당한 아이러니가 있을까 싶다. 미국에서는 전체 가구 중 12퍼센트가 식량난을 겪는다는 사실이 밝혀졌다. 그런데 코로나19가 유행하기 이전의 통계수치니, 팬데믹으로 식량 부족 현상은 심화되었을 것이다. 《포브스》는 2020년 5월, 팬데믹이 시작된 이후 그 수치는 22~38퍼센트 증가해 전보다 최소 2배 늘어났다고 보도했다. 식당, 무료 배급 단체, 식료품점에서 폐기하는 식품을 전문적으로 수거해 가난한 이들에게 무료로 배급하는 단체들이 많은데도 말이다. 팬데믹으로 식량난이 극심해지자 무료 배급 단체들의 역할이 처음으로 세간의 관심을 받기도 했다. 그러나 이러한 노력에도 불구하고 배급받아 끼니를 해결해야 하는 취약계층 중 5퍼센트에만 배급의 혜택이 돌아가고 있다.

그런데 문제는 무료 배급소에 음식 재료 납품업체의 참여율이 너무나 저조하다는 것이다. 예를 들어, 기부되는 전체 식품 중에서 미국의 식당 프랜차이즈 사업자들이 기부하는 식품은 2퍼센트밖에 되지 않는다. 그들은 왜 기부를 꺼릴까? 자기네들이 기부한 음식이 상해서 혹시라도 병을 유발했을 때, 이에 대한 법적 책임과 브랜드에 대한 타격을 우려하기 때문이라는 주장도 있다. 그러나 1996년 미국에서 '선한 사마리아인 식품기부법Bill Emerson Good Samaritan Food Donation Act'이 통과되었고, 식품 기부 기관이 식품 빈곤층에게 '잉여의, 명백히 자양분 있는 식품wholesome food or an apparently fit grocery product'을 제공하는 활동에 관해 어떠한 책임도 지지 않게 되었다. 따라서 기부의 실천은 양심의 문제라는 걸 알 수 있다. 기부에 동참하게 되면 신경 쓸 거리가 늘어나기 때문에 차라리 버리고 만다는 생각이다. 그러나 번거로운 게 싫은 만큼 음식물 '쓰레기'를 폐기하는 비용도 만만치 않다. 소외계층에 배급하는 식품을 직접 구매해야 하는 '푸드뱅크[food bank, 유통기한이 임박한 경우, 품질에 문제가 전혀 없음에도 불구하고 시장에서 유통할 수 없게 된 식품을 기부받아 저소득 및 소외계층, 복지시설에 나누어 주는 물적 나눔 제도]'가 많은 상황에서, 미국 식품 사업체들은 잉여 식품을 폐기하기 위해 음식물 쓰레기 수거업체에 연간 총 13억 달러를 지불하고 있다. 학교에서도 비슷한 관행이 나타나고 있다. 학교 급식이 아니면 배를 곯아야 하는 수백만 명의 미국 아이들에게 무료 급식을 제공하기 때문에, 어떠한 기관보다 식량 부족의 심각성을 아는 학교에서 방대한 양의 음식, 기부할 수도 있는 그 많은 양의 음식을 폐기하고 있다. 미국 농무부에서 실시하는 '연방 학교 점심 프로그램National School Lunch Program'을 통해 매일 500만 달러에 달하는 식품이 폐기되고 있다고 한다. 연간으로 치면 총 12억 달러에 달하는 음식이 버려지는 것이다.

순환적 해법 찾기

다행히도 음식물 쓰레기의 선순환 고리를 만드는 훌륭한 해결책을 고안하는 혁신가들이 많다. 엄청나게 단순한 '로우 테크low-tech' 기술을 이용하기도, 최첨단 '하이 테크high-tech' 기술을 이용하기도 한다. 거창할 것 없이 동참 의지만 있으면 되는 혁신 사업 모델을 하나 소개하겠다. 오클랜드의 지속 가능성 총책임자로 활동하는 낸시 데밍의 주도하에 캘리포니아주 오클랜드의 여러 학교가 참여한 캠페인이었다. 그녀는 오클랜드의 학교 급식에서 학생들이 먹지 않은 우유나 컵 과일(혹은 과일 도시락)과 같은 버리기 아까운 식품을 학교 식당의 쓰레기통 옆에 수거함을 마련해 보관하도록 요청했다. 퇴비를 만드는 재료로 사용하기 위해서였다. 또한 아이들이 자리에 앉아 먹기 전에 먹고 싶지 않은 음식을 덜어낼 수 있도록 탁자를 여럿 마련했다. 먹지 않은 음식은 노숙자 보호소와 푸드뱅크에 보내진다. 간단하면서도 효과적인 해결책이다.

한편 최첨단 기술을 이용한 해결책도 많다. 식당, 식품 서비스 회사, 케이터링 업체, 식료품점, 가정의 음식 재분배를 촉진하기 위해 많은 앱이 개발되었다. 푸드 카우보이Food Cowboy 앱을 소개한다. 음식을 기부하고자 하는 사람들이 어떤 음식을 기부하고 싶은지를 앱에 입력하면, 알림 메시지가 푸드뱅크와 앱에 등록된 다른 사람들에게 전달된다. 기부 대상자가 선택되면 기부자와 수령자가 배송 방식을 합의한다. 미국의 '푸드 레스큐Food Rescue' 앱도 있다. 정교한 알고리즘을 이용해 기부할 수 있는 음식의 최적 배송 동선을 나타내어, 자원봉사 배송 라이더들이 가장 가까운 곳의 음식을 받아서 수령자에 전달할 수 있다.

한편 첨단 솔루션에는 음식의 신선도에 대한 실시간 정보를 나타내는 식품 센서가 있다. 판매 허용기한Sell by과 소비기한Use by과 같은 정확하지 않은 '유통기한'을 바로잡는다. 이스라엘 회사 '에비젠스Evigence'는 식품 포장에 쉽게 적용할 수 있는 센서를 발명했다. 녹색 동그라미 모양의 센서 테두리는 시간이 지나면서 음식이 부위별로 상한 정도를 빨갛게 나타낸다. 온도 측정값을 정밀하게 계산해 신선도를 나타내는 것이다. 임페리얼 컬리지 런던Imperial College London의 연구진은 음식이 상하기 시작할 때 배출되는 다양한 가스를 감지하는 종이로 된 전기 가스 센서를 만들었다. 센서에는 마이크로칩이 내장되어 있다. 소비자들이 스마트폰을 센서에 대면, 신선도를 정확히 판독할 수 있다. 센서 생산 비용은 하나에 2센트밖에 안 한다. 충분히 대량 생산할 만한 가치가 있을 것이다. 매장 진열대에 올려두거나 냉장고에 보관된 상태에서 신선도를 효과적으로 파악하는 것도 큰 기술적 진보겠지만, 신선식품의 신선도 유지 기간을 늘릴 수 있는 혁신, 특히 먹을 수 있는 미세한 식품 코팅에 큰 기대를 걸고 있다.

내가 모리Mori의 CEO 아담 베렌스를 만났을 때, 이 친구의 부모님이 이 친구의 미래에 대해 한 번도 걱정한 적이 없었겠다는 생각이 들었다. 우리가 만났을 때, 그는 최근에 MIT 랭거랩Langer Lab 연구소에서 명망 있는 직위를 과감히 포기하고 회사를 창업한 상태였다. 그곳에서 그는 박사후연구원postdoc으로 활동하면서 개발도상국 사람들의 건강 향상을 목표로 백신을 개발하고 식품 영양을 강화하는 주제로 연구를 수행해 왔다. 그의 졸업 논문은 지혈 작용을 위해 피부에 뿌리는 물질을 개발한 내용을 다뤘다. 심지어 빌 게이츠 재단으로부터 연구지원금을 받기도 했다.

아담은 연구실에서 나와 동료 연구자들과 '모리'라는 식품 기술 회사를 창업했다. 음식이 상하지 않도록 음식에 씌우는 먹을 수 있는 미세한 투명 코팅을 판매하는 기업이다. 다른 상품에 비해 상추에 적용하면 유리한 점이 많아, 상추 재배업자들이 관심을 보일 것으로 예상된다. 누에고치에서 추출한 실크 분자로 만드는 코팅재는 눈에 보이지 않지만, 먹어도 전혀 해롭지 않고, 아무 맛도 나지 않는다. 소금과 물의 혼합물만을 사용한다. 제조법은 터프츠대학교에서 실크 연구소를 운영하는 피오렌조 오메네토 교수와 MIT의 재료 과학자 베네데토 마렐리 교수와 공동으로 개발했다. 그들은 원래 의약품과 백신을 보호하기 위한 코팅재를 개발하고 있었는데, 마렐리 교수가 실크 코팅이 음식을 보존하는 데도 효과가 있을 것이라는 생각을 떠올린 것이다. 겨우 두 개의 혈구 두께인 미세한 액체 실크를 딸기에 뿌렸고, 며칠 후 딸기가 종전 그대로의 상태를 보존하고 있었다는 사실을 발견했다. 그 후 액체 실크를 코팅재로 활용해 다양한 식품에 적용하는 실험을 진행했고, 코팅재를 뿌리면 냉장 보관도 필요 없이 식품의 신선도를 2~3배까지 연장할 수 있었다. 연구실에서 박사후연구원으로 활동하던 아담은 이 기술의 잠재력에 전율을 느꼈고, 창업 경험이 전혀 없었지만, 과감히 '모리'를 창업하기에 이르렀다.

심지어 그는 농사를 지어본 경험도 없었다. 나는 그에게 농부들을 만나 농사 얘기를 듣고 가장 크게 느낀 점이 무엇인지 물었다. 그는 곧바로 "재배 방법이 그렇게나 정교한지 몰랐어요. 농부가 아니라 과학자라고 해도 믿겠어요"라고 말했다. 실제로 토양의 영양 수준을 측정하고, 비료와 농약을 정제하고, 관개용수를 보다 효과적으로 조절하고, 농작물의 수분을 측정하기 위해 논밭에 센서를 설치한 농가도 많다. 노트북 화면으로 논밭의 상황을 수시로 점검하고, 농업 연구 결과를 소개하는 농업 전문 잡지를 읽고 관련 사이트를 검색한다. 정기적으로 새로운 씨앗으로 실험하고, 농업 과학자들의 조언을 얻기도 한다. 그러나 이렇게 각고의 노력을 기울인다 해도, 언제라도 농사철은 자연재해의 변수를 피해 갈 수 없을 것이다. 아담 대표는 우박으로 완전히 황폐해진 체리 과수원을 침울하게 거닐던 것을 회상했다. 특히 상추 재배 농가에 대장균은 공포 그 자체다.

모리는 초기에는 농가에 코팅재를 판매해 수확 직후 작물에 뿌리도록 할 계획이다. 그런 다음, 정육과 어류에 코팅재를 분사하도록 포장재 업체와 식료품점으로 판로를 확대할 계획이다. 상추에 뿌릴 경우, 식료품점의 상추 쓰레기를 비롯해, 도매업체에서 소매유통업체로 판매하지도 못하고 버리는 상당량의 샐러드용 채소도 대폭 줄일 수 있을 것이다. 샐리나스 시의 쓰레기 처리장에는 현지 포장업체들이 유통기한이 아직 2주나 남은 채소 봉투들을 거의 매일 하역하는 광경이 펼쳐진다. 그런데 2주는 식료품점에서 정한 유통기한에 대한 기준을 충족하기엔 턱없이 부족한 기간이다. 제조공장에서 포장업체로 운송되는 시간도 오래 걸리지만, 일반적으로 물류센터에 꽤 오래 보관되는 편이기 때문에, 매장의 매대에 올려지기까지 한참이 걸린다.

쓰레기 처리장에 버려지기 전에도 분명 많은 상추를 비롯한 각종 농산물이 많이 버려질 것이다. 이에 관한 구체적인 자료는 없지만, 필요 이상으로 종자를 뿌리는 과대파종이 관행이 되어 버렸기 때문에 폐기량도 많다. 천연자원보호협회National Resources Defense Council는 재배 농가에서 의도적으로 약 20퍼센트 과대파종을 한다고 추정한다. 아담 대표는 수확물의 신선도를 오래 유지하도록 도와주는 모리의 기술력으로 농가에서 안심하고 재배량을 줄일 수 있다고 기대한다. 모리의 싱크 코팅재를 분사하면 굳이 냉장 운송을 하지 않아도 되기 때문에, 농산물 보관에 이용되는 에너지 사용량을 줄임으로써 탄소와 메탄 배출을 감축할 수 있다. 게다가 농민들과 식료품점이 선도 유지에 사용하는 터무니없이 많은 양의 랩을 줄일 수 있고, 소비자들은 식재료의 냉장 보관 및 상온 유지 기간을 늘릴 수 있다.

모리 외에도 식품 코팅재 제조 스타트업들이 많다. 각 회사는 각자 고유의 제품을 홍보하고 있고 시장에서 본격적으로 모멘텀을 일으키고 있다. 미국의 스타트업 '에이필 사이언스Apeel Sciences'는 식물성 특수 코팅 용액을 생산하는 회사다. 시범적으로 식료품 거물 기업 크로거Kroger 매장에서 판매하는 아보카도에 코팅 용액을 처리했는데, 썩지 않고 신선도를 최대 한 달 정도 유지할 수 있었다. 이 외에도 사과와 블루베리를 코팅 처리했더니 한 달 동안 신선하게 유지되었고, 라임은 무려 7주 동안 신선도가 유지되었다고 전했다.

과거에서 배우는 농업의 미래

지난 한 세기 동안 관행적으로 이용된 산업적 농업 방식은 토양 퇴화를 심화시켰고, 비료와 농약의 지나친 남용으로 농업 생산성이 한계치에 달하게 되었다. 세계 인구가 2050년까지 20억 명이 증가할 것으로 추정되는 가운데 농작물 수확량이 부족할 수 있다는 의미다. 그 결과, 농사를 지으면 지을수록 기근을 유발하는 상태로 치닫게 되어, 지구 곳곳에 기근이 발생할 수 있을 것이다. 애초에 무조건 이 방향으로 발전해야 했던 건 아니다. 산업적 농업 방식이 대세가 되어가는 상황에서도 유기농 재배에 대한 움직임도 꾸준히 발전을 거듭했다. 유기농 재배는 1920년대부터 자연 재배의 탁월한 강점을 명확히 입증하고 있다.

1905년, 32세의 영국 식물학자 앨버트 하워드와 29세의 식물 생리학자 아내 가브리엘 하워드는 위대한 모험을 시작했다. 두 사람은 결혼식 직후, 양질의 밀과 목화를 재배하는 방법을 연구하는 인도 최고의 농업연구소에서 연구 의뢰를 받고 인도 북동부의 농업 중심지인 푸사로 이주했다. 케임브리지대학교 출신인 그들의 눈에 이 지역 농민들의 농사 방식이 낙후된 것으로 비치리라는 것이 연구소의 예상이었다. 그러나 두 사람은 현장의 광경을 보며 감탄사를 연발했다. 우리가 현재 유기 재배라고 부르는 고대 기술을 너무나도 충실하게 따라왔음을 피부로 느낄 수 있었다. 이 부부와 함께 연구를 수행한 앨버트의 친구이자 동료 연구원 한 명은 훗날 이렇게 회고했다. "앨버트가 입버릇처럼 하던 말이 있었다. '교과서에서 배운 것보다 농부들에게서 배운 게 훨씬 더 많다.'"

한편, 화학비료는 19세기 중반부터 재배를 위한 '특효약'으로 그 효력을 크게 인정받았다. 특히 질소, 칼륨, 인산염을 주성분으로 하는 비료에 대한 수요가 높았다. 농사짓는 밭의 표면 토양에는 영양소들의 함량이 높지 않았지만, 수확량이 크게 늘었다. 그 비결은 농사 방식에 있었다. 밭에 뿌리 깊은 농작물을 돌려 짓는 '윤작'을 하되, 그 주변에는 과일나무를 비롯한 다양한 종의 나무가 밭을 둘러싸도록 했다. 그러면 모든 식물의 뿌리줄기가 천연 비료가 되어 토양에 영양분을 퍼 올려 널리 분포하는 작용을 하게 되는 것이다. 토양 상태를 연구해 보니, 토양에 있는 미네랄을 먹고 사는 풍부한 미생물이 천연 영양원으로 작용했다는 사실이 나타났다. 화학 살포가 앗아간 천연 영양소들이 미생물의 형태로 돌아온 것이다. 그렇게 토양은 건강히 살아 숨 쉬며, 자체적으로 유기비료를 생산했다. 하워드 부부는 토양의 생명을 보존하고 토양의 유기물 함량을 더욱 풍부하게 하는 것이 양질의 농작물을 많이 수확할 수 있는 비결이라는 점을 깨달았다. 한편 유기비료의 대척점에 화학비료가 있다. 토양을 죽이는 주범이다. 하워드 부부는 이 사실을 깊이 깨닫고, 고대 중국과 인도의 부엽토humus 퇴비화 기술을 차용한 친환경 퇴비를 개발해 토양을 비옥하게 만드는 연구에 매진했다.

그 후 하워드 부부의 과학적 업적은 세계 농업계의 관심을 받기 시작했다. 그런데 아내 가브리엘이 안타깝게 세상을 떠나게 되었고, 1931년 앨버트는 영국으로 돌아가기로 마음먹었다. 배를 타고 아프리카를 돌아 영국으로 간다는 얘기를 들은 케냐의 커피 재배자들은 그를 초청했고, 그는 케냐를 방문했다. 이미 오래전부터 부엽토 유기비료를 사용하던 농가였다. 인도의 아삼주와 실론[1972년 스리랑카 공화국으로 개칭한 후, 영국연방에서 완전히 독립국이 되었다가 1978년에 현재의 국명 '스리랑카'로 바뀌었다]의 차 재배 농가에서도 유기비료로 농사를 짓고 있었다. 그로부터 몇 년 후, 영국에서 앨버트는 백작, 자작[귀족의 5계급 중 하나로 백작 다음의 관직이다. 하위에는 남작이 있다], 영주들을 비롯한 많은 유명한 농업 혁신가들과 함께 유기농법에 관한 유명한 심포지엄에 참석했다. 1940년 출간된 『룩 투 더 랜드Look to the Land』에서 '유기농법organic farming'을 처음 소개한 '월터 제임스'로 알려진 노스본 경도 참석했다. 앨버트도 1930~1940년대에 유기농 재배

법을 알리는 저서를 여러 권 집필했다. 그중에서도 그의 연구 저서
『농업성전 *An Agricultural Testament*』과 『흙과 건강 *The Soil and Health*』
은 세계적으로 꾸준히 판매되며 훌륭한 참고자료로 이용되었다.
1947년 그가 죽은 후, 그의 두 번째 부인은 추모글에서 이 두 권의
책은 화학비료 제조사들과 지지자들로부터 "처음에는 경멸을, 그
다음에는 격렬한 저항"을 받았다고 적었다.

역사에는 아이러니한 우연이 종종 기록되어 있다. 앨버트가 사망
한 해는 환경운동가 마이클 폴란이 그의 저서 『잡식동물의 딜레마』
에서 강조했듯이, 1차 세계대전 동안 앨라배마주 머슬 숄즈에 미국
정부가 질산염 폭발물을 생산하기 위해 건설한 거대한 공장이 화
학비료 공장으로 개조된 해이기도 하다. 정부가 운영하던 머슬 숄
즈 공장, 그리고 이와 유사한 아홉 개 시설은 민간 비료 생산업체들
에 매각되었다. 이 회사들은 공장을 매입한 후, 비료 생산량을 크게
늘렸고, 그 결과 비료 가격은 크게 떨어졌다. 같은 시기에 정부는 비
료를 대량으로 구매해 기존 방식을 버리고 새로운 재배 방식을 도입
하는 농가에 인센티브를 제공하는 정책을 펼쳤다. 하워드가 추진한
유기농법과는 반대 방향으로 나아가는 형국이었다.

1944년, 30세의 작물 재배 전문가 노먼 볼로그는 밀을 재배하
는 농민들이 더 많은 밀을 수확하도록 돕기 위해 멕시코로 갔다. 그
는 어릴 적 아이오와주에서 작은 농가에서 자랐고, 끔찍했던 '황진
지대[Dust Bowl, 1930년대 초 거대한 모래폭풍이 휩쓸어 20만 명의 이재민이 발
생한 미국 중서부 지역으로, 전에는 비옥도가 가장 높은 미국의 곡창지대였다]' 재

해가 발생하던 시기에는 농업학을 공부하고 있었다. 자연재해의 원인이 기술력 부족이라고 판단한 그는 합성비료[synthetic fertilizer, 비료의 3요소인 질소, 인, 칼륨 가운데 두 가지 이상을 함유하며, 이들 사이에 화학 결합이 이루어지도록 화학적 조작으로 제조된 다성분 화학비료로, 흡습성이나 부식을 방지하도록 만들어졌다]의 정제된 혼합물로 생산성이 높은 하이브리드 식물[hybrid plant, '혼형 식물'이라고도 한다. 동형 부모 유전체보다 상당히 높은 생산성을 나타낸다]을 생산하고 성장을 촉진하는 실험을 진행했다. 멕시코에 있는 동안, 그는 대부분의 밀 품종보다 훨씬 더 짧게 자란 왜소화된 밀 잡종을 만들어 줄기를 더 탄력 있게 만들었고, 전체 수확량을 크게 늘렸다. 그 후 그의 놀라운 성과에 대한 소문이 농업계에 퍼졌다.

전쟁 후 몇 년 지나지 않아 전 세계 인구는 크게 늘었다. 미국의 인구는 1940년 1억 3,000만에서 1950년 1억 5,100만으로 급증했다. 밀, 옥수수, 콩, 쌀을 비롯한 주요 작물의 수확량이 충분히 확보되지 않으면 곧 기근이 닥쳐올 듯한 공포가 엄습했다. 미 농무부와 세계 주요 단체들은 작물 재배 전문가 노먼 볼로그가 제안한 하이브리드 씨앗과 합성 재배 농법에서 해법을 찾았고, 새로 등장하던 다양한 유기농법이 밀려나고 그의 방법이 대세가 되었다.

그런데 미국에서 볼로그가 제안한 농업기술은 양날의 검과 같았다. 옥수수, 밀, 콩의 수확량이 급증해 농민들이 논밭에 농작물을 한두 가지만 재배하게 된 것이다. 가축 사료로 사용될 저품질 곡식을 비롯한 '상품 작물[commodity crop, 농가의 자급자족을 위해 재배하는 작물과 상대적인 개념으로, 시장에 내다 팔기 위해 상업적 목적으로 재배하는 작물들을 가리킨다]'을 재배하는 용도로 더 많은 대지가 이용되었다. 농부들과 목장주들은 넓은 들판에서 풀을 뜯던 동물들을 몰아낸 대지에 상품 작물을 심었다. 동물들은 빽빽한 사료장으로 보내졌다. 얼마나 빽빽할지 감이 오는가? 미국의 여러 주에서는 거의 4만 제곱미터(10에이커) 당 돼지 1만 마리, 닭 12만 5,000마리, 젖소 1,000마리를 사육하라는 지침이 있다. 쉽게 말해, 방목하는 젖소 한 마리당 약 7,284제곱미터를 권장한다. 거의 4만 제곱미터에 여섯 마리를 방목하라는 의미다. 지침에서는 젖소가 진화를 거듭하며 옥수수가 아닌 풀을 뜯어 먹고 살기 때문에, 건강을 유지하려면 항생제를 먹여야 한다고 명시하고 있다.

오늘날 미국 농지 중 27퍼센트만 인간 식량을 생산하는 용도로 이용되고, 나머지는 그 외의 상품 작물을 재배하는 데 이용되고 있다. 면화 외에 가장 많이 재배되는 세 개 곡물이 미국 농지 대부분을 차지하기 때문에, 경작지의 2퍼센트만 채소와 과일 재배에 이용되고 있다. 한편, 재배할 수 있는 농산물의 품종이 대폭 감소하게 되었나. 20세기 초만 해도, 미국에서는 양배추 544종, 상추 497종, 완두콩 408종, 토마토 408종을 재배했다. 패스트 컴퍼니Fast Company가 그 변화에 대해 한마디로 "80년 동안 먹거리 씨앗 품종을 93퍼센트나 잃었다"라고 설명했다.

전쟁이 끝난 후, 더 많은 농가에서 기계를 이용해 농사를 지었고, 훨씬 더 효율적인 수확 장비를 들여놓았다. 카슨이 언급했듯 수확량 증대, 소수의 작물 재배, 기계화는 3박자를 이루며 주요 작물의 엄청난 과잉 생산으로 이어졌다. 작물 가격이 폭락했고, 파산에 이른 농가도 부지기수였다. 이에 미국 정부는 '농작물 가격 지지 정책 price support policy'을 도입했다. 농민들에게 대지 일부를 휴경지로 남겨두는 대가로 보상비를 지급하고, 농사를 망치더라도 손실을 보상하는 작물 보험에 대해 보조금을 지급해, '보조금 받으려고 농사 짓기'라는 표현으로 농업을 조롱하기도 했다. 정부는 작물 가격이 폭락하지 않도록 엄청난 양의 곡물을 매입해 곡식 저장고에 보관했다. 낙농가들도 정부가 막대한 양의 우유, 버터, 치즈를 사들이는 형태로 지원받았다. 미주리주 캔자스시티 외곽의 오래된 석회암 광산과 몇몇 지하 동굴에 냉동고와 냉각실이 있는데, 바로 여기에 유제품을 대거 보관하고 있다고 하니, 정부의 매입 정책이 얼마나 황당한지 감이 올 것이다.

그런데 정부 매입 방식의 부조리함을 열정적으로 옹호한 거물 농업기업들도 있다. 농업계에서 인수합병의 물결이 거침없이 일었고, 결과적으로 농사에 필수적인 종자, 비료, 농약을 판매하는 대기업은 여섯 개만 남게 되었다. 다우Dow, 몬산토[Monsanto, 최근 바이엘(Bayer)과 합병해 바이엘을 상호로 사용하고 있다], 듀폰DuPont, BASF, 신젠타Syngenta가 이 업계를 이끌고 있다. 그리고 농가에서 '빅4' 주요 작물을 매입하는 주요 기업들은 세 곳, 즉 카길Cargill, 아처 대니얼스 미들랜드Archer Daniels Midland, CHS뿐이다. 이 거물 기업들의 관심사는 더 많은 농사 필수품을 농가에 점차 높은 가격으로 판매하는 것이다. 상황이 이렇다 보니, 현재 유기농 농산물에 대한 수요가 치솟아 매년 해외로부터 수십억 달러에 달하는 유기농 제품을 수입하는 상황인데도 미국 농지의 1퍼센트만 유기농 재배에 이용되고 있다.

한편, 생계에 위협을 느낄 정도로 힘든 농가가 대부분이다. 풍년이 들어도 이윤이 미미하고, 걸핏하면 손실이 나기 때문에, 보조금을 받는 농작물 보험금도 보상액으로 충분치 않을 정도다. 언론에서는 농업의 산업화가 성공적으로 진행되었다는 보도를 내보내기 때문에, 대부분의 논밭이 기업 수준으로 운영되고 있다는 잘못된 인식이 만연하다. 실제로는 미국 농가의 97퍼센트가 가족 단위로 운영되고, 대지 규모는 약 400만 제곱미터에 못 미친다. 그러나 지난 수십 년 동안 매년 150~200억 달러에 달하는 정부의 연례 보조금 중 대부분은 소수의 거물 농업기업에 흘러 들어갔다. 예를 들어, 1995년부터 2017년까지, 규모가 가장 큰 상위 10퍼센트의 농장에 총 2,050억 달러의 보조금 중 77퍼센트가 지급되었다. 한편, 가족 단위의 소작농들은 파산을 피하기 힘들었다. 미국에서 사면초가의 난관을 버티지 못한 농민들의 자살률은 전체 인구의 자살률에 비해 50퍼센트 높은 수순으로 지솟았다.

어쩌다가 이렇게 불공평한 제도가 만연할 수 있었을까? 주로 농민들의 정치적 영향력이 줄어든 한편, 상대적으로 농업기업의 로비 능력이 배가했기 때문이다. 미국 농민들의 수는 1950년대에 급감하기 시작했다. 2차 세계대전 이전에는 3,050만 명이 농사를 짓고 살았다. 전체 인구의 23퍼센트가 농업인이었던 시절이었다. 단일

유권자 집단으로는 최대 규모였다. 그런데 오늘날 미국 농업인구는 200만 명에 불과하다. 농업 대기업들이 정치인들의 선거 캠페인에 막대한 후원금을 지원하기 때문에, 보조금을 제대로 받지 못하는 농민들의 불만을 묵살하고 농업 대기업들에 기꺼이 보조금을 지급하는 형국이다.

이처럼 참담한 비극은 치명적인 복수 효과를 불러오기도 했다. 과일과 채소를 재배하는 농민이 감소하면서, 가격이 크게 올랐다는 점이다. 결과적으로 크래프트Kraft와 제너럴 밀스General Mills와 같은 식품 가공 기업들이 과일과 채소와 같은 천연 감미료를 포기하고 저렴한 곡물로 만든 설탕과 지방(옥수수 시럽이 대표적인 예)을 사용하게 되었다. 그리고 그걸 먹는 소비자들의 식단과 건강에 치명타를 주었다.

마크 하이먼 박사가 그의 책 『푸드 픽스Food Fix』에서 밝힌 바와 같이, 가공식품에는 맛이나 향을 좋게 만들기 위해 설탕, 소금, 지방으로 된 식품첨가물을 넣기 때문에 미국뿐만 아니라 전 세계적으로 비만율이 증가하게 되었고, 당뇨병, 심장병을 비롯한 각종 질병도 급증했다. 최근 한 실험에서는 가공식품을 먹는 사람들이 건강한 천연 식품을 먹는 사람들에 비해 하루 평균 50퍼센트 더 높은 열량을 섭취하고 있다는 충격적인 결과를 발표했다. 게다가 가공된 음식을 먹는 사람들의 식사 속도가 훨씬 더 빨랐다. 왜냐하면 위장에서 뇌로 포만감을 전달하는 신호가 제대로 작동하지 않고 우회하기 때문에, 배고픔이 쉽게 완화되지 않아서다. 어쩌다 보니 허겁지

겁 먹는 게 아니라는 의미다. 가공식품 회사들은 어떻게 하면 사람들이 '더 많이, 더 빨리' 먹게 할 것인지를 밤낮으로 고민해 왔다.

크래프트를 비롯한 다른 업계 선두기업에서 일하는 식품영양학자들은 음식 맛을 중독성 있게 만드는 여러 제조법을 발견했다. 식품 향미학은 분광계, 가스 크로마토그래프, 헤드스페이스 증기 분석기(무엇에 쓰이는 기계인지는 모르지만) 등 각종 첨단 장비를 사용해 음식에 주입하는 맛이 얼마나 효과적으로 중독성을 일으키는지를 측정할 정도로 정교해졌다. 맛을 주입하는 공정은 반드시 필요하다. 이 공정이 없으면 그렇게 정교하게 가공해서 만든 음식이 거의 아무 맛도 나지 않기 때문이다. 마이클 모스가 센세이션을 일으킨 『배신의 식탁Salt Sugar Fat』에서 언급했듯이, 1960년까지 향미학 전문가들이 애써 개발한 인공 향신료의 종류는 1,500개나 된다. 그럼에도 불구하고 그의 저서 제목인 풍미 증진제 세 가지 — 소금, 설탕, 지방 — 는 현대인들의 가공식품에 대한 끝없는 열망을 심어 준 가장 큰 주범이다. 그가 폭로한 가장 충격적인 사실은 식품영양학자들이 가공 설탕을 만들 때 천연 설탕보다 200배 더 단맛을 내도록 제조한다는 것이다.

모스는 당과 소금, 지방이 모여 식음료를 통해 최상의 쾌락적 보상을 제공하는 '지복점(bliss point, '만족 포화점'이라고도 함)에 대해 언급했는데, 식품영양학자들은 음식의 감칠맛을 최고로 할 수 있는 지복점을 어느 수준까지 정할 것인지도 터득하게 되었다. 사람들은 지복점에 도달하면 쾌락을 느낀다. 뇌가 코카인에 반응하는 것과 같은 수준으로 당에 반응하기 때문이다. 이 사실에 대해 식품영양학자들이 간파하게 되었다고 모스는 책에서 언급했다. 그러나 모스가 발견한 가장 가장 치명적인 사실은 뇌가 실제보다 칼로리를 덜 섭취하는 걸로 착각해 자꾸 더 먹게 된다는 '사라지는 칼로리 밀도 vanishing caloric density'에 관한 것이다. 입에서 음식이 너무나 빨리 녹아버려서 뇌는 '이 음식은 칼로리가 없구나' 하고 인식해 버린다는 것이다. 식품영양학자 스티븐 위덜리가 모스에게 "이런 음식은 계속 먹어도 또 먹게 된다"고 설명했다. 치토스 같은 바삭하고 짭조름한 감자 칩이나 뻥튀기류 큰 봉지 하나를 순식간에 먹는 데는 이유가 있는 법이다.

마크는 먹어도 먹어도 안 먹은 듯한 악순환의 굴레에서 벗어나려면, 식량 재배와 유통 혁신을 통해 "자연 그대로 가공하지 않은 식품"이 "밭에서부터 식탁에 오르기까지의 유통 구조를 재설계"해야 한다고 말했다. 이 방향은 순환성 식품 경제 혁신가들이 향하는 방향이다. 이들은 앞으로 나아가기 위해 예전 관행을 다시 생각하며 살피기 시작했다.

재생형 농업

내가 토양 건강 운동의 선구자 게이브 브라운에게 처음으로 연락을 취했을 때, 그는 차를 몰고 설명회에 가는 길이었다. 그는 매년 농민들과 간담회를 한다. 농민들에게 유기농으로 재배하는 방식뿐 아니라, 지속 가능하고 토양의 건강 상태를 재생하는 재배 방식에 대해 자문을 제공한다. 그가 제안하는 재배 방식은 대기에서 많은 양의 탄소를 흡수하는 동시에 기존에 산업화한 재배 방식으로 생산할 때보다 훨씬 더 많은 영양분을 보장한다. 브라운이 설파하는 이 재배 방법은 그가 힘들게 절박한 상황에서 여러 시행착오를 통해 배운 것이다.

1995년, 그와 그의 아내가 노스다코타주 비스마르크에 있는 장인의 농장을 인수한 지 몇 년 지나지 않았을 때였다. 650만 제곱미터에 달하는 밭의 곡식들이 우박으로 완전히 휩쓸려 농사를 완전히 망쳐버린 것이다. 그전까지만 해도 그 지역에서 우박으로 농사를 완전히 망친다는 건 상상도 못 해본 일이었기 때문에, 우박 피해 보험에 가입하지 않았다. 다음 해, 우박이 다시 강타해 작물 전체를 파괴했다. 불행 중 다행은 이번에는 보험처리를 할 수 있었다. 그 후 1997년, 노스다코타 지역 전체가 극심한 가뭄에 시달려 모내기를 할 수 없는 상황이 닥쳤다. 1998년, 우박이 다시 브라운 가의 밭을 강타했고, 이번에는 수확량의 80퍼센트를 앗아갔다.

브라운은 농장에서 유년 시절을 보내지 않았다. 그는 비스마르크에서 온 도시 소년이었다. 그런데 대학에서 우연히 듣게 된 강의를 계기로 농사에 푹 빠지게 되었다. 그는 농사를 지으며 재정적으로 극한 상황에 처했을 때를 회상하며, 그의 트레이드 마크인 자조적 유머를 섞어 이렇게 말했다. "당시 난 내가 선택한 길이 옳은 길인지 의문이었고, 아내는 나를 남편으로 선택한 게 옳은 선택이었는지 의문이었다." 그러나 그는 포기하지 않았다. 자신의 농장을 '재생 농업regenerative agriculture' 방식을 적용하는 야심 어린 여정에 본격적으로 나섰다. '재생 농업'이라는 용어는 미국 유기농법의 선구자 중 한 사람인 J. I. 로데일의 아들 로버트 로데일이 처음 소개했다. 로버트는 알버트 하워드의 책에 영감을 받아, 아내와 함께 펜실베이니아 시골에 있는 오래된 농장을 매입했고, 하워드 일가가 주도했던 연구를 발전시키기 위해 1947년 로데일 연구소Rodale Institute를 설립했다.

브라운은 기존의 재래식 농법에서 재생농법으로 전환하는 가장 효과적인 방법에 대해 훌륭한 통찰을 지녔다. 그의 자문을 들으려는 사람들이 너무나도 많아서 그는 2019년 1년 365일 중 252일을 전국을 누비며 농가 현장을 찾았다. 내 전화를 받은 그는 "섭외 전화가 매일 오네요. 어제만 해도 농부 세 분이 연락을 주셨는데 다들 파산 직전까지 간 상태라고 하더라고요"라고 말했다. 비록 재생농법이 유기농업이 시작되면서 발전해 왔지만, 이제야 겨우 "눈덩이가 아래로 구르며 크기가 커지고 있다"고 설명했다.

브라운이 강조하는 내용은 영국 식물학자 하워드가 옹호하던 토양 건강을 중시한 농법으로 돌아가야 한다는 것이다. 그가 생각하는 이상적인 재생 농업 방식은 이렇다. 농부들이 직접 밭을 갈지 않는다. 밭에 매우 다양한 '피복 작물[cover crop, 맨땅의 표면을 덮어 비료의 유출을 막거나 토양의 침식을 막기 위해 재배되는 작물로 콩과식물이 많다]'을 심으면 된다. 낮게 자라는 풀, 그리고 동부[cowpea, '강두(豇豆)'라고도 함], 기름 종자[oilseed, 기름을 짤 수 있는 씨를 통틀어 이르는 종자로 콩, 깨, 해바라기 씨 등이 있다], 나복[daikon radish, 원산지가 유럽인 다양한 색상의 둥근 무과 같은 콩과식물을 비롯해 매우 다양한 피복 작물을 심을 수 있다. 그가 농부들을 대상으로 한 연설에서 자주 하는 말이 있다. "여러분 주변에서 '맨땅bare soil'이 보이시나요?" 맨땅은 잘 보이지 않는다. 피복 작물은 맨땅을 침식작용으로부터 보호하는 '흙을 위한 갑옷'과 같은 기능을 할 뿐 아니라, 물과 천연 영양분을 토양으로 끌어오고, 뿌리 체계가 서로 얽혀 주변에 영양을 퍼트린다고 그는 설명한다. 이렇게 되면 지렁이뿐만 아니라 풍부한 미생물이 와서 살게 된다. 이들은 토양에 공기를 불어 넣고 비옥하게 한다. 그가 농사를 시작했을 때 토양에서 지렁이가 한 마리도 없었지만, 최근에는 가로세로 길이가 약 30센티에 깊이 약 5센티미터 크기의 토양에서 지렁이가 60마리 나왔다고 했다. 지렁이를 일부러 키운 것도 아니고, "자기들이 스스로 왔다"고 말했다.

밭 하나에 일곱에서 열 개의 다양한 피복 작물을 재배할 경우, 태양 에너지를 이용해 토양에 딘소를 저장할 수 있는 환경이 죄적화된다. 피복 작물을 키우면 살충제를 뿌릴 필요도 없다. 인간에 해로운 곤충, 즉 해충의 포식자인 익충[beneficial insect, 해충의 반대말]을 대거 유인할 수 있기 때문이다. 브라운은 "작물을 죽이는 해충 한 마리에 대해, 피복 작물을 심으면 1,700마리의 익충이 생겨난다"고 전했다. 인간은 그저 자연에 맡기기만 하면 된다. 해충을 제어하는 해법을 자연은 완벽하게 알고 있다.

피복 작물로 밭에 구멍을 내면서 수확할 작물을 파종한다. 옥수수, 밀, 귀리는 피복 작물 사이에서 문제없이 잘 자랄 수 있다. 게다가 피복 작물이 있으면 잡초가 자랄 공간이 거의 없어진다. 재생 농업에는 제초제나 합성비료도 필요 없다. 퇴비나 거름만 사용될 뿐이다. 분뇨와 같은 거름의 경우, 가축을 초원에서 방목해 키우면 그대로 토양에 침투하게 된다. 피복 작물은 가축의 먹이로도 쓰이는데, 대개 가축들은 같은 밭에서 피복 작물을 약 3분의 1 정도 먹고는 다른 곳으로 이동한다. 브라운은 입버릇처럼 "인간이 가축에 '숙소와 식사'를 제공해야 할 필요가 없다"고 말한다. 가축은 야외에서 방목하면서 자유롭게 영양분이 풍부한 풀을 뜯어 먹는 걸 훨씬 좋아하기 때문이다. 거름은 메탄을 배출하지 않고 토양을 비옥하게 만들기 때문에, 환경문제로 부각되는 소에서 나오는 메탄가스 문제를 효과적으로 불식시킬 수 있을 것이다. 요즘 잘 나가는 대체육을 생산하는 '비욘드 미트Beyond Meat'와 식물성 유사 고기 패티로 만든 '임파서블 버거Impossible Burger'보다 효과적인 해결책이 될 것이다. 미국의 식품기업 제너럴 밀스General Mills가 조지아주의 '화이트 오크 파스 체스White Oak Pastures' 농장에서 실시하는 재생 방목 방식이 온실가스에 미치는 영향에 대해 하이먼에게 조사를 의뢰했고, 연구 결과가 하이먼이 집필한 『푸드 픽스』에서 소개되고 있다. 매년 10만 마리의 송아지를 기르는 이 농장의 경우, 이산화탄소 배출량이 '마이너스'를 기록해 육류 약 454그램당 마이너스 3.5킬로그램의 '역 배출', 즉 3.5킬로그램의 이산화탄소를 흡수 및 제거하는 효과를 거두었다. 이에 반해 전통적으로 사육된 육류의 경우 454그램당 플러스 3.3킬로그램의 이산화탄소를 배출했다. 임파서블 버거의 경우, 오히려 454그램당 배출량이 약간 더 높아 플러스 3.5킬로그램을 기록했다.

브라운의 실험 결과, 그리고 전 세계에서 재생농법을 실천하는 농부들의 성공 사례는 다른 농부들에게도 영감이 되면서 큰 파급력을 나타낸다. 그가 농장을 인수했을 당시만 해도 토양에는 유기물이 1.7퍼센트밖에 들어 있지 않았고, 영양소가 부족해서 색이 옅었고, 수분 함량도 매우 부족했다. 그러나 현재의 토양 상태는 완전히 다르다. 밭 대부분에서 유기물 함량은 최대 6퍼센트고, 11.1퍼센트인 밭도 있다. 토양은 짙은 갈색이다. 그가 농사를 시작했을 때, 토양은 시간당 약 1.27센티미터의 비를 흡수할 수 있었지만, 지금은 시간당 약 20센티미터의 비를 흡수할 수 있다. 홍수를 감축할 수 있는 재생농법의 우수함을 나타내는 대목이다.

브라운과 공동 연구한 과학자들은 탄소 격리량을 측정하고, 재생농법을 이용한 작물의 영양분 밀도가 얼마나 증가했는지를 파악하는 주요 전문가였다. 이들은 놀라운 연구 결과를 도출했다. 탄소 격리를 연구하는 일부 과학자들은 재생농법으로 61센티미터 깊이의 토양으로 탄소를 끌어들일 수 있을지 확신할 수 없다고 했다. 그러나 토양 과학 회사 '랜드스트림LandStream'이 실시한 2년간의 연구끝에 브라운이 재생농법으로 관리한 토양에서는 무려 약 284센티미터까지 상당량의 탄소를 격리할 수 있다는 사실을 밝혀냈다. 브라운은 또한 바이오뉴트리언트 식품 협회Bionutrient Food Association에서 시작한 '리얼 푸드 캠페인Real Food Campaign'에 동참하고 있다. 이 캠페인의 목표는 식품의 영양 밀도 측정사업을 대규모로 상업화해 업계에서 적극적으로 활용하도록 하는 것이다.

브라운은 어떠한 정부 지원사업도 신청하지 않았다. 굳이 그럴 필요가 없었다. 작물 생산량이 매우 높고, 판매할 수 있는 다양한 생산물을 보유하고 있기 때문이다. 한두 작물에 흉년이 들어도, 다른 농작물을 많이 생산하면 될 뿐이다. 유기농법은 전통적인 재배법에 비해 수확량이 현저히 낮다고 생각하는 사람들이 많다. 그러나 브라운은 유기농법으로 자신이 거주하는 카운티의 평균 수확량보다 높은 수치를 기록하고 있다. 그는 연간 약 4,000제곱미터 당 142부셸[bushel, 과일, 곡물 등의 중량 단위. 1부셸은 소맥, 대두의 경우 27.2킬로그램, 옥수수는 25.4킬로그램을 나타낸다]을 생산하는 한편, 카운티 평균 수치는 100부셸 미만이다. 브라운의 유기농법 성공 사례를 뒷받침하는 연구 결과도 있다. 유기농법을 연구하는 최고의 연구 기관인 로데일 연구소에서 1981년에 시작한 이 연구에서는 유기농법을 이용한 밭과 합성비료를 이용한 밭의 수확량을 비교 분석했다. 나란히 정렬한 두 밭에서 유기농법으로 농사를 지은 첫 몇 년 동안에는 수확량이 약간 낮았지만, 그 후에는 "유기적인 생태계는 곧 회복력을 되찾아 합성비료를 이용한 밭보다 높은 수확량을 보여주었다"라고 연구소는 보고했다. 연구소는 실제로 유기농법으로 농사 방식을 전환하면 "기존 방식보다 180퍼센트 더 많이 수확할 수 있다고" 주장했다. 합성비료 비용이 들지 않는 데다가 유기농 농산품을 상대적으로 고가에 판매할 수 있기에, 생산량이 증가하면서 수익성도 훨씬 더 증가한 셈이다. 유기농법을 이용했을 때, 연간 약 4,000제곱미터 당 558달러의 순수익을 올릴 수 있었다. 합성비료를 이용한 기존의 방식으로는 순수익이 평균 190달러 수준이었다. 이와 같은 데이터가 현재 농업계를 휩쓰는 가운데, 브라운은 지칠 줄 모르는 유기농법 홍보 활동으로 재생기법의 눈덩이를 끊임없이 키워가고 있다.

코로나19로 드러난 산업농법 시스템의 명백한 취약점이 입증되고 나면, 유기농법의 모멘텀은 다시 살아날 것이다. 플로리다주의 농부들이 배추, 콩, 토마토를 대규모로 단일재배하면서 막대한 피해를 입었고, 계란을 생산하는 양계농가에서 계란 수십만 개를 폐기해야 하는 상황을 겪었으며, 돼지 축산농가에서 가축 수천 마리가 안락사당하는 사태가 벌어지면서, 기업형 농업의 폐해와 아집이 만천하에 드러났다. 대조적으로 유기농법과 재생농법을 따르는 농가는 풍년을 맞이했다고 브라운은 전했다. 그기 꾸준히 연락해 온 이 농가들은 현지에서 소비자들에게 직접 판매도 실시하는데, 현지 주민들이 농가로 직접 찾아와 구매할 정도로 매출이 높다고 자랑했다.

한편 많은 투자기업과 식품회사들은 농가에서 기존 방식 대신 재생농법으로 농사를 지으면 인센티브를 제공하며, 순조롭게 방법을 전환하도록 재정지원을 아끼지 않고 있다. 예를 들어 투자 회사 스튜어드 파트너스Steward Partners는 '스튜어드 팜 트러스트Steward Farm Trust'라는 플랫폼으로 만들었고, 투자자들이 지원하려는 농장을 선택할 수 있는 웹사이트를 개설했다. 2019년 말까지 2,000개 이상의 농장이 참여했다. 혁신 기업 '노리Nori'와 '인디고 농업Indigo Ag'은 생태계 서비스에 관한 회계를 도입했다. 그런 다음, 재생농법을 적용해 탄소 격리에 일조한 농민들로부터 '탄소 크레딧carbon credit'을 구매할 수 있도록 온라인 거래 사이트를 만들었다. 교직원퇴직연금기금Teachers Insurance and Annuity Association of America, TIAA과 같은 최대 연금 기금에서는 토지를 매입한 후, 토지가 재생 농업에 이용되는 경우 자금을 지원했다. 2019년 기준, 미국에서만 475억 달러가 재생농법을 발전시키는 데 투자되었다. 해외에서는 유엔이 세계 최대 농업 금융 서비스 기업인 라보뱅크Rabobank와 협력해 개발도상국의 농부들을 돕기 위해 10억 달러의 기금을 조성했다.

주요 식품 생산업체들의 관심이 매우 높다는 점이 특히 고무적이다. 프랑스의 식품 대기업 '다논Danone'은 낙농가들과 제휴를 맺고, 낙농가에서 피복 작물을 심고 젖소를 자연 방목하도록 지원하고 있다. 글로벌 맥주 기업 '안호이저 부시Anheuser-Busch'는 '변화를 위한 계약Contract for Change' 캠페인을 실시해, 농가에서 재생농법으로 보리, 쌀, 홉을 재배하도록 수년간 프리미엄 가격으로 계약을 체결했다. 브라운의 노력도 빼놓을 수 없을 것이다. 제너럴 밀스는 2019년 노스다코타와 캐나다 농부들을 대상으로 재생농법을 전수하는 다년간 프로젝트를 시작했고, 전문 강사로 브라운을 영입했다. 프로젝트의 취지는 약 1억 8,200만 제곱미터의 밭에서 아침 식사로 먹는 시리얼 제품에 사용되는 귀리를 재생농법으로 재배했을 때의 결과를 분석하는 것이다.

음식에서 나오는 비료와 연료

식품 시스템의 루프loop를 연결하는 마지막 연결고리는 음식물 쓰레기를 토양에 쓰일 영양소나 먹거리를 재배하고 조리하는 데 필요한 청정에너지로 전환하는 것이다. 이때 음식물 쓰레기는 달걀 껍질, 과일 껍질과 씨, 버려진 닭 껍질, 소고기와 돼지고기 비계처럼 다른 용도로 변경해서 사용하거나 이웃에게 재분배할 수 없는 쓰레기를 일컫는다. 이 경우에도 해법은 인도의 사례에서 나왔다. '홈 바이오가스Home Biogas'의 설립자 중 한 사람인 야어 텔러는 내가 그의 이스라엘 사업장을 방문했을 때 창업하게 된 계기를 설명해 주었다.

어느 날, 그는 인도 여행에서 외딴 산을 오르고 있었는데, 우연히 번창하는 작은 농가를 발견했다. 정 많은 주인 부부는 그에게 안으로 한 끼 먹고 가라고 했다. 그는 집으로 들어가 놀라운 광경을 보게 되었다. 안주인이 부엌에서 '아름다운 푸른 불꽃'을 이용해 요리하는 거였다. 전기가 안 들어오는 집인데다, 동네 전체에 전기도 가스관도 없었던 터였다. 게다가 여러 개도국의 빈곤층이 그러하듯, 전기나 가스를 이용할 수 없는 인도인들이 대부분 야외에서 장작이나 석탄을 때면서 요리를 한다는 것, 그리고 야외에서 화로로 조리할 때 나오는 가스는 전 세계 온실가스 배출원 중에서도 최악의 가스이고 연기로 인해 수백만 명의 사람들이 각종 질병에 걸리고 목숨을 잃고 있다는 사실도 그는 잘 알고 있었다.

그는 회상했다. "'이 가스가 어디서 나오는 거죠?'라고 물었어요." 그녀는 그를 외양간으로 안내했다. 수천 년 동안 개조하지 않고 사용된 바닥에 설치한 단순한 콘크리트 기반의 '혐기성 소화기'를 보여주기 위해서였다. 몇 안 되는 젖소에서 나온 거름뿐만 아니라 가정용 음식물 쓰레기 전부를 그 안에 넣는다고 했다. 작용원리를 살펴보니, 소화조에 있는 작은 미생물들이 거름과 쓰레기를 바이오가스로 전환하는 방식이었다. 바이오가스는 메탄, 그리고 영양분이 풍부한 액체 비료의 잔여물로 구성되어 있었다. 바이오가스를 태우면 메탄이 이산화탄소로 전환된다. 따라서 이산화탄소가 대기로 배출되더라도 메탄보다 28배 유해성이 낮다. 부부는 비료 잔여물을 채소 재배에 사용하고, 특별히 가꾸는 아름다운 백합꽃에도 사용하며 꽃은 시장에 내다 팔기도 한다고 했다.

텔러는 이스라엘 방위군에서 의무 복무를 마치고 대학교로 돌아왔는데, 생물학 학위를 끝까지 이수하고 싶은 마음이 없었다. 그래서 새로운 삶을 위해 인도에 온 것이다. 그는 "삶의 목적이 필요했다"고 말했다. 그는 어느덧 혐기성 과정의 단순함에 흠뻑 빠져들었다. 몇 년 동안 설계와 테스트 끝에 그는 두 친구, 현재 CEO인 오시크 에프라티와 에레즈 랜저와 함께 뒷마당에 설치할 수 있는 소화조 '홈바이오가스HomeBiogas'를 출시했다. 크기는 2인용 삼각형 텐트 정도이고 접이식 기계로 고객들에게 직접 배송하는 상품이다. 나는 작동 원리에 대한 시연 설명을 듣고 나서 할 말을 잃었다. 건강, 위생 및 재생 가능 에너지를 위한 진정으로 혁신적인 솔루션이 될 조짐이 보였기 때문이다.

한편 선진국의 평균 가정에서 소화조를 설치하면, 가스레인지와 쉽게 연결해 매일 요리를 서너 시간 정도 할 수 있을 정도로 충분한 가스를 공급받을 수 있다. 개도국에서는 음식물 쓰레기와 생물학적 폐기물을 제대로 관리하지 못해서 비롯되는 오염과 질병을 감축해 생명을 구하고 있다. 2020년까지 홈바이오가스는 50여 개국에 수천 개의 시스템을 설치하고, 미국과 유럽에서 수천 대를 판매하는 등 특히 선진국에서 큰 인기를 얻었다. 음식물 쓰레기는 실내 요리, 야외 바비큐, 온수 난방기에 사용될 수 있는 가스로 변환된다. 혐기성 소화 과정을 통해 생성된 부산물은 영양분이 풍부한 정원 관리용 유기질 비료로 사용될 수 있다.

클로즈드 루프 파트너스는 홈바이오가스의 사업 확장을 위해 자금을 지원했다. 게다가 프랑스의 에너지 대기업 '엔지Engie'도 투자 대열에 합류한 것만 봐도, 이 회사가 얼마나 잠재력이 많은지 알 수 있다. 유럽연합은 권위 있는 연구혁신 프레임워크 프로그램인 '호라이즌 2020Horizon 2020'에서 압도적인 찬성표로 홈바이오가스를 선정했다. 온실가스 배출을 크게 줄이는 데 기여할 수 있을 것이다. 이 제품이 광범위하게 사용된다면, 온실가스 배출을 줄이고 식품 서비스 제공업체와 농가의 운영 비용을 줄일 수 있는 잠재력은 엄청날 것이다.

텔러는 회사 제품을 학교에 납품할 수 있어서 특별히 보람을 느꼈다고 얘기했다. 학생들에게 혐기성 소화 과정과 음식물 쓰레기 문제에 대해 가르치는 기회가 되기 때문이다. 그는 많은 시간을 들여 여러 학교에 방문한다. 학교에서 회사 제품을 설치하고 가동할 수 있도록 지원하고, 아이들에게 먹고 버리는 음식이 얼마나 가치 있게 사용될 수 있는지 알려주고 있다. 그는 두 아이의 아버지로서 자신의 아이들도 전통 텐트 '유르트yurt'에서 전기 공급 없이 살면서 홈바이오가스 기계로 음식을 조리할 수 있다는 사실에서 교훈을 얻도록 했다.

많은 도시에서 혐기성 소화 방식을 대대적으로 도입해, 음식물 쓰레기로부터 연료를 만들고 있다. 뉴욕시는 2016년부터 브루클린에서 연간 130톤의 음식물 쓰레기를 가스로 바꾸는 대규모 소화 프로세스를 진행 중이다. 롱아일랜드 브룩헤이븐에는 연간 1만 톤에서 1만 5천 톤을 추가로 처리할 새로운 시설을 건설하고 있다. 필라델피아의 경우, 현재 사용하지 않는 이전 정유 시설을 1억 2천만 달러 규모의 소화조 운영 시설로 전환하고 있다. 본격적으로 가동에 들어가면, 지역의 농가에서 매일 수거해 온 음식물 쓰레기와 거름 1,100톤 정도를 처리하게 될 것이다. 그 과정에서 생산된 가스는 시내버스와 트럭에 연료를 공급하는 데 이용될 것이다. 로스앤젤레스와 솔트레이크시티도 대규모 혐기성 소화조 사업을 진행하고 있다. 소형 도시들도 혐기성 소화조를 이용하는 추세다. 로스앤젤레스 북쪽의 '샌 루이스 오비스포'라는 해안 도시는 인구 4만 7,500명 정도인데, 도시에서 나오는 전체 음식물 쓰레기를 민간에서 운영하는 처리 시설로 보낸 후, 600가구에 연료를 공급할 수 있을 정도로 충분한 가스를 회수한다.

음식물 쓰레기를 규모 있게 새로운 용도로 활용할 수 있는 효과적인 방법으로 퇴비화를 꼽을 수 있다. 퇴비화는 음식물 쓰레기를 영양분이 풍부한 토양으로 되돌리는 순환형 시스템의 대표 사례다. 2013년 블룸버그 행정부에서 시작한 노변 음식물 쓰레기 수거 프로그램은 도시 주민의 10퍼센트 이상 참여할 만큼 성장했고, 시의회는 이 서비스를 도시 전역에 확대할 것을 제안하고 있다. 수거된 음식물 쓰레기는 대부분 현지 퇴비 시설에서 처리되고, 영양분이 풍부한 퇴비는 현지 조경업체에 판매된다. 시민 참여율 10퍼센트가 많지 않게 느껴질 수 있겠지만, 사람 수로 따졌을 때 80만 명이 참여한다는 의미다. 80만 명이면, 대다수의 미국 도시 전체 인구보다 많은 숫자다. 2009년 모든 사업체와 거주지에 퇴비화를 의무화한 샌프란시스코에서는 도시에서 발생하는 음식물 쓰레기와 작업장에서 비롯되는 유기 폐기물을 토양의 퇴비로 이용한다. 그렇게 영양분이 많아진 토양은 센트럴 밸리의 포도밭과 농가에 판매되고 있다. 포도주 제조업자들은 포도를 재배하는 '토양(terroir, 테루아르)'에 따라 와인의 독특한 향이 천차만별이라고 입에 침이 마르도록 이야기한다.

영국 식물학자 앨버트 하워드 경은 대표적인 저서 『토양과 건강 *The Soil and Health*』에서 이렇게 적었다. "세계는 두 개의 적대 진영으로 나뉘어 있다. 이 거대한 갈등의 뿌리에는 우리 세대의 도덕적 무결성을 파괴한 분열의 악이 있다." 그는 결론에서 "너덜너덜해진 세계에 평화와 화합을 다시 불러올 수 있는, 그간 잊고 살아온 가치에 관심을 두는 것도 결코 어리석은 일이 아닐 것이다. 우리는 반드시 미래를 계획할 때 먹거리에 관심을 두어야 한다." 비록 대중의 인식을 바꾸고 먹거리와 환경운동에 대한 모멘텀을 얻기까지 수십 년이 걸렸지만, 분명한 것은 순환형 식량 경제를 혁신하는 지원 군단이 거대한 힘을 실어주고 있다는 사실이다.

지속 가능한 옷장

나는 '더 리뉴얼 워크샵The Renewal Workshop'의 공동창립자 니콜 바셋Nicole Bassett을 만나러 오리건주의 캐스케이드 락스에 위치한 본사를 방문할 기회가 있었다. 회사에 대한 소개를 들으며, 공장이 작고 외딴 시골이라는 얘기를 듣고 놀랐다. 그 마을은 포틀랜드에서 차로 대략 한 시간 정도 떨어진 곳이었다. 넓디넓은 숲 한가운데 위치한 시골 마을 옆에는 후드강이 흐르고 있었다. 마을 인구는 천 명을 조금 넘는 수준이었다. 그럼에도 불구하고 바셋과 또 다른 공동창립자 제프 덴비Jeff Denby가 이룩한 사업은 패션업계에서 크게 번창하고 있었다. 100퍼센트 현지 인력을 고용하고, 주요 브랜드사와 협력하며, 놀라운 사업모델을 운영 중이다.

업사이클링 패션 회사 '더 리뉴얼 워크샵'은 순환형 패션 사업 방식으로 혁명을 일으키는 혁신기업의 대표 사례다. 패션업계도 사치하고 낭비하는 관행을 파격적이고 이윤을 남기는 방향으로 전환할 수 있다는 사실을 보여주고 있다. 리뉴얼 워크숍은 20개의 의류 브랜드와 제휴를 맺고 있다. 노스 페이스North Face, 칼하트Carhartt, 이글 크릭Eagle Creek, 마라 호프만Mara Hoffman, H&M의 상위 패션 라인 코스Cos가 대표적인 협력 브랜드다. 이 브랜드들은 더 리뉴얼 워크숍과 손을 잡고 각 기업의 손상된 미판매 재고와 반품된 상품을 가공하여 새로운 제품으로 만들고 있다. 바셋은 내게 패션업계의 관행을 알려주었다. 옷에 단추 하나만 떨어져도 손상제품 및 반환품으로 지정하고는 폐기 처분하거나 소각한다는 것이다. 브랜드사들과 유통업체들은 일일이 옷을 수선하거나 반환품을 새것처럼 세탁할 인력을 보유하고 있지 않다. 그러니 의류 폐기량이 천문학적인 수치에 달하고, 주주들이 감당하는 비용도 상당히 높다. 바셋은 이와 같은 관행에 대해 듣고는 치를 떨었다. 다양한 업계에서 여러 업무 경험이 있지만, 한때 파타고니아에서 사회적 책임 매니저로 활동했기 때문에 더더욱 심기가 불편했다. 제품 쓰레기 문제, 나아가 주주에 대한 재정적 손실은 1960년대, 1970년대, 나아가 1980년대에 개발된 낙후된 제조 공급망에서 비롯되었다. 당시만 해도 신흥경제국에서 터무니없게 낮은 인건비를 최대한 활용할 수 있었다.

더 리뉴얼 워크숍에서는 모든 품목을 도착 즉시 꼼꼼하게 검사한 다음, 테르수스 솔루션Tersus Solutions을 이용한 기계에서 세척한다. 테라수스 솔루션은 자원 순환형 시스템을 통해 물을 사용하지 않고 액체 형태의 이산화탄소를 이용하는 기술이다. 섬유에 훨씬 덜 해로운 세척 방법이기도 하다. 이 과정을 거친 의류는 첨단 '봉제 기술'을 이용해 수선한다. 재활용을 위해 보내진 의류이지만 엄격한 품질 기준에 따라 '리퍼브'를 할 수 없는 옷에 이 기술을 적용하면 된다. 대부분의 리퍼브한 의류는 '더 노스 페이스 리뉴드 라인The North Face Renewed Line'과 같은 중고 거래 사이트를 통해 구매할 수 있다.

'케스케이드 록스Cascade Locks'에서 사업을 하는지 물었다. 바셋은 "인생에서 내가 가장 좋아하는 순간은 황야에 있을 때"라고 답했다. 그녀의 남편도 같은 생각이라고 했다. 바셋이 수상레저 기구인 카이트보드kiteboard 제조업체 중 한 곳이 그리 멀지 않은 곳에서 생산시설을 갖추고 있다는 얘기를 들었다. 후드강은 실제로 윈드서핑의 메카로 이용되고 있다. 캐나다의 퍼스트 네이션First Nations 부족 중 하나인 웻스웨텐Wet'suwet'en의 영토에서 멀지 않은 브리티시 컬럼비아주의 시골 야생 환경에서 성장하는 동식물에 대해 경외심을 갖게 되었다. 그녀의 어머니는 웻스웨텐 부족 마을에서 물건을 사오곤 했다. 어느 날 어머니는 딸 바셋을 부족의 천연 한증막인 '정화움막sweat lodge'에 데려갔다. 바셋은 그곳에서 "부족 사람들과 대지의 상호관계는 존중과 경외심으로 가득 차 있었다"고 말했다. 그리고 나서는 패션 사업에서 낭비를 줄일 방법을 찾기로 결심했다. 습니다. TED 강연에서 말했듯이 "우리는 오늘 아침 옷을 입은 행동만으로도 지구를 손상했기 때문이다."

캐롤라인 브라운이라는 패션계 베테랑을 소개한다. 그녀는 패션업계에 만연한 낭비의 문제를 해결하고, 낭비를 줄이려고 노력하는 과도기에 있는 기업들을 위해 수익 창출의 문을 열어주는 것을 인생의 미션으로 삼았다. 나는 그녀의 가치관이 우리 회사 클로즈드 루프 파트너스의 미션과 맞아 떨어진다는 생각을 했고, 그녀를 우리 회사의 전무managing director로 영입했다. 도나 캐런Donna Karan, 캐롤라이나 헤레라Carolina Herrera, 아르키스Akris를 비롯한 여러 브랜드의 CEO로 재직하며 20년 이상의 경험을 쌓은 그녀는 패션 산업을 변화할 수 기회를 명확히 인식하고 있다. 캐롤라인은 뉴욕에서 자랐고, 모든 패션 트렌드를 따라가는 걸 즐겼다. 컬러풀한 멜빵 바지에서부터 아기천사가 두 명 그려진 로고가 인상적인 피오루치Fiorucci 티셔츠와 특별한 빈티지 패션에 이르는 다양한 패션을 소화한다. 그녀가 옷에 매료된 이유는 "패션 그 자체의 멋이 아니라, 문화, 소중한 순간, 사람들의 가치관을 나타낼 수 있는 옷의 능력 때문이다"라고 말했다. 조르지오 아르마니에서 10년간 일하며 경력을 시작한 그녀는 사업의 복잡성에 호기심을 갖게 되었다. 그녀는 "패션 회사를 성공시키려면 창의성과 사업성이 완벽한 조화를 이룬 상태에서 멀티 태스크가 순조롭게 진행되어야 한다"고 말했다. 메가 브랜드로는 최초로 럭셔리 라인에서부터 아동복, 청바지, 가정용품, 고급 레스토랑, 초콜렛에 이르는 다양한 사업을 진행하며 '아르마니 왕국'이 건설되는 긴 여정에서 총괄직을 역임하기도 했다. 그녀는 브랜드의 성공 비결로 '뛰어난 기업가적 비전, 사업 방침, 그리고 근성'을 꼽았다.

캐롤라인은 수년 동안 전 세계를 다니며 사업 운영의 노하우를 파악하면서 깊이 깨달은 사실이 있다. 패션업은 현재 기존 관행을 탈바꿈할 수 있는 전례 없는 기회를 맞이하고 있다는 점이었다. 18세기 후반 옷을 공장에서 본격적으로 대량 생산한 이후, 의류 교역은 세계 경제에서 가장 환경적으로 피해를 주고, 인간의 영향이 가장 큰 분야가 되었다.

실제로 작업 환경이 처참한 의류 공장이 허다하다. 열악한 상황에 대해 주요 언론은 주기적으로 보도하기도 했다. 최근 기억으로는 2013년 4월 방글라데시 다카에 있는 8층짜리 라나 플라자 공장Rana Plaza factory 단지가 붕괴되었다는 소식이 들려왔다. 사상 최악의 공장 참사로 1,134명의 근로자가 숨지고 2,500명이 상해를 입었다. 근로자 중 80퍼센트는 20대 초반의 여성이었고, 하루 평균 급여는 1.50달러가 조금 넘었다고 했다. 그 사건 이후 의류 공장의 상황이 대폭 개선되었다. 방글라데시, 중국, 베트남 및 기타 제조 중심국의 여러 공장에서 근로 상황이 나아졌다는 소식이 들려왔다. 게다가 일부는 최첨단 시설을 갖추게 되었다. 그러나 여전히 노동착취와 학대가 만연한 공장이 많다. 개도국만의 상황은 아니다. 패션 평론가 다나 토마스Dana Thomas는 저서 『패셔노폴리스Fashionopolis』에서 의류업계의 현황을 냉철하게 분석하면서, 2016년 미국 노동부가 대부분 불법 이민자들을 고용해 최저 임금보다 훨씬 낮은 임금을 주는 로스앤젤레스 노동착취 공장sweatshop에 단속 조치를 취했다는 내용을 실었다.

그렇다면 의류업은 어느 정도로 환경에 악영향을 주고 있을까?

전 세계 온실가스의 약 10퍼센트가 의류업계에서 배출하는 것이라고 한다. 게다가 세계 산업 수질 오염의 17~20퍼센트가 섬유 의류업에서 야기된다. 여전히 가장 흔하게 사용되는 독성 섬유 염료 때문이다. 염색 공정에 물도 과도하게 사용되고 있다. 매년 지중해 면적의 절반에 해당하는 물이 사용된다는 연구 결과도 있다. 게다가 직물 자체가 오염을 일으키기도 한다. 현재 다양한 형태의 플라스틱인 '합성섬유'가 다수의 의류에 이용되고 있다. 전 세계 수로에 축적된 미세플라스틱 중 3분의 1이 의류에서 배출되는 것이다. 미세플라스틱은 0.05밀리미터에서 10나노미터로 매우 작다. 해양 먹이사슬의 밑바닥을 차지하는 단백질로 구성된 플랑크톤 정도의 크기다. 따라서 해양 동물들이 플랑크톤을 먹을 때 미세플라스틱도 쉽게 삼키게 된다. 카슨이 해양 오염의 심각성을 폭로한 후 수년이 흘렀어도 현재까지 미세플라스틱에 PCB, DDT와 같은 잔류성 유기오염원이 흡착되어 있다는 사실이 밝혀졌다. 연구원들은 심지어 남극을 포함한 전 세계 어패류에서 고농도의 플라스틱 섬유 잔해를 발견했다. 그렇다면 이 조각들이 어떻게 우리의 옷장에서 바다로 갈 수 있을까? 우리가 입는 옷이 세탁기에서 돌려질 때마다, 섬유 조각들이 옷에서 떨어져서 곧바로 상수도에 배출된다. 결과직으로는 먹는 물에도 미세플라스틱이 함유되어 있다는 의미다. 약 70만 개의 미세플라스틱 섬유가 세탁기 한 번 돌릴 정도의 빨래에서 빠져나오는 것으로 추정된다. 미국인들이 평균적으로 매년 약 7만 개의 미세플라스틱 조각을 먹고 마신다는 의미다.

그렇다고 수질 오염의 원인은 합성 물질로 제한되지 않는다. 면화는 모든 농작물 중에서 가장 물과 비료를 많이 소비하는 작물 중하나다. 특히 곤충의 감염에 취약하기에, 연간 농약 약 20만 톤과비료 800만 톤을 토양에 뿌리는 것으로 추정된다. 면 셔츠 한 벌을생산하는 데 대략 물 2천7백 리터가 필요하다. 한 사람이 2년 반 동안 마실 물에 버금가는 양이다. 중앙아시아 아랄해의 경우, 물이 거의 말라버릴 정도로 물 손실 사태가 심각하다. 이는 목화 재배에 치명적인 영향을 가하고 있다. 우즈베키스탄은 세계 6위의 면화 생산국이 되었다. 그런데 그렇게 되기까지 면화 재배지에 아랄해의 엄청난 양의 물을 끌어왔지만, 막상 재배지의 관개 토양 상태가 면화 재배에 적합하지 않았다. 인간의 수자원 남용으로 인해, 한때 세계에서 네 번째로 큰 담수호였던 아랄해가 물이 거의 말라버려서 이전의 10퍼센트로 줄어들었다. 반기문 유엔 사무총장은 우즈베키스탄의 처참해진 아랄해를 둘러보고 "세계에서 유래를 볼 수 없는 최악의 환경 재해"라고 표현했다.

의류업의 오명이 오명에 시달리는 또 다른 이유는 전 세계적으로생산된 옷의 약 73퍼센트가 쓰레기 매립지에 버려지고, 비록 95퍼센트의 의류 폐기물이 재활용될 수 있음에도 불구하고 오직 1퍼센트만 재활용된다는 사실이다. 미국에서 매년 의류 폐기량은 1천270만 톤이다. 연간 미국인 1인당 버리는 옷이 약 32킬로그램(70 파운드)에 달한다.

한편, 공장에서 만든 의류 중 약 20퍼센트는 판매까지 이르지 못하게 폐기된다. 매립지로 보내거나 태워서 없애기도 한다. 그 옷 대부분은 쓰레기 매립지로 보내지거나 태워진다. 이 옷들을 '사장 재고dead inventory'라고 하는데, 의류의 총 손실 가치가 미국 소매유통 산업에서만 연간 500억 달러로 추정된다. 차라리 이 물건들을 자선단체에 기부하는 게 낫지 않을까? 그런데 의류기업들은 자기네 제품이 자선단체 굿윌Good Will과 구세군에서 헐값에 판매될 경우, 브랜드 이미지가 손상될 것을 우려한다. 이러한 이유로 초과 재고를 기부하더라도 주로 해외로 유통하는 편이다. 그런데 이렇게 기부한 물건들도 대부분 매립나 소각장에서 버려진다. 옥스팜Oxfam은 자선단체들이 해외로 보내는 옷의 약 70퍼센트가 아프리카 사하라 이남 지역으로 보내지지만, 양털 스웨터가 아프리카 기후에 부적합하거나 현지 스타일에 맞지 않는 경우가 많다고 보고한다. 아프리카 사람들 고유의 멋과 유행이 있는 법이다.

엘런 맥아더 재단Ellen MacArthur Foundation이 실시한 환경 조사에서는 이러한 과잉 생산과 폐기 추세가 이어진다면, 2050년까지 의류 산업은 매년 전 세계 '탄소 예산'의 4분의 1을 차지할 것이라고 밝혔다. 이게 말이 되는가. 수 세기에 걸쳐 옷은 장인 정신의 정수를 담은 결과물로 여겨졌고, 가장 소중한 물건으로 옷을 꼽는 사람들이 많을 정도인데, 어쩌다 옷을 만들어 파는 과정이 이 지경까지 왔을까?

지난 20년 동안 패스트 패션의 급격한 증가 추세에 대해 비난의 목소리가 거셌다. 충분히 비난받을 만하다는 생각이다. 5달러짜리 치마와 10달러짜리 재킷은 저녁 식사 도중에 갑자기 솔기가 터질 정도로 얇다. 그러나 듀폰E. I. du Pont de Nemours and Company이 세계 최초의 100퍼센트 합성섬유 나일론을 발명한 계기로 옷을 몇 번 입고 버리는 문화가 만연해졌다.

인류 최초의 기적적인 섬유 개발

듀폰은 이 놀라운 새로운 직물이 단순히 석탄 잔류물, 공기, 물로 만들어졌다고 발표했지만, 개발 자체가 단순하지도, 자연스럽지도 않았다. 듀폰은 하버드대학교의 윌리스 H. 캐러더스Wallace H. Carothers 화학 교수를 영입해 이 프로젝트에 11년 동안 연구한 과학자 230명으로 구성된 팀의 총괄직을 위임했다. 그들은 직물로 짜여질 수 있는 '중합체polymer라고 불리는 긴 분자 사슬을 인위적으로 연결하는 방법을 발견했다. 또한 듀폰은 1939년 만국박람회에서 나일론의 혁명적인 자질을 부각하는 비용을 아끼지 않았다. 박람회에서는 웨스팅하우스[Westinghouse, 1886년 설립된 미국에 위치한 세계적인 원자력발전소 제작회사]의 약 2.13미터(7피트) 높이의 말하는 로봇 '일렉트로Elektro'와 같이 호화로운 미래형 전시물을 선보였다. 이 로봇은 7백 개의 단어를 구사하고 구경하는 청중에게 "내 뇌는 당신의 뇌보다 더 큽니다"라고 발표했다. 그러나 전 세계 언론의 관심을 사로잡은 것은 따로 있었다. 바로 듀폰의 나일론 전시품이었다. 듀폰의 전시 부스에서는 재봉사들이 나일론을 소개하고 있었다. 여성 모델들은 나일론만 착용했고, 원단의 강도를 보여주기 위해 줄다리기를 하는 시연도 했다. 듀폰은 나일론이 "강철처럼 강하다"고 주장했다.

"여성의 심리는 알다가도 모르겠다"라는 다소 회의적인 어조로 나일론이 과연 인기를 끌 것인지 의문스럽다는 식의 언론 보도도 있었다. 어쨌거나 여성들은 나일론에 열광했다. 나일론은 "신고 뛰어도 '헤지지 않고no run', 담뱃불에 타지도 않는다"고 광고되었다. 나일론 스타킹 4천 켤레가 듀폰이 본사를 두고 있는 델라웨어 윌밍턴의 엄선된 매장 여섯 곳에서 1939년 한정 출시되었다. 여성 고객들은 몇 블록에 걸쳐 줄을 섰고, 제품은 세 시간 만에 매진되었다. 나일론의 원래 이름은 '누론nuron'이었다. 듀폰 나일론 부서의 부장이 '헤짐이 없다'라는 의미의 영어 'no run'을 거꾸로 써서 'nuron'으로 이름 지었다고 설명했다[그런데 이미 다른 기업에서 '누론'의 상표권을 보유하고 있었기 때문에 '나일론(nylon)'으로 교체해야 했다]. 보도에 따르면 한 여성은 판매원에게 한 켤레가 몇 년 동안 지속되느냐고 물었고, 당시 몇 번 신어본 경험이 있는 고객 몇 명은 나일론 스타킹의 지속력을 입에 침이 마르도록 칭찬했다. 그레이스 라이언스Grace Lyons라는 고객은 기자에게 "스타킹은 철 같아요. 1년은 신을 수 있어요"라고 말했다. 그런데 왜 요즘 나오는 스타킹은 올이 쉽게 나가고 잘 찢어질까? 듀폰이 어느 순간부터 사내 화학자들에게 '헤짐 방지력'을 감소하는 방법을 찾으라고 지시한 것이다. '계획된 진부화'가 다시 등장했다.

확실히 나일론의 강력한 존재감은 타의 추종을 불허한다. 듀폰이 미군으로부터 2차 세계대전 동안 스타킹 만드는 것을 중단하고 전체 나일론을 낙하산과 텐트용으로 생산하라는 지시를 받을 정도였다. 그 결과 스타킹 품귀 현상이 나타났다. 1945년 나일론 스타킹이 다시 판매되자, '나일론 폭동' 사태가 이어졌다. 전국의 쇼핑센터로 수만 명이 넘는 여성들이 몰려드는 일도 부지기수였다. 그러던 중, 피츠버그의 작은 부티크 상점에서 마지막으로 확보한 1만 3,000켤레의 스타킹을 사러 4만 명이 몰리면서 최악의 사태가 빚어졌다. 수잔나 핸들리Susannah Handley는 『나일론: 패션 혁명 이야기 Nylon: The Story of a Fashion Revolution』에서 "모든 직물의 역사에서 듀폰의 나일론만큼 즉각적이고 압도적으로 대중의 호응을 얻은 직물 제품은 없었다"라고 적었다.

화석 연료를 이용해 의류를 생산하면, 환경에 큰 타격을 준다는 사실에 대해 언론에서도 간접적으로나마 조명하기도 했다. 한 기자는 "만약 여러분이 요즘 새로 나온 나일론 스타킹을 신고 있다면, 광부보다 더 많은 석탄 먼지를 가지고 다니는 셈입니다"라고 했다. 언론에서 다시 한번 성차별적인 경멸의 뉘앙스를 풍긴 것이다. 그렇다고 반론을 주장하기도 쉽지 않을 것이다. 다른 화학 회사들은 그후 10년 동안 많은 새로운 합성물을 만들어내며 제2의 나일론으로 대박이 나길 꿈꿨다. 나일론 이후 가장 인기를 끈 직물은 폴리에스테르였다. 1951년 "68일 동안 다림질을 하지 않고도 새것처럼 보이는 기적의 직물"로 소개되기도 했다(그렇게 입어도 냄새가 안 난다는 얘기는 하지 않았다). 계속 입다가 69일째 되는 날 어떤 이상한 변화가 일어날지 호기심을 자극하기에 충분했다.

폴리에스테르는 석탄 추출물 대신 석유 화학물질로 구성되어 있다. 나일론이 이후에 만들어진 거의 모든 합성섬유도 석유 화학물질로 만들어졌다. 합성섬유는 천연섬유보다 제조 비용이 적게 들기 때문에 경쟁 우위를 지닌다. 그러나 무엇보다도 주름이 잘 지지 않는 편의성이 여러 장점 중 하나다. 2차 세계대전 이후 1950년부터 1956년 사이 미국에서 세탁기 판매율이 3배 이상 증가하자, '세탁하고 다리지 않고 입을 수 있는wash and wear' 옷의 판매가 발맞춰 급증하게 되었다. 세탁기에 넣지 않고 샤워하면서 간단히 손빨래할 수 있는 것이 큰 장점인 '젖은 상태로 건조drip-dry'해서 입는 옷도 인기를 누렸다. 세기의 멋쟁이이자 스타일의 교과서로 유명한 남성은 바로 배우 '캐리 그랜트Cary Grant'다. 그는 1963년 로맨틱 추리 영화 〈샤레이드〉에서 오드리 헵번과 주연을 맡았다. 그는 거품을 가득 묻힌 채 샤워를 하면서, 양복의 라벨에 붙은 세탁법을 유심히 읽으며 이렇게 말했다. "양복을 입고 샤워를 하면 양복 모양이 그대로 유지 되죠."

몇 년 후, 종이로 만든 원피스(종이로 만든 셔츠 칼라는 이미 1920년대에 도입되었다)가 등장했다. 편리하게 한 번 입고 버릴 수 있도록 만들어진 최초의 옷으로 타의 추종을 불허하는 편의성을 자랑했다. 1950년대에 종이로 만든 옷이 이목을 집중시켰지만, 1966년이 되어서야 본격적으로 인기를 끌기 시작했다. 스콧 제지 회사The Scott Paper company는 더 강력한 직조 종이를 개발했고, 새로운 직조 형태로 만들어진 소매 없는 A라인 '종이 의상Paper Caper'을 광고했다. 종이 의상은 1960년대 디자인을 반영한 두 가지 종류로 출시되었다. 하나는 기하학적으로 흑백의 '옵아트[Op Art, 빛, 색, 형태를 통해 3차원적인 다이내믹한 움직임을 보여준다]' 무늬가 들어간 옷이었고, 또 다른 하나는 눈에 띄게 밝은 빨강과 노랑 꽃이 들어간 두건Bandana이었다. 두 제품은 패키지 형태로 우편요금을 포함해 1.25달러에 판매되었다. 스콧 제지 회사는 예상을 초월해 물밀듯이 들어오는 주문량에 어안이 벙벙해졌다. 곧 경쟁사들이 우후죽순으로 생겨났다. 그중에서도 큰 인기를 거둔 제품이 있었다. 노스캐롤라이나주 서부에 위치한 '마스 오브 애슈빌Mars of Asheville'이라는 작은 회사의 제품이었다. '웨이스트 배스킷 부티크Waste Basket Boutique' 시리즈에는 단 끝이 바닥에 닿을 듯 말 듯 한 정도의 된 길이로 된 은색 종이로 만든 옷도 있고, 유명한 막대 사탕 브랜드 '베이비 루스Baby Ruth'라는 글자가 삽입된 옷들도 몇 벌 있었다. 과거에 업종 및 상호별 전화번호를 실은 '옐로우 페이지Yellow Pages'가 인쇄된 종이 옷도 실적이 좋았다. 잡지 《퍼레이드Parade》에 실린 종이 치마 광고의 핵심 광고 문안은 수수께끼 문제를 연상시켰다. "나는 누구일까요? 색깔은 흑백이고 모든 사람이 읽습니다[What's Black and Yellow and Read all over, '읽다'의 'read'가 '빨간색'의 'red'는 동음이의어로, 해당 광고 문구는 '블랙, 화이트, 레드가 사방에 보인다'고도 해석할 수 있다]"라고 나왔다. 회사는 그날 하루에만 2만 5천 개의 주문을 받았고, 다음날 5만 건을 추가로 팔았다. 의류 관리 라벨에는 안전상의 이유로 '세탁하지 마세요DO NOT WASH'라고 표기되어 있다.

얼마 지나지 않아 종이로 만든 바지 정장이 유행을 일으켰다. 〈마이애미 헤럴드Miami Herald〉 신문의 한 컬럼니스트가 사람들이 처음에는 품이 넉넉한 7부 종이 바지를 입고, 그 다음에는 종이 반바지를 입다가 마지막에는 섹시한 종이 비키니를 입게 되더라도 "이 옷을 입고 수영은 안 됩니다"라는 경고가 무색할 만큼이라고 표현할 정도로 종이 의상의 인기는 지속됐다. 그러나 1968년이 되자 종이 옷에 대한 열기가 점차 사그라들었다. 아마도 낸시 헤이필드Nancy Hayfield 기자의 발언 — "종이 원피스를 처음 입었을 때, 분명 찢어질 것 같았는데 찢어지질 않았다. 그런데 가장 최근에 입어보니 찢어지더라" — 때문인지 열풍은 잦아들었다.

따라서 패스트 패션이 쉽게 사서 몇 번 안 입고 버리는 '일회용 의류'의 대표 명사는 아니지만, 종이 원피스만큼은 일회용 의류의 상징으로 여길 수 있을 것이다. 실제로 달러로 환산했을 때, H&M이 판매하는 4.99달러짜리 민소매 저지 드레스는 스콧의 종이 옷보다 약 2.5달러 저렴하다. 패스트 패션은 '몇 번 쓰고 버려야 하는 제품'을 더 낮은 비용으로 생산하는 사업 모델의 정점이기도 하다. 1990년대 미국과 유럽의 의류 브랜드들이 아시아로 생산시설을 옮기면서 다른 소비재 가격 대부분이 상승했음에도 의류 가격은 급감하기 시작했다. 상품에 대한 '소비자 물가 지수Consumer Price Index'는 지난 20년간 63퍼센트 상승했지만, 의류 가격은 3.3퍼센트 하락했다. 물가상승률을 감안하면 실질적으로 의류 물가는 41퍼센트 하락했다는 의미다. 저가 브랜드들의 가격 하락세가 훨씬 더 가파르긴 했지만, 많은 유명 브랜드들의 제품가격도 상당히 떨어졌다. 예를 들어, 브룩스 브라더스Brook Brothers의 남성 정장 중간급 제품의 경우, 1990년대 중반에는 약 600달러였다. 물가상승률을 고려하면, 오늘날 제품가격이 약 960달러에 달한다. 그런데 2020년 중반 기준, 판매 가격이 300~350달러밖에 되지 않았다. 그 결과 1990년 기준, 미국인들이 평균적으로 수익의 12~14퍼센트를 옷값에 지출하고 있지만, 현재는 약 3퍼센트만 지출하는 셈이다. 일반 소비자들이 2000년보다 매년 60퍼센트 더 많은 옷을 구입하고 있다는 사실에도 소득 대비 의류가 차지하는 비중이 훨씬 낮아졌다. 한편, 의류 한 벌당 평균 착용 횟수는 급감했다. 작가 엘리자베스 클라인 Elizabeth Cline은 『나는 왜 패스트 패션에 열광했는가Overdressed』에서 의류 소비 열풍을 폭로하고 있다. 미국인들이 보유하는 옷 70퍼센트를 서랍과 옷장에 넣어 두고 거의 입지 않는다고 했다.

우리는 최신 유행에 대한 동경과 갈망을 품고 있다. 근거가 있다. "우리가 먹는 것이 우리 자체다"라는 말이 있듯이, 서로에 대한 인상과 인식 차원에서도 "입는 옷이 우리 자체다"라는 점에 수긍할 것이다. 심리학 연구에서는 우리가 입는 옷에 대한 상대의 반응이 무의식적으로 다양한 효과를 가져온다는 사실을 밝혔다. 상사와 비슷한 복장을 한 부하직원들이 더 빨리 승진하고, 자신과 비슷한 느낌의 옷을 입은 사람들이 돈을 빌려달라는 요청을 할 때 더 쉽게 응한다고 한다. 옷의 색깔도 인상에 영향을 미친다. 예를 들어, 남성과 여성 모두 일반적으로 빨간색 옷을 입은 사람들을 더 매력적이라고 평가한다는 사실이 연구에서 드러났다. 심지어 빨간색 티셔츠를 입은 여종업원들이 다른 색깔의 여종업원들보다 남성 고객으로부터 더 높은 금액의 팁을 받는다는 사실을 발견했다.

옷은 스스로에 대해 느끼는 감정과 생각에도 영향을 준다. 심리학자들은 '착용자 인식enclothed cognition'에 대한 심리적 현상을 연구해 왔다. 우리가 입는 옷이 자기 평가, 기분 그리고 다른 사람들과의 상호 작용에 미치는 영향을 뜻하는 현상이다. 예를 들어, 맞춤 정장을 입을 때 사람들은 좀 더 집중하고 분석적인 사고방식을 갖게 되는 것으로 나타났다. 흰색 실험복을 입을 때 인지 능력이 향상된다는 연구 결과도 있다. 실험복을 입은 연구진 그룹과 캐주얼한 길거리 패션 의류를 입은 연구진 대조군을 비교했더니, 전자가 작업에서 실수를 덜 하는 것으로 나타났다.

그나마 다행인 점은 옷에 대한 사람들의 인식과 태도가 빠르게 변하고 있다는 것이다. 스타일리시하고 값싼 의류가 엄청난 성공을 거둔 비결은 주머니 사정에 상관없이 누구나 사 입을 수 있다는 점이다. 최신 유행을 따를 형편이 안 되던 사람들마저 멋을 부릴 수 있는 기회를 선사했다. 이 부분은 높이 평가받아야 한다. 그러나 패스트 패션이 환경에 가하는 소름 끼치는 복수가 하나둘 드러나면서, 값싼 옷의 장점을 부각하던 마케팅도 방향을 급선회했다. 특히 밀레니얼 세대는 지속 가능한 옷을 사겠다는 강한 의지를 나타내고 있다. 여러 설문조사에서 지속 가능한 방식으로 생산된 옷에 기꺼이 더 많은 돈을 쓴다고 밝혔다. 캐롤라인 브라운이 내게 보여준 구글 검색 결과를 봐도 지속 가능한 의류에 대한 그들의 관심이 높다는 걸 알 수 있었다. 대략 2014년부터 '저렴한 옷'에 대한 검색은 급격히 감소했지만 '지속 가능한 옷'에 대한 검색은 급증했다. 2017년은 지속가능성에 관한 관심이 본격화되었고, 지속 가능한 제품에 대한 검색은 그 이후로 급증했다.

2017년부터 지금까지 의류업에서도 스텔라 매카트니Stella McCartney, 아일린 피셔Eileen Fisher, 파타고니아의 이본 쉬나르Yvon Chouinard와 같은 지속 가능한 패션 선구자들의 발자취를 따라 지속가능성에 관한 관심이 폭발적으로 증가했다. 스타트업 창업자들을 위해 사업을 '스케일 업scale-up' 하도록 지원하는 혁신 액셀러레이터(accelerator, 보육기관) '패션 포 굿Fashion for Good'의 경우처럼, 지속 가능한 의류 혁신의 선두에 작고 영세한 스타트업들이 있다. 이들은 아디다스, 케어링Kering, PVH, 샤넬, 타겟Target, 스텔라 매카트니 등의 브랜드로부터 자금 지원을 받고 있다. 영국에 본부를, 100여 국가에 지부를 둔 글로벌 비영리 단체 '패션 레볼루션Fashion Revolution'은 매년 '패션 레볼루션 위크Fashion Revolution Week'를 개최하여, 방글라데시 다카에서 발생한 '라자 플라자Rana Plaza' 공장 참사를 추모한다. 이 외에도 안 입는 옷을 바꿔 입는 의류 교환 행사 등을 개최해 지속 가능한 의류에 대한 인식을 고취하고, 트위터 해시태그를 통해 #WhatsInMyClothes(내 옷장 속에 있는 옷)과 같은 메시지를 꾸준히 올린다.

순환성의 원칙에 기반해 혁신적인 사업모델을 실행하며 큰 성공

을 거둔다는 점이 특히 고무적이다. '리커머스recommerce, 상품을 재
판매하거나 임대해 재사용하도록 지원하는 사업으로 중고 거래, 재판매, 임대를 포
괄한다)'도 전도유망한 사업모델이다. 미국 패션 의류 대여 업체 '렌
트 더 런웨이Rent the Runway'의 매출 상승세만 봐도 이 분야의 잠재력
을 알 수 있다. 귀니 비Gwynnie Bee, 르 토트Le Tote, 하베다시Haverdash
와 같은 경쟁사들도 강력한 팔로워 기반을 구축하고 있다. 현재
앤 테일러Ann Taylor, 어반 아웃피터스Urban Outfitters, 바나나 리퍼블릭
Banana Republic을 비롯한 여러 주요 브랜드들도 의류 대여 서비스를
제공하고 있다. 임대 시장이 성장함에 따라 의류 폐기물을 제거할
수 있는 잠재력은 엄청나다. 서른 번 정도 대여한 품목도 있지만, 서
너 번 정도 대여한 품목이 대부분이라고 한다. 의류 임대기업들은
최대한 내구성이 좋은 옷을 매입하려고 한다.

의류 생산과 유통 전반에 걸쳐 놀라운 혁신이 일어나고 있다. 보
스턴 컨설팅 그룹의 2020년 보고서에서는 "패션에서 완벽한 혁신
과 기회의 폭풍이 일고 있다"고 결론지었다. 캐롤라인이 말했듯,
"위대한 변화는 중요한 순간에 일어나는데, 지금이야말로 패션의
변화가 일어나는 시점이다." 그녀는 음반 산업의 판도 변화, 그리고
유기농 식품과 현지 농산품에 대한 소비자들의 높은 관심처럼 의류
업에도 대대적인 변화가 일고 있다고 생각한다.

패션계, 생태계 서비스를
회계에 반영하는 추세 반영

패션계에서 전 푸마Puma CEO 요헨 자이츠Jochen Zeitz 만큼 기업의 비전에 변화를 가하는 데 적극적인 사람은 없을 것이다. 30세 때 푸마의 대표를 맡게 된 그는 독일 역사상 최연소 CEO였다. 독일에서 가장 유명한 브랜드 중 하나였던 푸마의 운명이 그의 손에 쥐어졌지만, 회사 미래는 불투명한 상황이었다. 1993년, 축구 전설 '펠레'에서 농구 아이콘 '왈트 프라이저', 테니스계의 거장 '마르티나 나브라틸로바'에 이르기까지 최고의 운동선수들이 푸마를 홍보해왔지만, 어느 순간부터 중저가 브랜드로 낙인찍히면서 결국 파산의 문턱까지 가게 되었다. 자이츠 대표는 그가 합류했을 때 직원들이 "실패와 부정적인 생각이 회사 건물 벽에 달라붙은 것 같은 느낌"을 갖고 있었다고 회상했다. 하지만 그는 대표가 되기 전에 3년 동안 푸마의 마케팅 디렉터로 일하면서, 푸마를 패션 감각이 있는 '스포츠 라이프스타일' 브랜드로 바꾸리라는 비전을 갖고 있었다. 그가 뽑은 칼은 완전히 새로운 종류의 의류 카테고리인 '애슬레저[athleisure, 애슬레틱athletic과 레저leisure를 합친 스포츠웨어 용어로, 스포츠웨어와 일상복의 경계를 허문 가벼운 스포츠웨어를 이르는 말]'였다. 2019년, 애슬레저의 시장 규모는 대략 1,550억 달러이고 여전히 빠르게 성장하고 있다. 현재는 패션 역사상 가장 성공적인 혁신 중 하나로 손꼽히는 카테고리가 되었다.

자이츠 대표는 소심한 성격과는 거리가 멀다. 그의 말을 빌리자면, 푸마 이용자들이 섹시한 '스트리트 운동화'를 신고 거리를 활보하길 바라는 마음에서 그는 알렉산더 맥퀸Alexander Mc-Queen과 같은 엣지 있는 디자이너들에게 약간 과하다 싶을 정도로 컬러풀하고 화려한 스타일을 의뢰했다. 모델이 되고 싶다는 유명 인사들의 문의가 이어졌다. 지금이야 '세계에서 가장 빠른 사나이'로 알려진 스프린터 우사인 볼트지만, 당시 만해도 무명 선수였던 그는 푸마와 연간 150만 달러의 장기 계약을 맺었다. 자이츠 대표는 그를 글로벌 광고 모델로 투입했다. 5년 후, 볼트는 베이징 올림픽 100미터 및 200미터 결승에서 금메달을 땄고, 전 세계 사람들이 볼 수 있도록 자신의 황금빛 푸마 운동화에 입맞춤했다.

자이츠 대표는 탄소 발자국을 상쇄하는 노력에도 파격적인 행보를 보였다. 기업이 환경에 얼마나 도움이 되는지를 평가하는 환경 손익계산서Environmental Profit & Loss, EP&L 평가를 의뢰하기도 했다. 그는 내게 "우리 회사 건물 지붕에 태양광을 설치했어요. 와서 보세요'라고 생색만 내는 대표가 되기 싫다"고 말했다. 그가 중시하는 환경 손익계산서는 기업의 제조와 판매 활동이 사회에 제공하는 손익을 투명하게 공개한다. 그는 상당한 비용을 들여 환경 손익 평가를 받았고, 푸마가 사회에 미치는 총 환경적 영향을 연간 1억 4천 5백만 유로로 추산하여 2011년 공식 발표했다. 세부 평가 결과를 누구나 확인할 수 있도록 온라인에 게시하기도 했다. 환경 손익계산이라는 개념이 생소하던 시절, 소비자 수요를 훨씬 앞서 푸마는 투명성에 대한 혁신적인 새로운 기준을 설정한 셈이다. 캐롤라인은 푸마가 업계에 미친 파급효과를 회상하며, "오늘날 투자 회사가 투자 여부를 결정할 때 명확한 근거를 확인할 수 있다. 그렇게 투명하게 공개하기엔 배포가 필요한 시절이었는데, 그는 훌륭한 선례를 남겼다"고 말했다.

자이츠 대표는 내게 "지속가능성은 당연히 실천해야 하는 책임이기도 하지만, 최고의 직원을 오래 유지하고 회사가 주주 가치를 제공하는 것, 그 이상의 역할을 한다는 메시지를 고객에게 전할 수 있는 수단"이라고 굳게 믿는다고 했다. 그렇다고 주주 가치를 신경 쓰지 않는 건 아니다. 오히려 푸마의 주가는 취임 당시 10.86달러였지만, 2011년 그가 푸마의 최대 주주이자 다국적 대형 패션 지주회사 '케어링Kering'의 지속가능성 총괄 책임자로 이직을 결정한 시점에는 442달러로 오른 상태였다. 그는 새로운 역할을 맡자마자 케어링의 환경 손익계산서 내역 전반을 온라인으로 확인하는 시스템을 구축했다. 케어링 그룹사의 환경 손익 결과를 보면, 2015년과 2018년 사이에 온실가스 배출량이 77퍼센트 감소했음을 알 수 있다.

의류 브랜드가 환경에 미치는 영향을 측정 및 보고하고, 지속가능성을 강화하는 가장 적합한 목표를 설정하도록 지침을 제공하기 위해 여러 관련 평가 도구가 많이 개발되었다. 대표적으로 지속 가능한 의류 연합Sustainable Apparel Coalition, SAC이 개발한 '히그 지수[Higg Index, 의류 소재를 생산하는 데 들어가는 환경부담 요인을 나타내는 수치로, 히그 지수를 통해 소재가 생산부터 폐기까지의 전 과정에서 얼마나 친환경적인지 파악한다'다. 내가 개인적으로 생각하기에 투명성 혁신에서 쓰임새가 많은 기술도 있다. 친환경적 디자인을 추구하는 바네사 바보니 할릭 Vanessa Barboni Hallik이 설립한 지속 가능한 럭셔리 패션 브랜드 '어나더 투모로우Another Tomorrow'의 QR 코드 라벨 방식이다. 코드를 스캔하면 유기농 면이나 윤리적으로 생산된 모직의 원산지를 확인할 수 있다. 푸마의 자이츠 대표가 이상적으로 그리는 미래의 모습과 닮아 있다. 모든 의류에 제작부터 유통 전 과정에 걸친 환경보건 정보를 담은 라벨을 부착한다. 현재 거의 모든 식품에서 영양 성분을 제공하는 것과 유사한 방식이다. 하지만 이에 그치지 않고, 온실가스 배출과 수질 오염에 얼마만큼의 영향을 미치는지를 세부적으로 표기한다. 이렇게 지속가능성에 관한 이상향을 꿈꾸던 자이츠 대표는 2020년, 할리-데이비슨Harley-Davidson의 CEO로 임명되었다.

푸마는 자사의 환경 손익계산서를 공개하며, 자성의 목소리를 냈다. 푸마가 초래한 환경 피해의 57퍼센트가 자사가 매입한 원자재의 생산과 관련되었다는 내용이었다. 특히 신발 가죽의 원료를 얻기 위해 소를 키우는데, 소에서 배출되는 메탄가스 양이 상당하다. 본격적으로 의류 생산이 미치는 영향을 논하기 전에, 생산 원료 단계에서부터 환경을 생각해야 한다는 각성이 커진 세상이 된 것이다. 의류업에서 가장 역동적인 혁신은 바로 '자연적이고 지속 가능하며 심지어 재생적인 방식으로 재배한 원료로 만드는 새로운 직물' 분야에서 나타나고 있다. 환경 손익계산서야말로 공급망에서 낭비와 비효율성을 식별하고 제거하는 효과적인 방법이다.

녹조가 있는데 면화가 왜 필요한가?

파인애플 줄기, 바나나 껍질, 버섯 뿌리, 커피 가루, 우유의 공통점은 무엇일까? '비건 직물[vegan fabric, 동물 학대와 착취 등을 통해 얻어지는 가죽과 모피의 소비를 반대하며 대안으로 선택한 직물의 원료]'의 붐을 일으킨, 직물에 사용되는 다양한 원재료다. 화학 박사 댄 위드마이어 Dan Widmaier가 운영한 벤처 기업 '볼트 스레드Bolt Threads'는 버섯 균사체에서 '마일로Mylo'라는 가죽 대체 원료를 개발했다. 스텔라 매카트니는 '팔라벨라Falabella' 핸드백 라인을 생산할 때 이 소재를 사용하고 있다. 폐 파인애플 잎사귀로 만드는 '피나텍스Pinatex'도 가죽 대체 소재로, H&M과 휴고 보스가 사용하고 있다. '오래된 모든 것이 다시 새것이 되다Everything old is new again'라는 격언처럼, 이 직물 중 일부는 새로운 직물이 아니다. 원래부터 있었는데 재발견되었을 뿐이다. 콩 폐기물로 만든 '콩 캐시미어'는 1937년 헨리 포드가 포드 자동차의 실내가죽을 개조할 때 만든 직물과 유사한 새로운 형태의 천연 캐시미어다. 바나나 섬유 직물은 버려진 바나나 껍질, 바나나 나무의 줄기와 껍데기로 만든다. 바나나 섬유가 면화와 합성 물질로 대체되기 전까지 일본에서 수 세기 동안 인기를 끌기도 했다.

내 호기심을 가장 자극하는 새로운 직물 원료를 소개한다. 재배하는 데 에너지와 물이 제한적으로 필요하지만, 풍부하게 자랄 수 있는 매우 작은 식물이다. 바로 '미세조류[microalgae, 생물군 가운데 광합성 작용을 하는 단세포들의 총칭으로, 식물성 플랑크톤이 이에 해당되며, 사료용으로 많이 사용되는 것으로는 클로렐라, 스피룰리나 등이 있다]'다. 레나 그렙스 Renena Krebs와 오뎃 그렙스Oded Krebs는 해조류에서 파생된 직물을 개발하는 여러 혁신가들 가운데 부녀 혁신가로 알려져 있다. 두 사람은 원대한 꿈을 갖고 있다. "우리는 패션 혁명의 친환경 동력이 되고 싶다"고 레나 그렙스가 한 인터뷰에서 언급했다. 나는 그 기사를 읽고, 이 부녀를 꼭 만나야겠다고 생각했고 이들을 만나기 위해 이스라엘의 네게브 사막Negeve desert에 갔다. 자원의 선순환 고리, 즉 폐쇄형 루프가 어떠한 시스템으로 미세조류 배양에 활용되는지 직접 확인하고 싶었다.

네게브 사막은 혁신적인 아이디어를 제약 없이 실험해 볼 수 있는 최적의 환경을 갖고 있다. 모든 아이디어가 성공으로 이어지는 건 아니지만 창의성을 발휘할 수 있는 '테스트 베드testbed' 환경이다. 1948년, 다비드 벤구리온 신임 이스라엘의 총리는 "이스라엘의 창의성과 선구적인 활력이 시험될 곳은 네게브다"라고 선언했다. 실제로 네게브는 지구상에서 기후 및 환경 조건이 가장 극심한 지역이기 때문에 막대한 창의성과 활력이 요구된다. 모래언덕이 황량하게 펼쳐진 이 지역에는 강이나 호수도 없고 사해[死海, Dead Sea, 이스라엘과 요르단에 걸쳐 있는 염회]와 맞닿아 있을 뿐이다. 연간 강수량이 약 25밀리미터(1인치)도 안 된다. 기온은 여름에는 섭씨 48.9(화씨 120도)까지 치솟고 겨울에는 영하로 떨어진다. 현재 네게브에는 주요 도시가 설립되었고, 대학, 키부츠[kibbutz, 집단노동, 공동소유라는 사회주의적 생활방식을 고수하면서 이스라엘의 자랑으로 여겨진 집단농장], 다수의 자연 보호 구역, 그리고 혁신적인 회사들이 상주해 있다. 만약 네게브가 지속 가능한 조류 재배 중심지가 될 수 있다면, 몇 년 후면 완전한 순환형 직물 생산과 유통이 가능해질 것이라 기대해 본다.

오뎃과 레나 부녀는 '알징Algaeing'이라는 회사를 창업하기 위해 완벽한 노하우를 확보했다. 레나는 패션업계에서 15년 동안 업무 경험과 수상 경력이 있는 패션 디자이너고, 오뎃은 전 세계를 누비며 에너지 회사들과 공동으로 화석 연료에 대한 대안으로 식물성 바이오 연료 대체품(조류 연료)을 개발해 왔다. 그러나 의류 산업의 혁명에 촉매 역할을 하고 싶은 부녀의 열정, 그리고 비전을 성취하려는 레나의 끈질긴 결단에서 감동과 영감을 느꼈다.

레나는 자신이 사업가가 되리라고는 전혀 예상하지 못했다고 했다. 그녀는 이스라엘 셴카 공학 디자인 대학Shenkar College of Engineering, Design and Art에서 학부생으로 있을 때부터 국제 패션계에 졸업 작품 '온실효과Greenhouse Effect'로 센세이션을 일으켰다. 남성 정장과 서류 가방 위에 이끼가 자라고 있는 모습을 선보인 작품이었다. 두꺼운 린넨 천에 한 번 '심으면' 계속해서 자랄 수 있는 적절한 이끼 품종을 찾느라 6개월 동안 연구실에서 살다시피 했다. 프로젝트의 취지는 옷과 자연계 사이의 연결성에 대한 경각심을 일으키는 것이었다. 그녀는 내게 이끼를 선택한 이유를 설명했다. 물 없이 20~30년 동안 살 수 있고, 즉시 다시 살아나는 저력을 지닌 '기적 같은 식물'이기 때문이라고 했다.

레나가 만들고 싶은 의류 산업이 지구에 미치는 파괴적인 영향에

주의를 환기하며, "만들고 나서도 옷 자체에서 생명을 유지할 수 있는" 옷이라고 했다. 그녀는 어렸을 때부터 식물, 특히 이끼에 대한 애정이 남달랐다. 아버지가 이스라엘 북부의 작은 가족 농장에서 부업으로 비닐하우스에서 분재 나무를 키웠는데 그녀가 물을 주는 담당이었다. 분재 나무에 이끼를 심는 전통이 있듯, 오넷도 나무 주변에 이끼를 키웠다. 오넷도 자연계의 공생으로부터 배우는 것을 직업으로 삼고 있는 자연 애호가다. 그는 내게 "매일 식물을 만지는 일을 하다 보면, 식물계를 통해 자연이 우리에게 어떤 선물을 마련하는지 알게 된다"고 말했다.

레나는 자신의 옷 위에서 결코 이끼가 자랄 수 없다는 말을 들었지만, 단호하게 그것이 가능하다는 것을 증명하고 싶었다. 마침내 각고의 노력 끝에 옷에서 이끼가 자라는 모습을 보여 주었다. 디자인 시상식에서 작품을 선보이면서 국제적으로 헤드라인을 장식했다. 한 기자는 "레나 그렙스는 옷을 세탁하지 않고, 옷에 물을 준다"고 언급하기도 했다. 시상식이 뉴질랜드에서 개최되었는데, 이끼가 '유기물질'이므로 반입 금지 대상이었지만, 수개월 간의 설득과 협의 끝에 옷을 선보일 수 있었다. 그녀의 이 같은 끈기로 '알징'을 창업할 수 있었다.

상을 받기 전에도 그녀는 이 분야에서 오랫동안 몸담고 있었다. 독일 남부의 한 회사에서 디자이너로 여러 해 동안 일했고, 아시아의 직물 생산 허브 지역을 다니며 의류업에서 자행되는 '현대판 노예제도'와 독성 염료로 인해 강이 진홍색, 보라색 또는 주황색으로 변하는 모습을 목격했다. 그녀는 대학원 졸업 작품을 위해 흰 조류 원단을 만들었고, 그 원단에 대한 업계의 높은 관심에 힘입어 '알징'을 창업할 수 있었다. 2016년, 그녀는 창조적인 기업가들을 위한 세계권 대회인 '창업경진대회Creative Business Cup Challenge'에서 이스라엘 대표로 수상했고, 최종 5위 안에 들었다. 그다음에는 '패션 포 굿'이 운영하는 액셀러레이터 프로그램에 참여할 기회를 얻었다. 2019년에는 후속 '스케일 업' 프로그램에 네 명의 기업가가 선정되었는데, 그녀도 그 안에 들었다. 또한 2018년에는 패션의 지속 가능성에서 최고의 성과를 낸 기업을 지원하기 위해 H&M 재단이 매년 14만 유로를 수여하는 시상식에서 2018년 명예로운 '글로벌 체인지 어워드Global Change Award'를 수상했다.

그녀가 이렇게 인정을 받게 된 건 디자이너이자 브랜드 구축자로서 상당한 재능을 보유했을 뿐 아니라, 그녀가 아버지와 함께 개발한 직물 제작 기술이 의류업에 가져올 막대한 변화를 가늠했기 때문이다. 두 사람은 미세조류를 나무 펄프와 결합해 완전히 지속 가능한 방식으로 재배한다. 그런 다음, 미세한 그물에 이 혼합물을 걸러내 섬유를 만든다. 조류를 주요 성분으로 선택한 이유는 조류가 환경에 건강한 방식으로 자랄 수 있기도 하지만, 그녀의 말처럼 "엄청난 속도로 빨리 자라기" 때문이다. 두 사람은 사업에 적합한 협력업체를 물색하기 위해 여러 지역을 샅샅이 조사한 끝에, 네게브 지역의 한 생산업자로부터 조류를 공급받기로 했다. 이 지역에서 친환경 농업에 막대한 혁신을 보여준 결과, 네게브 사막이 지속 가능한 재배의 선두 지역으로 거듭날 수 있었기 때문이다. 예를 들어 '점적관개drip irrigation'의 경우, 가는 구멍이 뚫린 관을 땅속에 약간 묻거나 땅 위에 놓아, 작물 포기마다 물방울 형태로 물을 주는 지속 가능한 재배 방식이다. 최고의 효율로 물을 사용할 수 있기 때문에 전 세계 농가에서 기후 변화에 의한 심각한 물 부족 위기에 대처하는 바람직한 관개 방식이 되고 있다.

네게브는 2025년까지 전 세계적으로 53억 8천만 달러 성장이 예상되는 경쟁력 있는 의류업에서 세계를 선도할 만한 조류 재배 지역으로 자리매김했다. 나는 레나와 그녀의 아버지와 함께 아름다운 진홍색과 사파이어색의 조류 '밭'을 바라보았다. 조류가 길게 나란히 뻗어 있으면서, 배관을 통해 하류로 침투하는 모습이 보였다. 마치 지구 밖으로 뻗은 무지개처럼 펼쳐진 화려하고 아름다운 네덜란드 튤립밭이 떠올랐다. 물 공학의 원리에 대해 어느 정도 알고 있는 네덜란드인이라면, 조류 밭을 보고 감동할 것이라고 확신한다.

조류를 재배하는 시스템의 순환성은 레나와 그녀의 아버지, 즉 그렙스 부녀에게 매우 중요한 요소다. 배관은 물을 최적으로 보존하여 순환시킬 뿐 아니라 지속적으로 여과할 수 있다. 조류에는 어떠한 살충제도 투입하지 않는다. 이미 조류가 있는 물이 모든 해충을 여과해서 정화한 상태이기 때문이다. 지속 가능성과 대량 생산 가능성의 조합은 그렙스 부녀에게 조류 직물 제작이 대량 생산으로 이어질 수 있다는 믿음을 주고 있다. '알징'이 이 길의 선두에서 후발주자들을 이끌고 있다는 징후가 확실히 나타나고 있다. '알징'

은 현재 스포츠 의류와 침구류 및 수건을 생산하는 주요 브랜드와 함께 시범 사업을 전개하고 있다.

레나의 바람대로, 면(cotton, 목화)의 시기는 곧 사라질 운명에 놓였다. 그러나 사라지는 그날까지 재생 목화 재배에 관한 흥미로운 작업이 진행 중이다. 파타고니아는 인도의 여러 면화 재배업자들이 재생 목화 재배 방식으로 전환하는 과정을 지원하고 있다. 에일린 피셔Eileen Fisher는 재생 농업을 실천하는 농부들로부터 양모를 공급받고 있다. 회사의 '호라이즌 2030Horizon 2030' 선언문에서 재생 재배야말로 의류업의 미래를 위해 '선형성 대신 순환성을 선택'하는 비전임을 강조하고 있다.

옷을 만들 때 지구 건강에 좋은 재료를 사용하는 일은 시작에 불과하다. 이러한 옷을 오래 입고 재활용하는 노력도 매우 중요하다.

재사용과 재생

패션 산업에서 '리커머스' 사업을 확대하고 있는 혁신기업이 있다. 빠르게 성장하고 있는 중고 의류 공급 업체 '스레드 업Thred Up'이다. 룰루레몬Lululemon에서 코치Coach, 케이트 스페이드Kate Spade를 비롯한 여러 브랜드의 제품을 온라인으로 출고가의 20~90퍼센트의 가격에 판매하고 있다. 이 기업의 가능성을 확신한 월마트는 2020년 스레드 업과 제휴를 시작했다. 패션계 베테랑 캐롤라인 브라운과 내가 특별히 관심 있게 본 사업모델은 '스릴링Thrilling'의 사업 방식이었다. 회사의 사이트는 ShopThrilling.com이다. 회사를 창업한 실라 킴 파커Shilla Kim-Parker는 전에 투자은행과 디즈니 ABC TV에서 일했다. 회사는 빈티지 의류를 재판매하는 사업을 한다. 그녀는 출산 이후에 고향인 로스엔젤레스에 있는 그녀가 가장 좋아하는 빈티지 숍들을 둘러볼 시간이 나지 않자, 이 사업을 시작하게 되었다. 그녀는 빈티지 제품을 구매하는 과정에서 현지 시장의 각종 걸림돌이 있는데, 기술을 이용해 제약을 극복하기로 했다. 스릴링은 미국 전역의 빈티지 상점에서 보내온 물건들을 모아서 스튜디오에 가져와 사진을 찍고 사이트에 등록한다. 그런 다음, 그 물건들을 원래 가게로 반환한다. 스릴링 사이트를 통해 물건이 판매되면, 회사는 판매가에서 수수료를 받는다. 빈티지 상점에서 판매된 품목에 대해서는 수수료를 받지 않는다. 빈티지 쇼핑을 빠르게 할 수 있고, 많은 재고를 제공함으로써 최근에 고전을 면치 못하는 소매유통 분야에 활기를 넣는다.

지속 가능한 패션을 실천하는 또 다른 분야는 의류를 재활용하는 새로운 방법이 다양화다. 다양한 종류이 섬유를 통합적으로 사용하기 때문에 지금까지 의류를 재활용하는 것 자체가 어려웠다. 여러 종류의 섬유를 각기 분리하는 작업이 불가능하거나 수지가 맞지 않기 때문이다. 또한 종이를 펄프로 다시 두들겨서 펄프로 만드는 기계적인 과정도 섬유의 품질을 떨어뜨린다. '화학적인 재활용'이라는 용어는 이제 섬유를 기본 화학 성분으로 분해해, 새로운 섬유를 만들 수 있는 순환적인 원료가 되도록 하는 공정을 의미하게 되었다.

영국에 본사를 둔 '원어게인 테크놀로지스(Worn Again Technologies, 이하 '원어게인')'는 H&M에서 자금을 유치한 신흥 분야의 선두 기업 중 하나다. 원어게인의 최고 과학 책임자 아담 워커Adam Walker는 "화학적인 재활용은 공장에서 십만 단위의 대량 생산을 할 때나 의미가 있는 개념에 불과하다"고 말했다. H&M은 수년 동안 재활용을 목적으로 매장들로부터 의류를 수거할 만큼 재활용에 관심이 많다. H&M 외에 여러 주요 의류 브랜드들도 마찬가지다. 이들 기업에게 화학적 재활용을 위해 많은 양을 공급하는 것 자체는 문제가 되지 않을 것이다. 게다가 패스트 패션이 하락하는 추세 속에서 발 빼기를 시도하는 H&M은 홍콩 섬유 의복 연구소Hong Kong Research Institute of Textiles and Apparel와 제휴해 순수 폴리에스테르를 재활용할 수 있는 '그린 머신 Green Machine'이라고 불리는 화학 기술을 개발하는 데 지원을 아끼지 않고 있다.

이렇게 순환형 패션의 혁명에 방아쇠가 당겨졌다. 강화된 순환형 생산 방식을 만들 수 있는 새로운 역량이 결합한 형태로 등장하고 있다. 그중에서도 업계 베테랑 크리스티 케일러Kristy Caylor가 2018년 출시한 '포 데이즈For Days'의 완전 순환형 모델이 가장 인상적인 모델 중 하나다. 포 데이즈에는 고객은 없고 회원만 있다. 회사는 단하나의 기본적인 의류 품목, 즉 100퍼센트 재활용한 유기농 면 티셔츠만 출시했다. 다소 평범하게 들릴지 모르지만, 크리스티 케일러 대표의 사업 방식은 전혀 그렇지 않다.

그녀는 갭Gap에서 패션 경력을 시작했고, 회사에서 새롭게 시작하는 여러 사업을 지원했다. 그리고 해외 사업에 관여하던 중 일본으로 출장을 가게 되었다. 갭이 일본에 보유한 엄청난 규모의 생산시설을 보고, 한 대 얻어맞은 기분이 들었다고 한다. 그녀는 잡지 《포브스》와의 인터뷰에서 "우리가 그렇게 많은 물건을 만드는 줄 몰랐다"고 말했다. 또한 회사가 의류 생산에 투입된 공장 근로자들을 특별히 직원처럼 대한다는 느낌을 받지 못했다고 했다. 그녀는 이런 관계는 아니다 싶었고, 변화가 필요하다고 생각했다. 한 번은 갭의 중국 공장을 방문했는데, 이번에도 근로자들이 생산시설의 대량 투입된 소모품처럼 근로하는 모습에 아연실색했다. 그녀가 둘러본 대형 공장의 노동자들은 인근에 갭이 설립한 '갭 타운'에 살고 있었다. 공장과 주택시설 자체가 워낙 넓어 '타운' 보다는 일반 '도시'의 느낌이 강했다. 갭의 생산시설을 중심으로 한 의류 산업이 사람들과 환경에 미치는 영향력이 가히 숨 막힐 정도로 압도적이었다. 그녀는 일본 출장을 마치고 미국에 돌아갔을 때, 갭을 퇴사하고, 장인 정신의 철학이 깃든 명품브랜드 회사 '마이예Maiyet'를 설립했다. 그녀가 설립한 첫 번째 회사였다.

그녀는 지속 가능한 재료와 방법을 이용해 물건을 만드는 장인들과 관계를 다지기 위해 전 세계를 누볐다. 그리고 장인들의 공예에 대한 집념에 깊게 동요되었다. 한 번은 인도네시아에 갔는데, 전구가 하나밖에 없는 작은 마을에 바닥이 흙으로 된 집들이 모여 있었는데, 현지 여성들이 아름다운 다도 공예품을 정성을 다해 만드는 모습에 감탄했다. 케냐 나이로비 외곽에 있는 마을에서는 현지인들이 작은 뒷마당에서 손으로 모래와 설탕을 이용해 수작업으로 만든 틀에 재생 청동을 부은 후에 굳혀서 멋진 보석을 만드는 한 부부를 만났다. 그녀는 그들의 공예품을 마이예를 통해 판매했고, 판매수익이 모여 정식 가게를 낼 수 있게 되었다. 마이예는 바니스Barneys, 니만 마커스Neiman Marcus, 삭스 피프스 에비뉴Saks Fifth Avenue를 비롯한 명품매장에 작품성이 우수한 공예품들을 납품하면서, 공예품에 명품 지위를 부여하는 사업을 개척했다.

크리스티 케일러는 2014년 크래들 투 크래들 프로덕트 이노베이션 인스티튜드Cradle to Cradle Products Innovation Institute가 주도하는 '패션 포지티브Fashion Positive' 이니셔티브에 참여하도록 초청받은 자리에서 순환경제 개념을 처음 알게 되었다. 행사에는 패션 업계의 리더들이 한자리에 모였다. 아일린 피셔, 스텔라 매카트니, 바나나 리퍼블릭, 아슬레타Athleta 등 패션업계 선두주자들은 머리를 맞대고 논의한 끝에, 업계의 순환성 기준을 마련했다. "순환성이 지닌 무궁무진한 가능성에 전율이 온다"고 내게 말했다. 그녀는 진정 완전한 순환형 모델을 적용할 수 있는 회사를 창업하고 싶다는 마음을 내비쳤다. 기존에 하던 명품 사업은 접기로 한 것이다. 그런데 왜 티셔츠부터 시작했을까? 티셔츠를 자주 입는 사람들은 티셔트를 많이 사기도 하지만 그만큼 버리는 경향이 있기 때문이다. 미국인들은 평균적으로 1년에 티셔츠 열 장을 사고, 그중에서 여섯 장을 버린다.

운동에 열정을 쏟는 사람들이나 옷을 매번 캐주얼하게 입는 사람들은 훨씬 더 많이 산다. 만약 티셔츠를 대여 방식으로 판매한다면, 옷의 수명이 다한 후에 옷을 수거해, 새로운 직물을 짜는 데 이용해서 더 많은 셔츠를 만들 수 있을 것이다. 자원의 선순환 고리, 즉 폐쇄형 루프가 조화롭게 작동하는 모습이다.

하지만 티셔츠가 빌려 입기에는 적합하지 않다고 여겨질 수 있다. 우선 가격이 너무 저렴하기 때문이다. 스타벅스 커피 한 잔보다 저렴한 티셔츠도 많을 정도다. 게다가 다른 사람이 운동하면서 입던 땀에 젖은 옷을 굳이 재활용해서 입고 싶진 않을 것이다. 그래서 크리스티는 새로운 사업 모델을 구상했다. 회원들이 티셔츠 다섯 장을 구매할 수 있는 '샘플 키트'를 38달러를 지불하고 구매하면, 주문한 티셔츠 다섯 장이 회수용 가방에 담겨 배송된다. 티셔츠를 충분히 오래 입었다고 판단한 회원들은 새 제품으로 교환할 수 있다. '포 데이즈'에서 수거한 티셔츠를 재활용하기 때문에, 옷 상태에 상관없이 반납할 수 있다. 그렇다면 회원들은 어떠한 혜택을 받게 될까? 밀레니얼 세대의 가정에서 연간 티셔츠 비용으로 평균 347달러를 지출한다는 점을 고려한다면, 같은 수의 셔츠를 훨씬 적은 비용을 내고 입고, 정기적으로 새 셔츠를 입을 수 있다는 것이다. 옷장에 그만큼 여유 공간이 생기는 것은 덤으로 주어지는 혜택이다. 만족스러운 고객 경험을 제공하고 회원들과 지속적으로 관계를 구축할 수 있다는 점은 이 사업 모델의 기본 취지이기도 하다. 캐롤라인 브라운이 강조하듯, 패션 브랜드로서 큰 차별화 요소가 될 것이다.

'포 데이즈'는 특히 티셔츠를 많이 사 입는 밀레니얼 세대의 뜨거운 반응을 경험했다. 매출은 고공비행했고, 크리스티 대표는 L.A. 외곽, 캘리포니아 호손에 자체 생산시설을 설립할 정도로 사업은 확대되었다. 재활용된 자재를 사용하면, 자재 조달과 생산에 추가로 비용을 지출할 필요가 없다는 점이 순환적인 사업 모델의 핵심이라고 그녀는 말했다. '포 데이즈' 회원들의 '옷장(closet, 현재 회원으로서 보유하고 있는 티셔츠와 같은 품목을 의미)'을 정확히 파악하기 위해 정교한 재고 추적 시스템에 사업 초기부터 상당한 투자를 진행했기 때문에 전체 거래 내역을 확인할 수 있고, 물품 생산량을 조정하여 과잉 생산 문제를 예방할 수 있다.

《하버드 비즈니스 리뷰Harvard Business Review》에서 조명한 한 연구 결과에 따르면, 사람들이 옷을 살 때 옷장에 갖고 있는 옷과 같거나 유사한 옷을 반복해서 구매하는 경우가 83퍼센트에 달한다고 한다. 그 점에서 크리스티의 사업 모델은 성장 잠재력이 막대하다. 이미 크리스티는 '포 데이즈'의 상품 목록을 맨투맨 셔츠, 바지, 원피스로 확대했다. 향후 유아복과 아동복까지 섭렵할 계획이고, 양털 의류도 주목하고 있다.

패션의 순환성이 지닌 우수한 저력을 입증하는 혁신이 다채롭게 전개되는 가운데, 주요 브랜드들도 적극적으로 동참 의지를 보여주고 있다. 케어링 그룹사가 환경 손익계산서를 바탕으로 결과를 공개한 것이 업계에 분수령이 되었다. 자라Zara도 2019년 공급망 전반으로부터 유해 화학물질을 제거하는 것을 목표로 첫 번째 지속 가능성 계획을 발표했다. 같은 해, 유니레버의 전 CEO 폴 폴먼Paul Polman은 이매진 재단IMAGINE Foundation의 설립자이자 새로운 대표로서 주요 패션 회사 56곳의 CEO들을 설득해 2050년까지 '모든 조치'를 실행하여 탄소 배출 제로를 달성하는 글로벌 협약, '패션 팩트The Fashion Pact'에 서명하도록 종용했다.

나는 요헨 자이츠 전 푸마 CEO에게 대기업들이 지속가능성을 반영한 몇몇 상품을 개발하는 노력에 그치지 않고, 전사적으로 순환성을 확장하기 위해 무엇이 필요한지 물었다. 그는 "CEO의 적극적인 자세가 가장 중요하다. CEO가 두 팔 걷고 밀어붙이지 않으면, 순환성 사업 모델은 실현할 수 없다"고 말했다. 이 맥락에서 이매진 재단을 이끈 폴먼 회장의 성과가 새삼 위대하다는 생각이 든다. 캐롤라인 브라운도 "소비자들의 가치관에 부합하는 사업을 이끄는 것은 CEO의 역할이다. 우리는 지속 가능성에 대한 소비자들의 가치관이 그 어느 때보다 명확한 시대를 살고 있다"고 말했다. 패션업의 싱크 탱크 《보그》가 2020년 1월호에서도 소비자 가치관에 대해 방점을 찍었다. 잡지는 "패션은 업계의 오랜 관행과 가치 체계에 대해 신속히 재평가해야 한다"고 하며, 소비자들은 "세품을 구매할 때, 해당 브랜드가 자신들의 가치관을 반영하는지 확인하고 지갑을 열어야 한다"고 주장했다.

벤자민, 저 할 말 있어요

마리아나 해구[지구에서 가장 깊은 해구로, 지구의 지각 표면 위에서 가장 깊은 위치에 있는 대양]는 태평양을 가로지르는 길이 약 2,543킬로미터, 폭 약 69킬로미터의 크고 깊은 도랑이다. 이 해구의 바닥까지 가기란 쉽지 않을 것이다. 해수면보다 거의 11킬로미터 아래에 있는 가장 낮은 탐사 지점에서, 해구의 대기압은 지구 표면보다 천 배 이상 높은 탓에, 칠흑 같은 어두움이 짙게 깔려 있다. 그 바닥 면에 가려면 특수 잠수함이 필요하다. 달 착륙에 성공한 사람보다 적은 사람들이 이 해구를 방문했을 정도로 위험하다. 지금껏 최고의 도전정신을 지닌 두려움을 모르는 몇몇 모험가들이 이곳을 방문했다. 빅터 베스코보도 그중 한 명이다. 2019년 5월, 그는 해구의 흐릿한 바닥 부분을 촬영하던 중 충격적인 장면을 포착했다. 비닐봉지 한 개가 힘없이 해저로 떠내려가던 모습이었다. 해양 플라스틱 연구원들은 비닐봉지가 그렇게 깊게까지 가라앉을 수 없다고 생각했다. 비닐봉지가 지구의 가장 깊은 곳까지 떠내려 올 정도면, 바다에 얼마나 더 많이 돌아다닐까 싶었다. 그 후, 현황 파악을 위해 본격적인 연구에 돌입했고, 연구 결과 일부 해구 주변은 비닐봉지를 비롯한 플라스틱 잡동사니가 가득해 중국에서 가장 오염된 강의 오염도를 초과하는 수준이었다.

전반적으로 매년 800만 톤의 플라스틱이 해양에 버려진다. 플라스틱 물통, 비닐봉지, 스티로폼 일회용 포장 용기, 빨대는 물론이고, 다양한 종류의 플라스틱 혼합물에 쓰이는 기본 재료인 쌀 한 알 크기의 생 플라스틱 알갱이의 형태까지 다양하다. 버려진 어망이 해양 플라스틱 중에 가장 큰 부피를 차지한다는 몇몇 연구 결과도 있다. 이 외에도 의류와 미용 제품, 대형 플라스틱 쓰레기가 분해되어 생겨난 미세플라스틱이 있다.

이 잔해들의 대부분은 '환류[gyre, 대기나 바다에서 소용돌이 형태로 회전하는 큰 규모의 시스템]'라는 원형의 해류로 휩쓸려 들어간다. 미국 텍사스주 크기로 추정되는 '태평양 거대 쓰레기 지대Great Pacific Garbage Patch'라고 불리는 악명높은 최대 잔해더미로 만들어진 대표적인 쓰레기 섬이다. 혹시 견고하게 떠다니는 섬으로 상상했는가? 실제 잔해들은 공기 속으로 오염물질이 퍼지는 것처럼 '플라스틱 스모그'라 불릴 정도로 바다에 두루두루 퍼져 있다. 방대한 규모로 플라스틱이 바다 곳곳에 축적된 상황은 석유화학 유출보다 더 환경에 해롭다고 간주할 수 있다. 기름 유출과는 달리, 자연에 의해 분해되고 동화되기까지 수 세기가 걸리기 때문이다.

해양 플라스틱 오염에 대해 최근 경각심이 강화되고 대중의 분노가 증폭되었다. 이 기회를 놓치지 않고, 플라스틱 관리 현황을 해결하는 방법을 찾아 나서야 한다. 매년 생산되는 3억 톤의 플라스틱 중에서 재활용되는 양은 9퍼센트 미만이다. 나머지는 대부분 매립지나 바다와 강에 버려진다. 미국에서만 거의 2,800만 톤이 매년 매립지에 매장되고, 이 수치는 증가하고 있다. 플라스틱이 안전하게 매립되고 있다고 생각할 수 있지만, 플라스틱의 완전한 생분해 과정이 극도로 느리다는 차원에서 매립된 플라스틱이 매립지에서 토양과 물로 독소를 침출시킨다. 게다가 화석연료를 추출해 플라스틱 생산에 이용되는 비중이 높아지고 있다. 그러니 플라스틱은 석유화학 회사의 수익 창출에 주요 근간이다.

단, 플라스틱만의 이점이 있다는 것을 인식해야 한다. 플라스틱은 가볍고 다른 형태로 쉽게 변형할 수 있다. 그러나 가장 심각한 문제는 플라스틱의 원재료가 석유라는 점, 그리고 석유의 제조 과정에서 상당한 양의 온실가스를 방출한다는 점이다. 따라서 플라스틱을 재활용하지 않으면, 새롭게 플라스틱을 생산하기 위해 환경에 해로운 온실가스가 추가로 배출될 것이다. 설상가상으로 강이나 바다에 축적되면, 플라스틱의 원래 상태, 즉 석유 기반의 화학적 형태로 서서히 분해된다. 이렇게 분해된 플라스틱을 어류가 섭취하고, 결국 우리는 그 어류를 생선으로 먹는다. 그렇다면 플라스틱 쓰레기 문제는 어쩌다가 이 정도로 걷잡을 수 없게 악화한 것일까?

'순환경제를 위한 클로즈드 루프 파트너스 센터Closed Loop Partners' Center for the Circular Economy'에서 수행한 연구에 따르면, 재생 플라스틱 원료에 대해 P&G와 유니레버와 같은 주요 브랜드뿐만 아니라 탄산음료 제조사들의 시장 수요가 총 1,200억 달러에 달한다. 그러나 공급량이 부족해, 수요의 6퍼센트만 충족되고 있다. 현재, 플라스틱 재활용 사업에 적극적으로 투자한다면, 이 격차를 메울 수 있는 투자 기회가 무궁무진하다.

플라스틱 쓰레기 문제가 심각해진 원인을 알아보자. 우선 플라스틱의 특징부터 생각해 보면, 너무나도 많은 종류의 제품을 만들 수 있는 수많은 이점을 가진 다목적 재료로 요긴하기 그지없다. 강철과 같은 재료에 대한 저렴한 대체품이기 때문에, 플라스틱은 고가의 재료에 대한 내구성 좋은 재료이고, 쓸데없이 많이 만들고 버려도 아깝지 않은 저렴한 재료다. 이러한 플라스틱이 원흉이라고 생각하는 것이 생소할 정도였다. 환경 폐해가 가장 심각한 종류의 플라스틱마저도 근절하는 것이 너무나 힘든 이유는 역사가 제프리 메이클이 저서 『아메리칸 플라스틱: 문화의 역사American Plastic: A Cultural History』에서 언급했듯, "플라스틱의 기능이 수만 가지이고, 수많은 형태로 쓰이며, 쓰임새가 셀 수 없을 정도로 다양하다. 그러니 어떻게 플라스틱의 부정적인 특징을 객관적으로 파헤칠 수 있겠는가?"

동전의 양면: 마법 vs. 저주

자연에는 화석연료를 기반으로 하지 않으면서 자연적으로 형성되는 플라스틱이 존재한다. 종이를 만들 때 나무에서 추출하는 재료인 '셀룰로오스(cellulose, '섬유소')가 그 주인공이다. 나무의 성장을 돕는 기능을 한다. 최초의 식품 포장용 생분해성 비닐 랩인 '셀로판cellophane'의 핵심 성분이기도 하다. 그 후에 '사란 랩Saran Wrap'이라는 생분해할 수 없는 포장 랩이 등장해 랩 시장을 석권했다. 동물의 뿔에서 추출한 천연 플라스틱 '케라틴'도 등장했다. 케라틴의 가벼운 무게, 그리고 얇게 썰었을 때 나타나는 반투명성 재질 때문에 중세 시대에 사용된 등불의 판유리를 만들 때 애용한 재료가 되었다.

한편 가장 먼저 상업적 성공을 거둔 합성 플라스틱인 '셀룰로이드'는 멸종 위기에 처한 종들에서 추출하는 천연 물질을 대체하기 위해 만들어졌다. 1869년에 발명된 셀룰로이드는 무분별한 코끼리 밀렵으로 당구공의 주요 재료였던 상아를 얻기가 어려워지자, 상아의 대용으로 제작되었다. 또한 거북이 박제품을 만드는 데 사용되었다. 셀룰로이드가 본격적으로 사용되기 전에는 천연 재료로 만들었는데, 그 재료는 매부리바다거북의 등 껍데기(혹은 '등갑')에서 추출한 것이었다. 이 아름다운 재료는 보석, 가구, 특히 19세기 큰 인기몰이를 한 물건이었던 '빗'을 꾸미는 장식품으로 많이 이용되었다. 수잔 프라인켈이 저서 『플라스틱 사회Plastic: A Toxic Love Story』에서 언급했듯이, 그 당시 유럽과 미국의 부유층 여성들은 머리를 한

도 끝도 없이 길러서, 높이 올려 정교한 조각처럼 만들고 다녔다. 거북 등갑으로 만든 비녀와 빗은 화려한 헤어 스타일을 고정할 때 많이 사용했다.

매부리바다거북에 대한 인간의 끝없는 탐욕은 매부리바다거북을 멸종 위기로 내몰았다. 결국 1837년 원주민이 대거 살해당하는 '은가틱 대학살Ngatik massacre'이라는 참사가 빚어졌다. 호주의 무역선 '램튼Lampton'을 지휘하던 C. H. 하트C. H. Hart 선장과 그의 선원들은 태평양에 있던 '사푸아피크Sapwuahfik' 환초[atoll, 고리 모양으로 배열된 산호초를 말하며 열대의 바다에 많다] 위에 모여 있는 매부리바다거북의 등갑을 보게 되었고, 원주민과의 무장 전투 끝에 탈취에 성공했다. 원주민 50명을 살해한 끝에 손에 넣은 등갑은 고작 11킬로그램밖에 안 되었다. 그들이 발견한 등갑은 대부분 (그들의 관점에서) 가치 없는 푸른 바다거북 등갑이었다. 이 사건에 대해 본격적인 조사가 시작되었지만, 하트 선장과 그의 선원들은 기소를 면했다.

비록 1880년대에 모조 등갑이 발명되었지만, 매부리바다거북을 멸종 위기에서 구하는 데에는 별 도움이 되지 않았다. 매부리바다거북은 여전히 심각한 멸종 위기에 처해 있다. 여러 원인이 있겠지만, 바다에 떠다니는 비닐봉지를 자신들의 먹이인 해파리로 착각하고 먹어 버리는 경우가 많다는 점이 치명적이다.

합성 플라스틱의 발명이 이렇게 추악한 결과를 가져올 줄은 아무도 예상하지 못했다. 플라스틱은 '천 가지 쓰임새가 있는 재료'로 여겨졌고, 20세기 초반에는 새로운 플라스틱 제품이 쏟아져 나왔다. 담배를 꽂아 검지 또는 중지에 착용해 사용하는 담배 홀더와 재떨이, 라디오, 전화, 카메라, 칫솔, 단추, 접시 및 그릇과 같은 새로운 플라스틱 제품이 꾸준히 등장한 것이다. 스카치테이프는 1930년, 사란 랩은 1933년에 도입되었다. 그러나 2차 세계대전이 일어나고 나서야 플라스틱 생산이 붐을 이루었다. 당시 금속은 선박, 탱크, 비행기, 군수품을 만드는 데 전적으로 이용되고 있었다. 금속의 쓰임새가 많아지자 미군은 금속을 대체할 여러 재료로 실험을 할 수밖에 없었고, 결국 플라스틱이 선택되었다. 플라스틱은 비행기 조종석과 방탄복에서부터 헬멧 라이너와 낙하산 코드에 이르기까지 대부분의 군수용 소모품에 사용되었다. 정부는 플라스틱 생산 시설을 늘리는 데 막대한 보조금을 지급했고, 프라인켈이 보고한 대로 플라스틱 생산량은 전쟁 기간에만 1939년 약 9,700만 킬로그램에서 1945년 3억 7,000만 킬로그램으로 급증했다. 미국의 제조업체들은 1937년에 단합해 플라스틱 공업 협회Society of the Plastics Industry, SPI를 결성하며 전후 플라스틱 혁명을 위한 준비 작업에 들어갔다. 협회는 전쟁이 끝나기도 전에 '플라스틱 붐을 파헤쳤다. 전쟁에서 다채로운 쓰임새를 인정받고 군수업에서 불굴의 강자로 자리매김하다'라는 제목으로 기사를 내보내며 플라스틱에 대한 대대적인 홍보 캠페인을 시작했다.

전쟁이 끝나고 군수업계는 플라스틱의 위용을 강조한 캠페인을 성공리에 마무리했다. 관련 행사에 예상보다 많은 인파가 몰려, 안전상의 문제로 인해 출입문을 닫아야 할 뻔했다. 플라스틱 공업 협회SPI는 1946년 뉴욕에서 제1회 전국 플라스틱 박람회를 열었고, 8만 7천 명 이상의 방문객들이 새로운 플라스틱 제품에 흠뻑 빠져들었다. 플라스틱 발명의 선두기업 듀폰은 음식이 프라이팬에 들러붙지 않도록 칠하는 물질인 '테프론Teflon'을 선보였다. 전시 참여 업체 중에는 '빌리 글래스Billy Glass'라는 회사가 있었다. 상호만 봐도 어떠한 사업을 하는지 예상되었다. 이 회사는 아크릴 재질의 '플렉시 글래스plexiglass'라는 신소재로 바이올린에서부터 트럼펫 및 작은북에 이르는 제품을 만들었다. 전시 부스에서는 도색이 절대 필요 없을 창틀, 초강력·초경량 서류 가방, 얼룩이 잘 묻지 않는 플라스틱 가구류, 플라스틱 재질의 외투 걸이, 샤워 커튼, 식탁보, 신발 등을 비롯해 다양하게 소개했다. 한 신문 기자는 "사랑스러운 아기 침대부터 장례에 쓰이는 플라스틱 금형molding으로 만든 관까지" 없는 물건이 없다고 묘사했다. 행사의 주최자인 로널드 키니어는 "누가 12개월 전에 플라스틱 금형을 이용해 모터보트를 만들 것을 상상이나 했겠는가?"라며 흥분된 어조로 말했다.

플라스틱이 지닌 복합적인 쓰임새가 얼마나 위대한지는 이의를 제기하기 힘들다. 1946년에 소개된 타퍼웨어Tupperware 용기는 기존 보관 용기보다 음식을 훨씬 더 오랫동안 신선하게 유지했다. 각종 제품은 큰 인기를 거둔 '타파웨어 홈파티[Tupperware home party, 카운셀러가 가정에 방문해 제품 사용법은 물론 냉장고나 선반 정리 팁, 요리법, 건강 정보 등 다양한 정보를 함께 나누는 살림 컨설팅 서비스]' 서비스를 통해 소개되었다. 뚜껑이 쉽게 열리지 않는 밀폐형 플라스틱 용기에 대한 반응은 너무나도 뜨거웠다. 프라인켈은 책에서 "사람들은 플라스틱에 완전히 매료되었다. … 심지어 '셀로판'이라는 단어는 영어에서 '어머니mother'와 '기억memory' 다음으로 세 번째로 아름다운 단어로 지정되기도 했다"고 적었다.

1947년, 잡지 《스크립스-하워드Scripps-Howard》의 한 기사에서는 "전쟁이 끝나고 사람들에게 비견할 수 없는 꿈과 희망을 안겨준 주체는 플라스틱 업계였다"고 언급했다. 그러나 일회용 플라스틱 제품이 만연함에 따라, 서서히 문제점이 드러났다. 초기 플라스틱 제품은 대부분 얼마 안 쓰고 버릴 정도로 낮은 품질이 아니었다. 오히려 플라스틱의 최대 강점 중 하나가 내구성으로 꼽혔다. 1950년대 《라이프》지에 소개된 사진, '쉽게 버리는 삶Throwaway Living'에서는 화기애애한 분위기에서 쉽게 쓰고 버리는 플라스틱 사업의 호황을 묘사했다. 당시 최초의 일회용 비닐봉지가 소개되었다. 식료품을 넣는 용도가 아닌, 쓰레기와 드라이 클리닝한 물품을 포장하기 위한 용도였다. 이에 더해, 패스트푸드 체인의 등장은 일회용 스티로폼 용기 시장의 상승을 부추겼다. 그로부터 10년도 지나지 않아 과학자들은 바다거북과 다른 해양 동물들이 플라스틱을 먹고 있다는 사실을 발견했다. 그러나 연구 결과는 여러 학술논문 중 일부로 치부되며 조명되지 못했다. 그로부터 또 10년도 지나지 않아 플라스틱이 얼마나 심하게 해양 생태계를 저해하는지에 대한 첫 번째 과학적 발견이 소개되었다. SPI는 즉각적으로 우려를 불식시키기 위한 위협 전술을 쓰며 사건에 대처했다.

언론인 틱 루트가 보도한 바에 따르면, 해양학자 에드워드 J. 카펜터가 1971년 북대서양에 있는 우즈홀 해양학 연구소Woods Hole Oceanographic Institution에서 연구를 수행하던 중 바다에서 플라스틱이 퍼져나가는 광경을 처음으로 발견했다. 얼마 후, 그가 뉴잉글랜드 해안을 따라 연구를 수행하던 중, 다시 한번 플라스틱이 높은 농도로 퍼져 있는 모습을 발견했다. 1972년 권위 있는 학술지 《사이언스》에 연구 결과를 두 편의 기사로 발표한 후, SPI는 우즈홀 해양학 연구소에 직원을 파견해 카펜터 연구원을 그의 상사가 보는 앞에서 모질게 다그쳤다. 연구원은 루트와의 인터뷰에서 "플라스틱 공업협회SPI에서 노골적으로 분노를 드러냈어요"라고 말하며, 협회의 심문이 '위협적'이기까지 했다고 전했다.

1년 후인 1973년, 미국의 유명한 제약기업 와이어스Wyeth 가문의 엔지니어 나다니엘 와이어스가 탄산음료의 압력을 견딜 수 있는 최초의 플라스틱병인 페트병을 발명하자, 플라스틱은 완전히 새로운 관점으로 주목받게 되었다. 전 세계인들의 사랑을 받는 톡 쏘는 청량감을 지닌 음료가 담긴 플라스틱병은 유리보다 훨씬 더 저렴하고, 갖고 다니다가 떨어뜨리거나 밀쳐져도 깨시지 않으며, 너무 가벼워서 운송 비용이 적게 들어 음료 제조업체들에 이득을 안겨주었다. 이렇게 '좋은' 플라스틱을 사용하면 안 된다는 주장에 격렬히 맞서 싸우게 된 것이다. 말 그대로 깨지지 않는 장점 외에도, 기계적인 재활용 공정을 통해 새로운 병을 비롯한 다양한 종류의 포장재를 만드는 데 사용되는 플라스틱 조각으로 분쇄될 수 있다. 또한 페트병은 '단일 분류 재활용[single-stream mix, 싱글 스트림 재활용, 쓰레기를 사전에 분리해서 수거하지 않고, 수거 트럭에서 혼합하는 시스템]' 방식에서 쉽게 분류될 수 있다. 페트병이 재활용 공정에서 가장 바람직한 플라스틱인 이유가 바로 여기에 있다. 그럼에도 미국에서 페트병은 약 30퍼센트만 재활용되고 있다. 이유가 무엇일까? 내가 항상 받는 질문이기도 하다. 미국에서 이 작업을 잘할 수 있는 인프라를 구축하지 못했기 때문이다. 이러한 이유에서 플라스틱 생산업체와 그들의 고객사들이 맹비난을 받고 있다.

그간 재활용을 하지 않은 이유

플라스틱의 많은 장점을 높게 평가해 온 제프리 메이클은 플라스틱이 "상대적인 불가시성relative invisibility을 지닌 물품으로 빠르게 인식된다"고 말했다. 아무리 많아도 '그러려니' 하면서 대수롭지 않게 보고 넘긴다는 의미다. 플라스틱 쓰레기 더미가 시선을 사로잡던 1970년대 미국의 공원이나 도시 거리를 거닐던 사람이라면, "상대적으로 시야에서 벗어난다"라는 의미를 이해하지 못할 것이다. 유명한 공익광고 '울고 있는 인디언[Crying Indian, 1971년 지구의 날, 환경보호 사업을 펼치는 비영리 기구에서 미국의 환경이 파괴되는 모습을 보여주는 취지로 제작한 TV 광고]'에서, 카메라가 집중 조명한 대상은 플라스틱 쓰레기였다. 일회용 플라스틱의 재앙이 그렇게 가시화되자, 플라스틱을 없애야 한다는 요구가 이어졌다. 플라스틱 쓰레기를 줄이기 위해 각종 조치가 소개되었지만, 전개 속도는 느리기만 했다. 그런데도 몇 가지 인상적인 성과가 나타났다. 1980년대까지, 스티로폼 포장재에 대한 대중의 요구는 특히 맥도날드를 겨냥한 분노와 더불어 증폭했다. 1990년, 결국 회사는 플라스틱 사용을 포기하겠다고 발표했다. 1988년, 뉴욕주의 서펴 카운티는 비닐봉지에 대한 금지 법안을 통과시켰고, 그 후 비닐 사용금지는 전국적으로 지지받았다. 플라스틱 재활용을 강화해야 한다는 요구도 거세졌다.

2020년, PBS의 방송 프로그램 〈프론트라인Frontline〉의 한 방송 회차에서 강력한 메시지를 전달한 적이 있다. 플라스틱을 반대하는 개혁을 저지하기 위해 여러 플라스틱 제조업체들이 대규모 플라스틱 재활용의 도래를 의도적으로 반기며 잔머리를 쓰고 있다는 내용이었다. 현재 '플라스틱 협회Society of Plastics'로 이름이 바뀐 SPI의 루 프리먼 부회장은 윌밍턴에 있는 듀폰 본사로 와달라는 호출을 받았다. 프리먼 부회장에서 듀폰의 한 임원은 "이 문제는 500만 달러만 있으면 해결할 수 있다"고 말했다. 그렇다면 어떠한 계획을 염두에 둔 것일까? 그들은 '허위 징보 활용 시침서'를 곧바로 참조한 후, 친환경 느낌을 실어 그럴싸한 조직을 만들기로 했다. 이름해 '고형 폐기물 해결책 위원회Council for Solid Waste Solutions'였다. 위원회는 엑손, 셰브론, 다우를 비롯한 최대 플라스틱 생산기업들의 대표들로 구성되었다. 그들은 업계의 내부 사정을 잘 아는 로널드 리제머를 영입해 "누가 재활용을 본격화했는가?"라는 주제로 여론몰이를 담당하게 했다. 그는 활동비로 수백만 달러를 지원받았지만, 분명 그의 밑에 직원은 단 한 명도 없었다. 그 돈은 다 어디로 갔을까? 대부분 플라스틱을 옹호하는 광고비로 사용되었다. "유리요? 한물간 거잖아요Glass? That's the past"처럼 귀에 쏙쏙 들어오는 슬로건을 사용하면서 말이다.

그러나 그가 받은 자금 중 일부는 1994년 오리건주에 있는 '가르텐 서비스Garten Services'라는 재활용 시설로 '백만 달러 가격의 플라스틱 분류 시스템'이 투입되었다는 내용을 언론에 홍보하는 데 사용되었다. 뉴스에서는 놀라운 플라스틱 분류 과정이 작동하는 장면을 보여주었다. 그러나 그로부터 몇 년 안에 〈프론트라인〉에서는 분류기가 작동을 멈추고 고철로 팔렸다는 사실을 발견했다. 위원회는 분류시설이나 폐기물 수거시설을 개발하기 위한 진지한 노력을 기울이지 않았다. 리제머로부터 보고를 받은 SPI 회장은 〈프론트라인〉 기자와의 통화에서 "나는 플라스틱 산업의 앞잡이였고, 이 사실을 피할 수 없었다"고 인정했다. 이 이야기의 가장 아이러니한 부분은 그 당시 플라스틱 업계가 플라스틱 재활용이 결코 실행할 수 없는 사업이라고 결론지었다는 점이다. 왜냐하면 〈프론트라인〉이 입수한 업계문서에서 주장했듯이, "혼합 플라스틱 폐기물에 대해서는 실질적인 시장 수급 구조가 존재하지 않기 때문이다." 그래서 쓰레기 분류 공정을 공개하는 것이 안전하다고 느꼈던 것 같다. 그런데 분류된 쓰레기에 대한 시장이 없다면, 과연 어떤 재활용 시설이 재활용 장비에 투자하겠는가? 플라스틱 산업은 두려울

게 없었다. 만약 플라스틱 생산업체들이 진정으로 '재활용을 실행'하길 간절히 바랐다면, 뜻과 마음을 모으기만 했다면, 수급이 원활한 큰 시장을 형성할 수 있는 당사자가 이들이 아니면 누구겠는가. 그들의 오판으로 얼마나 많은 재활용 기회를 놓쳤는가. 안타깝게도 오래 지나지 않아 중국에 거대한 재활용 시장이 열렸다. 번창하는 자국 내 플라스틱 산업의 물량에 굶주린 중국은 1992년 전 세계에 폐플라스틱을 자기네들에게 보내라고 공표했다. 분리수거도 필요 없다고 했다. 그리고 돈도 넉넉히 쳐줬다. 그 후, '폐기물 금수조치'가 발표되기 전까지, 중국은 전 세계 플라스틱 쓰레기의 45퍼센트를 수입했다.

중국 시장이 수입을 중단했다는 것은 미국과 유럽의 국내 플라스틱 재활용 업체들이 지속 가능한 성장을 위해 자국의 플라스틱 산업에 혁신을 가할 수 있는 절호의 기회라는 의미다. '클로즈드 루프 파트너스'의 연구 결과에서는 최근 몇 년 동안 새로운 플라스틱 재활용 프로세스의 엄청난 혁신이 미국과 전 세계의 연구소와 재활용 시설에서 진행되고 있다는 희소식을 전했다.

그러나 이러한 혁신적 발전에 대한 세부 내용을 공유하기 전에, 사람들이 나에게 가장 많이 하는 질문, "어떤 플라스틱을 재활용할 수 있고, 어떤 플라스틱을 재활용할 수 없는가?"에 대해 답하겠다. 기술적인 관점에서 모든 플라스틱은 재활용될 수 있다. 하지만 재활용 시장 기반이 견고하고 재활용하기에 수익성이 높은 플라스틱만 유일하게 재활용되어 새로운 제품 생산에 이용된다. (음료수병과 같은) **페트병**, (세탁 세제 용기 같은) HDPE, 그리고 (병뚜껑과 같은) 견고한 폴리프로필렌이 대표적이다. 모두 두 가지 종류의 열가소성 플라스틱에 해당한다. 재활용할 수 없는 플라스틱은 폴리우레탄과 에폭시 수지를 비롯한 다른 범주인 열경화성 플라스틱뿐이다. 중합체 (polymer, 폴리머)는 일단 한 번 '투입'되면 분해되고 재위치할 수 없다. 이러한 장점으로 인해 회로차단기에서부터 모터 부품, 공구 손잡이, 그리고 플라스틱으로 만든 최초의 제품인 당구공에 이르기까지 광범위한 제품에 사용된다. 그런데 재활용을 해도 수지타산을 맞출 만큼 시장 수요가 높지 않기 때문에, 재정적인 이유로 재활용 대상 목록에서 제외된다.

다음은 다양한 종류의 열가소성 플라스틱이다. 1988년 SPI가 여러 유형의 플라스틱에 숫자로 라벨링을 표기해 구분한 1988년 제작한 리스트다.

1. PET(폴리에틸렌 테레프탈레이트, Polyethylene terephthalate):

   탄산음료, 물병을 비롯한 다양한 종류의 병에 사용

2. HDPE(고밀도 폴리에틸렌, High density polyethylene):

   우유병, 세제와 샴푸통에 사용

3. PVC(폴리염화비닐, Polyvinyl chloride):

   생활용품에 많이 사용되며 여러 미용용품에도 첨가

4. LDPE(저밀도 폴리에틸렌, Low-density polyethylene):

뽁뽁이, 수축 포장재, 빵 봉투에 사용

5. PP(폴리프로필렌, Polypropylene):

포장재, 건설용 배관, 섬유에 사용

6. PS(폴리스티렌, Polystyrene):

강성도를 높이거나 스티로폼을 만들 때 사용. 강성도가 높고 변형이 적은 속성 때문에 플라스틱 컵, 은식기, 접시에 사용되고, 가전제품, 전자제품, 자동차 부품, 원예용 화분에도 사용. 조개형 식품 용기, 땅콩 포장재 및 단열재에 사용

7. 기타:

기타 범주에 대한 정의가 모호해 혼선을 빚는 상황. 이 범주의 플라스틱은 재활용 방법을 찾기가 가장 난해하다. 나일론, 아크릴, 섬유 유리, 셀로판과 같은 필름이 이 범주에 속한다.

첨단 플라스틱 재활용 기술에 최대한 빨리 투자하는 일이야말로 플라스틱의 환경오염에 대한 급선무 중 하나일 것이다. 게다가 새로운 유형의 생분해성 플라스틱 생산도 급물살을 타고 있다. 재활용 기술을 새롭게 개발하는 것에 비해 생분해 물질을 상업화하는 건 아마 멀고 먼 미래에나 가능할 것이다. 그러나 생분해 물질의 상업화에 대해 '개념증명[proof of concept, POC, 기존 시장에 없었던 신기술을

도입하기 전에 이를 검증하기 위해 사용하는 것)' 단계에 돌입한 스타트업이 많다. 네덜란드 회사 '아반티움Avantium'은 지속 가능한 재배 방식으로 자란 작물로 만들어진 플라스틱을 상용화하는 방법을 모색하고 있다. 이렇게 생산한 플라스틱은 음료수병 모양으로 변형해 사용될 수 있다. 칼스버그, 코카콜라, 다논은 이와 같은 새로운 기술 도입에 서명했다. 스탠포드의 대학원생 몰리 모스는 다양한 재료로 모양을 만들 수 있는 생분해성 플라스틱 펠릿을 개발했다. 그녀가 처음에 계획했던 것은 재난 구조용 임시주택을 시공하고 나서 남겨진 플라스틱 쓰레기를 줄이는 것이었다. 그러나 혁신 기술을 도입해 새로운 종류의 플라스틱을 만들어서, 기존의 플라스틱을 대거 대체할 수 있겠다는 확신이 들기 시작했다. 그녀의 회사 '망고 머티리얼즈 Mango Materials'는 메탄을 사용하는 공정을 통해 새로운 형태의 플라스틱을 생산하고 있다. 생산 과정에서는 대기의 유독성 온실가스를 제거함으로써 환경 지킴이 노릇도 톡톡히 한다.

무엇보다도 이 논리를 플라스틱뿐만 아니라 모든 형태의 재료에 적용할 수 있다는 점이 중요하다. '재활용 가능성'의 정의를 '기술적으로 쓰레기를 분류해서 신제품으로 재활용하는 것'에서부터 한 발짝 업그레이드해, 시 정부와 관련 재활용 시설이 새로운 종류의 플라스틱을 비롯한 다양한 재료를 재활용했을 때 상당한 수익이 창출되는 수준까지 끌어올려야 한다.

감소, 보충, 교체 Reducing, Refilling, Replacing

재활용을 거쳤을 때, 수익이 나지 않는 제품, 비닐봉지, 스티로폼 등이 있다. 이러한 재료나 제품에 대해 사용금지 조치를 실행하거나 수수료를 높게 책정하는 방향으로 대중은 힘을 실어주어야 한다. 재활용 수익이 나지 않는 재료나 제품을 그대로 사용하게 되면 결국 처분 비용이 대중의 몫으로 돌아오기 때문이다. 이러한 재료나 제품을 저지하기 위해 안간힘을 다하면서 겉으로는 친환경 코스프레로 '이중적 플레이'를 하는 신재 생산virgin plastics업체들도 있다. 최근에는 주 의회와 협업해 '선점법preemption laws'이라는 비닐봉지 사용금지를 철회하는 법안을 통과시키는 데 힘을 실어주기도 했다. 이 목적을 위해 특별히 결성된 프로젝트가 있다. '미국 재활용 비닐봉지 연합American Recyclable Plastic Bag Alliance'이 시작하고, '플라스틱 산업 협회Plastics Industry Association'의 매트 시홈Matt Seaholm이 운영하는 '백더밴(Bag the Ban, 비닐봉지 금지 반발 프로젝트)'이다. 업계의 노력에 대해 《롤링 스톤》[미국의 음악·정치·대중문화 격주지]의 한 기사에서 팀 디킨슨 기자는 "맨 앞에서 호위하는 프론트 그룹[front group, 보도자료를 내서 언론으로부터 집중적으로 기사를 유도하거나, 전문가들이 자신들의 입장을 지지하는 목소리를 내도록 하는 '위장단체']의 '중첩 인형'처럼 까도까도 나오는 인형 같다a nesting doll of front groups"고 표현했다. 이 글을 쓰는 현재 시점에서 봤을 때, 이 전략은 테네시, 플로리다, 위스콘신, 인디애나, 아이오와, 미시간, 미시시피, 미주리, 애리조나와 같은 주에서 선점법이 통과하도록 힘을 실어주었다.

2020년, 클로즈드 루프 파트너스는 월마트, 타겟, 크로거, CVS 헬스 등 세계 최대 유통기업을 다수 소집해 비닐봉지의 대안을 모색하는 디자인 과제를 논의했다. 비닐봉지가 본격적으로 1975년에 본격적으로 도입되었다는 사실을 아는 사람은 별로 없을 것이다. 장담컨대 1975년 이전에도 상업활동이 활발했고, 이미 비닐봉지를 금지한 지역의 경제가 타격을 받지 않고 활발하게 전개된다는 점에서, 비닐봉지가 사라진다고 해서 어떠한 상업 활동에도 타격을 주지 않을 것이다. 비닐봉지가 사라짐과 동시에 지역 사회가 짊어져 온 세금 부담도 사라질 것이다. 비닐봉지를 매립하는 세금 부담도 줄어들겠지만, 비닐봉지가 생산 공정의 기계를 틀어막아 해를 가했을 경우 발생하는 비용도 줄어든다. 그리고 해변과 공원에 지저분하게 놓여 있는 쓰레기 비닐봉지를 마주할 필요도 없어진다.

플라스틱 생산량을 줄이는 또 다른 차원의 노력도 전개되고 있다. 바로 환경친화적인 플라스틱 대체재를 만드는 것이다. 일반 스티로폼을 대체할 '버섯 스티로폼'이 이미 소개된 바 있다. 뉴욕주에 기반을 둔 '에코바티브 디자인Ecovative Design'의 설립자들은 나무 심지와 옥수수 줄기 같은 생물학적 폐기물을 이용해 균사체를 배양하는 방법을 알아냈다. 이 균사체는 일반 스티로폼만큼 견고하고, 완전히 무독성이며, 내수성이 높고, 어떤 형태로든 자랄 수 있으며, 100퍼센트 생분해할 수 있으므로 퇴비화에 유리하다. 회사는 와인 병 주변에 균사체를 배양해 와인 병을 담을 포장재로 만든 후에 잔여물은 제거한다. 영국의 오디오 장비 제조업체 바워스앤윌킨스 Bowers & Wilkins는 자사의 스피커 상품의 모양대로 단단히 에워싼 포장재를 의뢰했고, 델Dell과 이케아IKEA는 포장재 전체에 대해 납품 의뢰를 요청한 상태다. 에코바티브 디자인은 현재 캘리포니아주 파라다이스에 있는 '파라다이스 패키징 컴퍼니Paradise Packaging Company'와의 파트너십을 통해 운영을 확장하고 있다. 또한 해외 여러 기업에 자사의 공정을 사용하도록 라이선스 권한을 부여하고 있다.

친환경 컵 공모전 '넥스트젠 컵 챌린지'에 참가한 컵 제조사 '솔루블루SoluBlue'와 '풋프린트Footprint'가 제안한 플라스틱 대체재는 식물성 플라스틱이다. 이미 여러 대체재 중에 유일하게 양산에 들어갔다. 풋프린트는 컵 외에도 식품 생산자들과 식료품점들이 고기, 생선, 농산물에 사용할 수 있는 플라스틱에 대한 '대체 트레이 replacement tray'를 개발하고 있다. 풋프린트는 보스, 필립스, 타겟 등 다수의 유명 상표와 포장재에 대해 협의를 진행 중이다. 우유 단백질과 목재 리그닌[wood lignin, 나무 같은 목질화한 식물의 주성분으로 조직을 단단하게 지지해준다]과 같은 대체품처럼 다양한 가능성에 대한 탐색이 한창이다

그렇다면 소비자들은 어떠한 노력을 할 수 있을까? 지속 가능한 플라스틱 대체재로 포장된 지속 가능한 플라스틱 대체 상품을 많이 이용하면 된다. 거의 모든 주방용품, 퍼스널 케어[personal care, 화장품, 헤어 및 바디] 제품 또는 기타 플라스틱 일회용품의 대안으로 친환경적으로 포장된 것들이 다양한 오프라인 매장과 '라이프 위

드아웃 플라스틱Life Without Plastic'과 '에코루츠EcoRoots'와 같은 온라인 쇼핑몰에서 판매되고 있다. 식물 섬유 강모가 달린 대나무 칫솔도 있고, 겨드랑이 땀 냄새 제거를 위해 바르는 데오드란트 제품 포장재를 판지로 만든 원기둥 통에 넣어 판매하고, 이때 판지로 만든 도포용 롤러도 친환경소재다. 채소와 과일 등을 넣을 재사용 가능한 봉지와 수납 용기도 다양하게 출시되고 있다. 이외에도 개와 고양이 배변 봉투를 생분해성으로 제작해 판매하기도 한다. 《뉴욕타임스》가 '플라스틱 없이도 생활할 수 있다'는 제목의 기사를 보도했듯, 플라스틱 폐지론자들은 플라스틱을 대체할 선택지들에 대해 블로그에 글을 올리고, 조언을 실은 책을 출간하기도 했다. 베스 테리가 쓴 『플라스틱 없는 나의 생활Plastic-Free: How I Kicked the Plastic Habit and How You Can Too』이 대표적인 저서다. 저자는 자신의 웹사이트 My PlasticFreeLife.com에서 풍부한 조언과 제품 정보를 제공하기도 한다. 플라스틱 쓰레기가 실제로 '제로'에 도달하는 건 아마도 가능하지 않을 것이다. 저자는 약국에 가서 원래 먹던 약통에 리필을 요구할 수 없는 현실을 지적한다. 하지만 점점 더 많은 비(非)플라스틱 선택지가 많아짐에 따라, 의식 있는 소비자로서 지갑을 열며 플라스틱 근절 캠페인에 동참할 수 있을 것이다.

주요 소비재 회사들은 시장 수요를 간파하고 제품 라인에서 저가의 플라스틱을 제거하기 위해 고군분투 중이다. 유니레버는 맥주 6팩 묶음 상자와 유사하게 골판지 상자를 제작해, 자사의 솔레로 Solero 아이스크림 판매에 사용하고 있다. 비닐로 개별포장할 필요를 없앤 것이다. 맥주에 대해 말하자면, 칼스버그와 기네스는 여섯 팩 묶음 맥주 캔을 연결하는 플라스틱 링을 사용하지 않겠다고 발표했다. 네슬레는 네스퀵 음료 분말을 플라스틱이 아닌 종이로 포장하기 시작했고, 회사의 포장 과학 연구소Institute of Packaging Sciences에서는 플라스틱 대체품의 다양한 가능성을 실험 중이다.

여러 주요 브랜드에서는 플라스틱 생산을 줄이기 위한 또 다른 방편으로 '리필' 제품 활성화 등 다양한 사업 모델을 시험 중이다. 칠레에 본사를 둔 알그라모Algramo도 이동식 리필 자판기 사업으로 성공을 거두었다. 코카콜라는 자사 음료의 표준 페트병 설계에 2,500만 달러를 투자했고, 반환할 수 있는 병 보증금 시스템을 위한 인프라를 브라질에 구축하는 데 4억 달러를 투자했다. 병의 반환율이 무려 90퍼센트에 달한다고 전했다. 코카콜라 병은 25번 리필한 후에 재활용 공정에 투입된다. 재활용 회사 '테라사이클TerraCycle'이 코카콜라, 네슬레, 펩시, 유니레버를 포함한 여러 기업과 협력해 주도하는 프로젝트인 '루프 프로그램Loop program'에 의해 리필 가능한 혁신적인 사업 모델의 대안이 등장하기도 했다. 루프 시스템을 통해 고객들은 하겐다즈 아이스크림, 타이드Tide, 세븐스 제너레이션Seventh Generation의 세제 등 참여 브랜드로부터 인기 제품을 온라인으로 주문할 수 할 수 있다. 여기서 취급하는 모든 제품은 특별히 설계된 리필 가능 포장으로 제공된다. 고객은 용기에 보증금을 내는데, 이 보증금은 용기를 보내거나 리필을 주문할 때 예치금으로 이용된다. 주문한 물건은 크고 부드러운 '쿨러cooler' 용기처럼 특별히 설계된 용기에 넣어 배송되고, 내용물 리필 신청을 하려면 제품 픽업 일자를 지정하면 된다.

끝을 모르는 재활용 가능성

유리의 최초 대량 생산업자들, 특히 고대 로마인들은 플라스틱의 대량 생산업자들과는 반대로 유리가 얼마나 소중한 재료인지를 최대한 공감했고, 유리는 무조건 재활용해야 한다고 생각했다. 실제로 유리는 무한히 재활용될 수 있다. 로마인들은 유리의 가치를 매우 높게 평가했다. 1986년 아드리아해에서 발견된 고대 선박 '율리아 펠릭스'호의 잔해가 그 사실을 입증한다. 기원후 300년경 이용한 것으로 추정되는 이 선박의 화물에는 올리브유, 와인, 소스, 각종 생선 제품이 보관된 점토로 만든 병이 많았다. 로마인들의 비범한 독창성을 증명하듯, 배관과 펌프 시스템의 잔재도 발견되었다. 살아 있는 어류 무게 약 200킬로그램을 지탱하는 유리 수족관에서 직접 바닷물을 빨아들이는 방식으로 운영되었다.

재활용을 위해 보관한 유리 파편이 담긴 큰 통도 배에서 발견되었다. 로마 제국의 광활한 지역에 걸쳐 발견된 가마의 유적 근처에서도 깨진 유리 상자 조각들이 출토되었다. 유리 잉곳[ingot, 금속 또는 합금을 한번 녹인 다음 주형에 흘려 넣어 굳힌 것이 가득 담긴 통도 여럿 있었다. 로마인들이 재활용을 위해 특별히 만든 것으로, 안에 보관된 잉곳을 울퉁불퉁한 도로와 흔들리는 바다 위로 안전하게 운반하고 새로운 제품을 만들기 위해 녹여 쓸 수 있었다.

이와 같은 고증이 시사하는 바는 무엇일까? 플라스틱병과 용기를 유리병으로 교체했을 때 빚어질 여러 문제점과 한계점을 알 수 있다. 유리의 내구성이 아무리 강해도, 꽤 두껍지 않으면 쉽게 깨지기 때문이다. 즉 물, 탄산음료, 와인 등의 액체를 운반하는 용도로 만들어진 유리용기는 플라스틱보다 훨씬 더 무거우면서도 상당히 두꺼워야 한다. 예를 들어 전형적인 유리병은 같은 크기의 플라스틱병보다 7배 더 무겁다. 게다가 유리가 무겁기 때문에는 운송료가 훨씬 비싸지고, 탄소 발자국을 늘리기까지 한다. 2차 세계대전 이후부터는 병입bottling 공정을 하나의 기관에서 독자적으로 실시했다. 그전에는 생산자가 독립적으로 할 수 있었지만, 전쟁 후에는 병입 관리가 일원화된 것이다. 따라서 판매처가 굳이 유리병을 수거해서 재활용할 명분이 부족해졌다. 그런데 유리용기는 플라스틱 용기와 달리 최소 50번 사용해도 품질이 저해되지 않는 장점이 있다.

반환된 유리병이 요긴하게 사용될 수 있는 품목이 하나 있다. 바로 수제 맥주다. 맥주는 아직도 병으로 판매되는 제품이 많다. 유리의 우수한 보존력 때문이다. 산소가 스며들지 않도록 하므로, 산소에 노출되면 김이 빠지는 맥주나 와인 같은 발효주를 보관하기에 좋은 소재다. 기원후 300년경 병입된 와인 병 하나가 독일 슈파이어 지역에 있는 로마 귀족의 무덤에서 1867년에 발견된 적이 있었는데, 유리의 보존력은 "미생물학적으로도 와인이 상하지 않았을 정도로" 높았다고 와인 전문가 모니카 크리스트만이 전했다. 그러나 교수는 곧이어 "보존은 잘되었지만, 미각에 기쁨을 가져다줄 정도는 아니다"라고 설명했다.

현지에서 직접 양조 시설을 갖추고 술을 양조하는 방식이 부활하는 가운데, 오리건주 음료 재활용 협동조합Oregon Beverage Recycling Cooperative, OBRC은 반환할 수 있는 맥주병을 수거해 재사용하는 '보틀드랍BottleDrop' 프로그램을 도입하기로 했다. 오리건주는 1971년에 병 보증금 법안을 통과시켰기 때문에 이미 병 수집을 위한 인프라가 잘 발달해 있었다. 보틀드랍 프로그램을 발전시키기까지 코카콜라, 펩시코, 네슬레, 그리고 워싱턴주의 컬럼비아 디스트리뷰팅Columbia Distributing에서 자금을 지원받았다는 OBRC의 시장 개발 책임자 조엘 쇼닝Joel Schoening의 말에 뛸 듯이 기뻤다. 병 보증금 법안 덕분에 대기업들도 병 반환에 적극적으로 관심을 보이게 된 것이다. 관련 법을 더 많이 통과시키는 것이 얼마나 중요한지 알 수 있다.

양조장별로 병에 대해 선호하는 모양과 색상이 달랐다. 이에 OBRC는 양조장들과 여러 번 논의를 거쳤고, 리필용으로 갈색 병을 설계하기로 했다. 현재 갈색 병은 81퍼센트 회수율을 나타내고 있고, 양조장 12곳에서 참여하고 있다. 이 병은 현재 빌라메트 밸리Willamette Valley의 와인 생산업체 두 곳에서도 사용하고 있다. 이 병들은 500밀리리터 크기로 일반 와인병보다는 더 작고, 프랑스의 전통 식당에서 판매하는 와인 병 크기와 비슷하다. 레스토랑도 운영하는 '쿠퍼스 홀 와이너리Coopers Hall Winery'의 조엘 건더슨 지배인은 이 크기의 와인이 식사 때 반주로 즐기기엔 안성맞춤이라고 말하는 고객들이 많다고 했다. 고객들이 이 병을 이상하게 여기지는 않는지 물었더니, 전혀 그렇지 않다고 하면서, 오리건주 사람들은 건더슨의 말에 따르면 '도덕적인 고객들'이라고 했다. 그들은 보틀드랍 프로그램이 '연어에 안전하다salmon safe'고 생각한다. 오리건 사람들은 '친환경적'이라는 표현을 '연어에 안전한' 환경과 연결 짓는다고 했다. 다행히도 영세양조업자들을 이용하는 소비자들의 생각도 같다. 이 프로그램의 규모를 확장할 수 있다는 신호탄이다. 오리건주에 있는 식품 체인 세이프웨이Safeway 56개 전체에서 현재 쿠퍼스홀Coppers Hall의 와인 두 가지 제품을 판매하고 있다는 사실만 봐도 알 수 있다.

맥주는 각각 다른 색상의 병에 들어 있다. 맥주별로 앞세우는 강점이 다르기 때문이다. 황색 유리는 햇빛 노출로 인해 맛이 '변하는 상태'를 예방해 주는 효과가 있다. 한편 투명 유리는 깊고 좁은 형태의 잔이 발산하는 황금빛 순도를 뽐내기에 좋다. 그런데 문제는 병을 재활용하려면 색깔별로 분리해야 한다는 점이다. 그렇지 않으면 재활용으로 새롭게 만드는 유리의 색이 덕해진다. 그러나 미국에서는 모든 색의 유리가 한데 섞여서 수집되고 있고, 색을 경제적으로 분리할 방법이 없는 상황이다. 그 결과 미국에서 판매되는 병과 항아리 중 3분의 1 미만이 재활용된다. 그러나 유리 재활용 수거함을 색깔별로 나누는 등 수거 시스템을 약간만 변경해도 해결할 수 있는 문제다. 네덜란드에서 유리병을 색깔별로 나누어 수거하기 때문에, 유리 재활용률이 90퍼센트가 넘는다.

네덜란드 소비자들은 유리를 색깔별로 분류해야 한다는 사실을 전적으로 수긍하고 실천하고 있다는 의미다. 내가 도시의 순환경제 사업에 참여해 네덜란드 공무원과 함께 암스테르담을 둘러본 적이 있었다. 뉴욕에도 적용할 수 있는 그들의 분리수거 시스템을 연구하기 위해서였다. 당시 나는 그에게 실수로라도 다른 색 통에 유리병을 넣으면 어떻게 되는지, 벌금이라도 내야 하는지 물었다. 그의 답변은 "글쎄요. 아무도 그렇게 안 하거든요"이었다. 그래서 나는 "하지만 혹시라도 색이 잘못 들어가면 어쩌나요? 그럼 시청에서 분리를 다시 해야 하나요?"라고 물었더니, 그는 "시청에서는 그럴 필요가 없어요. 아무도 색을 잘못 넣지 않으니까요"라고 답했다. 유리 재활용률이 98퍼센트인 독일에서도 그런 실수가 없다고 한다.

유리병을 색과 무관하게 무작위로 수거할 경우, 유리 재활용을 할 때 색을 분리해야 하는 재정적인 문제가 따른다. 이럴 경우, 플라스틱의 대체재로 유리 대신 알루미늄을 고려해 볼 수 있다. 알루미늄은 재활용 산업에서 단연코 가장 가치 있는 상품이며, 무한히 재활용할 수 있고, 이미 소비재에 사용되는 어떤 상품보다도 높은 재활용률을 기록하고 있다. 이처럼 순환경제 모델을 강조할 때, 다양한 선택지를 고려해야 한다. 핵심은 모든 제품이나 패키지가 매장 진열대에 오르기 전부터, 훗날 재활용을 할 수 있는 명확한 가치를 지니도록 하는 것이다.

수로 정화 작업

바다, 강, 호수에서 플라스틱을 제거하기 위한 몇 가지 기발한 방법들이 개발되었다. 그러나 애초에 플라스틱이 수로에 절대 투입되지 않도록 보장하는 시스템을 구축하는 것이 중요하다. 플라스틱 한 조각이 수로로 들어가는 순간, 생태계와 사람들의 건강에 적신호가 울릴 수 있기 때문이다. 수로를 깨끗하게 정화하기만 해도 피해를 최소화할 수 있을 것이다. 수로에서 회수된 플라스틱 대부분은 이미 새 제품으로 재활용할 수 없을 정도로 변질했다. 2016년 엘렌 맥아더 재단은 「신 플라스틱 경제The New Plastics Economy」 보고서를 발간해 전 세계에 경각심을 주는 메시지를 발표했다. "만약 플라스틱 쓰레기가 '현재 추세'대로 관리되지 않는다면, 2050년까지 바다에 어류(무게로 따지면)보다 플라스틱이 더 많을 수 있다." 이 장에서는 쓰레기 재앙과 싸우기 위한 다양하고 참신한 노력을 소개했다. 이들과 같은 마음으로 우리도 해안선과 강을 청소하고, 환류를 돌며 중심부에 모이는 플라스틱을 없애며, 어류 자원을 재비축하고, 지구의 생명에 너무나도 중요한 해양 생태계의 선상과 아름다움을 회복하기 위해 노력해야 한다.

우리 손에 있는 금광

2019년 4월 11일, 스페이스엑스SpaceX의 발사체 팰콘 헤비Falcon Heavy 메가 로켓이 탑재한 27기의 전설적인 멀린Merlin 엔진이 발사하는 순간, 나는 플로리다주에 있는 케네디 우주 센터에서 생중계 장면을 보고 있었다. 순백색의 증기가 로켓의 중심부에서 뿜어져 나왔다. 오후 6시 35분, 약 230만 킬로그램의 액체 산소가 세계에서 가장 강력한 로켓을 하늘로 밀어내자 27기의 엔진들은 우레와 같은 굉음과 함께 점화되었다. 이 로켓은 시속 0킬로미터에서 약 38,000킬로미터로 2분 39초 만에 가속하면서, 지구의 대기와 우주의 경계인 카르만 선을 가로질러 돌진했다. 잠시 후, 우주선 공학의 전례 없는 위업이 펼쳐졌다. 팰컨 헤비의 두 측면의 부스터 로켓이 세 번째 핵심 로켓에서 분리해 회전하고 하강하기 시작했다.

완벽한 대칭으로 나란히 착지하자 관중은 환호성을 질렀다. 1분

57초 후, 중심핵 로켓은 지구 저궤도에 탑재물을 방출하고 훌륭하게 뒤집혔다. 그리고는 소용돌이치는 대서양에 접한 플로리다주 스페이스 코스트에서 약 1.6킬로미터 떨어진 곳에 정박해 있는 무인선 '나는 물론 여전히 널 사랑해Of Course I Still Love You'호에 착륙했다.

이것은 여러 시사점을 남겼다. 특히 전자제품에도 순환경제의 모델을 적용하는 기술적 혁신을 예고했다. 지금까지 제작된 기계 중 가장 복잡하고 비용이 많이 드는 기계, 즉 로켓 발사체를 여러 차례 재사용했다는 점이 순환성을 기반으로 하기 때문이다. 스페이스엑스의 창립자 일론 머스크와 그의 팀은 로켓을 개조하고 다시 발사해 새로운 로켓을 제작하는 비용을 보잉과 록히드 마틴과 같은 오랜 우주 공학 선두기업이 지출했던 비용의 반으로 줄였고, 철저히 우위에 설 수 있게 되었다.

스페이스엑스가 2019년 6월 말 미국 국방부와 두 번째 팰컨 헤비 발사를 위한 주요 거래를 확보해 24개의 인공위성을 궤도에 인도했을 때 머스크의 재사용 전략은 큰 성과를 거두었다. 또한 그 탑재물에는 비영리 단체인 행성 학회The Planetary Society가 만든 태양열 우주선도 포함되어 있었다. 빵 한 덩어리 크기의 이 작은 우주선은 우주 탐사를 위한 연료를 공급하기 위해 태양의 청정에너지만을 사용하는 웅장한 비전의 첫 번째 시험 대상이기도 하다. 테슬라 전기차로 이동 수단에 혁명을 일으킨 머스크는 이제 지구에서 가장 먼 곳을 향하는 여정에서 지속 가능한 방식으로 이동하게끔 물꼬를 틔우고 있다.

재사용을 하는 이유가 무엇일까? 비용을 절감하는 것이 유일한 목적은 아니다. 재사용은 우수한 품질을 전제로 한다. 스페이스엑스는 로켓의 우주여행을 통해 밝혀진 '아차 사고'를 면면히 검토한 후, 수정할 수 있는 역량을 지닌다. 사실 반복된 우주 비행 자체로 결함의 부재를 입증하는 것이기에, 보험사들의 환심을 살 수도 있다. 미 항공우주국NASA의 짐 브라이든스타인 국장은 "로켓을 두 번째, 세 번째, 네 번째 또는 다섯 번째 발사하면, 발사체에 대한 보험료는 오르는 것이 아니라 실제로 내려간다"고 말했다. 이러한 모든 이유에서 머스크는 재사용성을 '성배Holy Grail'에 비유한다.

머스크의 엔지니어링팀은 엔진의 용도를 쉽게 변경하고, NASA의 방열판 설계를 개선할 수 있는 획기적인 모듈식 엔진 시스템을 설계할 수 있었다. 이를 통해 높은 열을 견디는 방열판의 품질을 개선하되, 상당히 낮은 비용을 투입할 수 있었다. 아무리 복잡한 장치라도 내구성이 우수하고 최대한 재사용될 수 있도록 만들면, 그 효과가 얼마나 큰지 보여주는 대목이다. 인간이 세계에서 가장 진보된 로켓을 그렇게 가성비 좋게 만들 수 있고, 재사용을 위해 빠른 속도로 복구할 수 있는지 알아낼 수 있다면, 왜 아이폰이나 노트북이나 평면 TV를 수리하는 일이 여전히 복잡하고 번거로워야 하는가?

핸드폰이 고장 나면, 수리 비용이 너무 많이 들고, 수리할 수 있는 선택지도 제한적이어서 아무리 가격이 치솟아도 새 핸드폰을 사는 게 분명 나은 선택으로 보인다. 아마 유일한 선택이지 않을까 한다.

안타까운 사실은 가전제품이 애초에 수리를 염두에 두고 설계된 것이 아니라는 점이다. 그 결과 전 세계적으로 쓰레기 매립지로 버려지는 폐기물, 특히 전자 폐기물이 가장 빠르게 증가하고 있다. 매년 약 5천만 톤의 전자기기가 전 세계적으로 버려지고 있다. 상업 비행을 위해 생산되는 전체 비행기의 수와 맞먹는 양이다. 셀 수 없을 정도의 산더미에 달하는 자원 낭비다. 사실상 전자 폐기물의 가치는 625억 달러로 추정된다. 그러나 미국에서는 매년 폐기된 전자제품의 15퍼센트만 재활용 공정에 투입된다. 유럽은 그나마 상황이 나은 편이다. 유럽 다수의 국가에서 전자 폐기물 중 40~50퍼센트가 재활용되고 있다. 아시아의 재활용률은 역내 여러 국가에서 60퍼센트가 넘는다. 유럽과 아시아에서 재활용률이 높은 비결은 무엇일까? 정부가 판매자와 제조업체에 지정된 비율의 재활용을 처리하도록 의무화하기 때문이다. 그럼에도 불구하고 전 세계 전자 폐기물의 약 29퍼센트만 매년 재활용되고 있다. 점차 희소성을 더해가는 귀금속 폐기물 양도 어마어마하다.

휴대전화를 만들 때 상당한 양의 금이 들어간다는 점을 고려해 보라. 전자 폐기물 분야의 대표적인 전문가 페데리코 마갈리니는 1톤당 휴대전화기에서 추출되는 금의 비율이 금광석 채굴에 비해 무려 '80배'나 높다고 지적한다. 휴대전화기 1톤에서 금 약 340그램이 추출되고, 백만 대의 휴대전화기에서 금을 추출하면 약 '32킬로그램(1킬로그램당 908그램)' 정도를 추출할 수 있다. 한편 금광의 공급량은 점차 바닥으로 치닫고 있다.

남아프리카 공화국의 음 포엔 금광은 세계에서 가장 깊은 인공

광산으로 불린다. 그게 다가 아니다. 광산은 어떻게 바라보는지에 따라 공학적 신비일 수도 있지만, 노동의 착취 현장에다 생태학적인 조롱이 펼쳐진다고 생각한다. 지하로 깊이 약 4킬로미터에 길이 약 380킬로미터(236마일)의 터널에 도달하기 위해 광부들은 세 번의 엘리베이터를 타야 한다. 타고 내려가는 시간만 한 시간이다. 갱도 온도가 섭씨 60도에 도달하는 환경에서, 광부들의 생존하기 위해 터널 전체에 얼음물이 펌프질 되고 거대한 냉각 팬으로 얼음물을 흩뿌린다. 이렇게 해도 여전히 온도는 29도로, 열기로 가득하다. 광산에서는 하루에 6천 톤의 얼음을 사용한다.

궁극의 목표는 광산 가장 넓은 곳에서도 두께가 약 76센티미터밖에 되지 않는 금광맥의 가는 힘줄 부위에 도달하기 위함이다. 광석을 캐더라도 금은 단단한 덩어리가 아니라 작은 반점 수준으로 퍼져 있다. 약 10그램의 금을 생산하기 위해서는 1톤의 광석이 필요하고, 광산 하나에서 연간 평균 약 7,807킬로그램의 금을 추출한다. 70만 톤이 넘는 암석이 인양되는 것과 다름없다. 금을 추출하는 데약 28그램당 779달러의 비용이 드는데, 금은 약 28그램당 1,300달러 안팎의 변동 가격에 팔리고 있다. 그러니 광산은 여전히 상당한 수익창출원이 되는 셈이다. 하지만 금에 대해 그렇게 갈증을 느끼며, 불같이 뜨거운 지하 광산을 만들어 그렇게 막대한 돈을 들여 광업을 하는 게 경제적으로 (생태적으로나 인도주의적 차원에서는 아니지만) 합리적이라면, 왜 우리는 그렇게 많은 휴대전화기, 태블릿, 노트북, TV를 매립지에 버리는 관행을 허용하는가? 휴대전화기, 태블릿, 노트북에는 구리, 은, 팔라듐을 포함한 여러 다양한 귀금속이 포함되어 있다. 그렇다면 이 기기들을 '채굴'해야 하는 것이 아닌가.

일렉트로닉 리사이클러 인터내셔널Electronic Recyclers International, ERI이라는 기업은 전자 폐기물에서 손실된 가치 전체를 복구하면 얼마나 높은 이윤을 창출할 수 있는지를 보여주는 데 앞장서고 있다.

전자 폐기물이 산더미처럼 쌓인 금광

스티스 잡스는 스탠포드대학교의 졸업식 연설에서 "지금 여러분은 미래의 점들을 연결할 수 없습니다. 단지, 현재와 과거만을 연관 지어 볼 수 있을 뿐이죠"라고 말하며 현재와 미래의 연결고리에 대한 고견을 말했다. 그러한 지혜를 기업가 존 시계리언의 사업 여정에서도 엿볼 수 있다. 존은 아내 태미와 공동으로 ERI를 설립했다. ERI는 미국에서 가장 큰 규모의 최첨단 전자 폐기물 재활용 기업 중 하나다. 그를 처음 알게 된 시점은 내가 '리사이클뱅크'를 창업하던 때로 거슬러 올라간다. 당시 그는 세계 최대 알루미늄 제조기업 '알코아Alcoa'가 주최한 재활용 전문가 회의에 나를 초대했다. 알코아가 ERI와 제휴를 맺고 재생 알루미늄을 납품하던 터라 존도 참석하게 된 것이다. ERI가 추진한 여러 훌륭한 사업 중에 재생 알루미늄 사업도 포함되어 있었다.

존은 어린 시절, 직업적으로 말을 타는 기수가 되려는 불타는 야망을 지녔다. 그러나 어렸을 때부터 유난히 키가 컸던 그는 기수의 체격 조건에 맞지 않았다. 그래서 기수의 꿈은 포기했지만, 그 대안으로 말을 몰 수 있는 '마차경주자[harness driver, 스포츠의 일종으로 두 바퀴가 달린 마차를 채운 말이 벌이는 경주]'가 되기로 했다. 그는 그가 자란 뉴욕 북쪽의 마차경주 트랙에서 마구간을 청소하는 궂은일부터 시작했다. 결국 그는 16세에 미국 최연소 프로 마차경주 레이서가 되었고, 17세에 세계 기록을 세웠다.

그의 아버지도 종마 '노블 다아시Noble Darcy'를 사들이며 마차경주 사업에 뛰어들기로 했다. 존의 아버지는 아들이 말의 세계 외에 다양한 경험을 하길 바라는 마음에서 갖고 있던 종마를 벨기에의 풍차 제조업체에 종마로 팔았고, 존은 다른 분야로 시야를 확장해 보고 싶다는 생각에 이르렀다. 많은 고민 끝에 미국에 풍력을 도입하기로 했다. 1977년, 그는 '윈드마스터WindMaster'라는 풍력 에너지 회사를 설립했고, 회사는 고공 행진했다. 그러던 중, 로널드 레이건이 대통령으로 취임했고, 기술 투자에 대한 세제 혜택을 전면 폐지하는 조치를 감행했다. 그는 결국 사업을 중단하게 되었다. 그러나 그는 이 경험을 통해 낙담하거나 현실을 비관하지 않았다. 오히려 그가 지닌 기업가 정신을 최대한 발휘해 문제를 하는 데 집중할 수 있었다. 그리고 의외로 돌파구의 선택지가 많다는 점에 놀랐다.

ERI를 설립하기 전에, 그는 그레고리 보일 신부Father Gregory Boyle 와 함께 전직 수감자들을 고용하는 '홈보이 인더스트리즈Homeboy Industries'를 공동 설립했다. 처음에 두 사람은 '홈보이 토르띠야

Homeboy Tortillas'로 사업을 시작했다. 로스앤젤레스의 그랜드 센트럴 마켓에 있는 작은 토르띠야 매장을 운영했는데, 손님이 끊이질 않을 정도로 대성공을 거두었다. 사업의 성공 신화는 CNN에서 '올해의 크리스마스 이야기'로 방영할 정도로 반응이 뜨거웠다. 존은 아내와 결혼한 후, 그동안 음식 사업을 통해 얻은 노하우를 활용해 그녀의 고향 프레즈노에 레스토랑과 양조장을 열기로 했다. 양조장에서는 '불독 루트 비어Bulldog Root Beer'를 생산했고, 수익금은 프레즈노의 크레이그 경영대학원Fresno State's Craig School of Business에 기부했다.

그는 크레이그 경영대학원과 연을 맺으면서, 일반 대학 등록금이 터무니없이 비싸다는 사실에 눈을 떴다. 그리고 FinancialAid.com을 설립해 사업을 번창시켰다. 어느 날 그는 FinancialAid.com 영업부장으로부터 그녀의 가장 친한 친구 얘기를 듣게 되었다. 그 친구는 '컴퓨터 리사이클러즈 오브 아메리카Computer Recyclers of America' 회사를 간신히 운영하고 있었는데, 영업부장은 존이 도움을 주면 어떨지를 물었다. 존과 태미 부부는 전자 폐기물 재활용의 가능성에 마음이 크게 움직였다. 이에, 부부는 2005년 FinancialAid.com을 매각하고 친구가 운영하던 재활용 회사를 인수하기로 했다. 그리고 25년 동안 비어 있던 프레즈노의 이전 쓰레기 재활용 시설로 재활용 회사를 이전했다. 사업을 시작한 첫 달, 그들은 약 4,536 킬로그램의 폐기물을 재활용했다. 그때가 2005년 4월이었다. 그리고 나서 2019년 4월, 회사가 전국에 보유한 재활용 시설 여덟 곳에서 약 1,400만 킬로그램을 재활용했다.

존과 태미는 전자 폐기물 재활용 메커니즘과 사업 모델을 개발하는 차원에서 끊임없이 주요 혁신을 주도해 왔다. 두 사람은 2013년 블룸버그시 정부와 제휴 관계를 맺고 주거용 건물의 전자 폐기물을 수거하는 시스템을 세계 최초로 선보였다. ERI는 현재 뉴욕시에 있는 8천 개의 건물에서 전자 폐기물을 수거해, 주민 320만 명이 각자 원하는 일자에 수거를 예약하면 기기를 수거해 안전하게 폐기한다. 두 사람이 ERI를 창업할 당시, 거창한 장비 하나 없었다. 처음에는 직원들이 일일이 손으로 기기를 분해했다. 그러나 얼마 지나지 않아 전자 장치를 분쇄해 공정을 가속화할 수 있는 기계를 물색하기로 했다. 태미는 좋은 분쇄기를 알아보기 위해 아시아로 출장을 갔다. 아시아가 전자 폐기물 재활용에서 앞서고 있었기 때문이다. 미국에는 그러한 분쇄기가 전혀 없었다. 그래서 태미는 남편에게 차라리 엔지니어를 고용해서 분쇄기를 만들면 어떨지 제안했다. 곧 제안은 현실이 되었다. 기계는 거대한 평면 TV부터 산업용 컴퓨터 프로세서, 그리고 모든 종류의 작은 기기까지 폐기물 전체를 잘근잘근 씹어 먹었고 그 장면을 본 존은 입을 다물 수 없었다. 기계로 투입된 기기들은 컨베이어 벨트를 통해 거대한 톱니바퀴로 들어가, 낟알 조각으로 미세하게 분류되어 나온다.

존과 태미는 또한 회로 기판에서 금, 은 그리고 다른 귀금속들을 추출하는 혁신적인 접근법을 개발했다. 곧 한국의 거대 전자 회사인 LG의 창립 일가의 회원들은 그 과정을 알고 연락을 해왔다. 구리 제련 사업도 운영하는 LG는 ERI에 투자를 지원하고, 사업 제휴를 맺기도 했다. 이에 ERI는 LG 측에 폐전자기기에서 추출한 회로 기판, 그리고 회로 기판에서 귀금속을 회수하는 기술을 제공한다. 폐전자제품에서 귀금속을 회수하는 것이 광산업체들과 계약을 맺고 귀금속을 채굴하는 것보다 훨씬 더 신뢰할 수 있고, 기업의 사회적 책임을 실천하는 일이며, 경제적으로도 유리하기 때문이라고 LG 측이 존에게 설명했다고 한다. 실제로 중국에서 실시한 연구에 따르면, 광석에서 구리, 금, 알루미늄을 채굴하는 비용이 전자 폐기물에서 회수하는 비용에 비해 13배 높다.

최근 ERI가 손을 댄 획기적인 사업 분야는 로봇을 이용한 쓰레기 분류 시스템이다. 2018년, ERI는 최초로 로봇을 활용해 전자 폐기물을 재활용한 사업체로 자리매김했다.

재활용에 쓰이는 로봇을 구조 현장으로

당신이 마타냐를 만났을 때, 다른 차원에서 생각하는 누군가와 이야기하고 있다는 것은 의심의 여지가 없다. 세계 최고의 로봇 연구 센터 중 하나인 캘리포니아 공과대학교의 대학원생으로서, 그는 어린 시절의 꿈을 추구했다. 어렸을 때 젯슨과 트랜스포머를 보면서, 그는 개인 로봇 동료를 만드는 것을 도울 수 있다는 전망에 감격했고, 칼텍에 있는 동안 몇몇 가장 명망 있는 경진대회에 참가했다. 그는 미국 정부의 국방고등연구계획국Defense Advanced Research

Projects Agency이 후원하는 ARM-S 프로젝트에 참여해, 지퍼 달린 가방을 열고 자동차 타이어를 교체하는 기능을 지닌 로봇을 만들었다. 후쿠시마 원전 사고 이후 로봇이 재난 현장 청소를 얼마나 잘하는지 평가하는 프로젝트에도 참여했다.

그럼에도 로봇 분야는 아직 갈 길이 멀다. 인간이 쉽게 할 수 있는 수많은 작업을 로봇으로 대체할 수 없는 경우가 너무나도 많다고 내게 설명했다. 심지어 단순한 직립 보행도 로봇에겐 쉽지 않은 상태라며, "로봇은 엉성하게 걸어가며 발을 수시로 찧는다"고 말했다. 마타냐는 '머신 비전[machine vision, 기계에 인간의 시각과 판단 기능을 부여하는 기술로, 시각 검사와 결함 감지, 부품의 위치 지정 및 측정, 제품 식별, 정렬 및 추적에 이용됨]' 전문가로서 재활용을 위한 로봇에 연구를 집중했다. 재활용품을 분류할 수 있을 만큼 시각적 능력을 좋게 하는 여러 기술을 로봇에 집약할 수 있기 때문이다. 로봇이 쓰레기 분류 전문 인력보다 훨씬 더 빠른 속도로 분류작업을 할 수 있다는 점을 간파했다.

그는 로봇을 인공지능과 결합해, 쓰레기 분류 로봇들이 1분에 50개 이상의 품목을 분류할 수 있도록 만들었다. 그는 머지않아 갈색 및 투명 유리와 녹색 유리를 분류하고, 능숙하게 병을 집어 올려 병이 쉽게 재사용될 수 있을 것으로 기대한다. 순환경제 원칙을 적극적으로 옹호하는 그는 사업 모델을 구상할 때, 로봇의 도움으로 고객들이 쉽게 물건을 고쳐 사용하는 것을 전제로 했다. 예를 들어 AMP[폐기물 및 재활용 산업을 위한 AI, 로봇공학, 인프라 분야의 선구자 격인 미국 기업] 기술자들이 원격으로 로봇 공정을 평가하면서 현장 업무에 대해 적절한 지침을 내리게 하는 식이다.

과대광고에서 지구 보호까지

지난 수십 년 동안 우리는 최첨단 기술이 약속하는 미래에 현혹되어 왔다. 사람의 몸을 닮은 '휴머노이드 로봇'을 비롯해 여러 종류의 인공지능, 빅데이터 애널리틱스, 나노기술, 양자 컴퓨팅 등 그 이름도 다채롭다. 1995년 당시 MIT 미디어랩의 책임자인 니콜라스 네그로폰테 교수는 베스트셀러가 된 그의 저서 『디지털이다*Being Digital*』에서 "네 번째 밀레니엄 시대가 도래하면[2001년 1월 1일부터 3000년 12월 31일까지의 시기는 '제3천년기' 혹은 '세 번째 밀레니엄'이라고 함], 사람들이 착용하는 왼쪽과 오른쪽의 커프스 단추 혹은 귀걸이가 저궤도 위성을 통해 서로 통신할 수 있을 것이다"라고 적었다. 단, 서로가 무슨 메시지를 주고받을지는 예측하기 어렵다. 아직 이러한 상황이 펼쳐지진 않았지만, 저궤도 위성에 대해 열심히 설파하는 인물이 있다. 바로 일론 머스크다. 그의 로켓이 저궤도 위성을 빠르고 맹렬히 발사하고 있다. 한편 아마존은 저궤도 위성 3,236개로 하나의 네트워크를 만들어 인터넷 서비스가 부재한 세계 모든 지역에 인터넷 서비스를 제공할 계획이다.

네그로폰테 교수는 미래의 로봇을 '다리가 있어서 계단을 오를 수 있고, 손이 있어 음료를 운반할 수 있는 디지털 가사도우미'로 표현했다. 아직 그러한 가정용 로봇은 먼 미래 같지만, 배달용 로봇은 출시되는 추세다. 스타우드 호텔Starwood Hotels은 룸서비스 식사, 수건, 칫솔을 손님들에게 전달하는 '보틀러[Botlrs, 로봇의 '봇(bot)'과 집사(butler)의 '틀러(tlrs)'의 합성어]'라고 불리는 로봇 집사를 배치했다. 로봇을 시범 운영하는 동안 사람들의 반응은 뜨거웠다. 손님들은 로봇을 이용해 물건을 하나라도 더 전달받기 위해 애쓰기도 했다. 보스턴 다이내믹스Boston Dynamics의 경우, 뒤로 공중제비를 할 수 있는 로봇 '아틀라스Atlas'를 제작했다. 그래서 계단을 걸을 필요 없이 몸을 날리며 계단을 뛰어넘을 수 있도록 했다.

한편 기술 혁신을 정확하게 예측하는 것이 얼마나 어려운지 많은 이들이 공감할 것이다. 새로운 기술의 물결을 연구하는 전문가들은 일부 논란에 대해 의견이 분분하다. 예를 들어 '로봇으로 인한 인간 일자리의 종말'을 주장하며 모든 직업이 사라질 것이라는 주장도 있고, 인공지능을 기반으로 하는 각종 장치와 기기가 인간의 업무 효율을 높일 것이라는 주장도 있다. 단, 기술 발전의 융합으로 인해 발명가와 기업가들이 현재 많이 회자되는 '사물인터넷IoT'을 형성하는 데 기존과는 다른 새로운 역할을 할 수 있는 여지가 훨씬 더 늘어날 것이라는 데에는 이견이 없다. 세계 최고의 AI 권위자 중 한 명인 리카이푸 박사는 그의 대범한 저서 『AI 슈퍼파워AI Superpowers』에서 "우리는 기계가 인간의 업무를 파격적으로 쉽게 만들어주거나 인간을 가차 없이 대체할 수 있는 새로운 시대의 벼랑 끝에 서 있다"고 언급하며, "이제 기업가들은 소매를 걷어붙이고, 지속 가능한 비즈니스의 방향으로 알고리즘을 맞추기 위한 온갖 노력을 아끼지 않아야 한다"고 강조했다.

그가 의미하는 '지속가능성'은 친환경을 내포하기보다는 사업성을 강조했다. 친환경 제품과 서비스의 사업성이 우수하다는 면에서는 일맥상통한 의미이긴 하지만 말이다. 다행히 새로운 '스마트 기술'을 이용해 순환성의 원천을 촉진하고 기후 변화의 재앙에 맞서 싸우는 혁신 기업들이 많다. 장치의 기능을 원격으로 모니터링하는 광범위한 센서가 크기도 줄어들고 있지만, 비용도 떨어지고 있다. 깨알만큼 작은 센서가 출시되기도 한다. 미쉐린Michelin 타이어 제조사가 자사의 타이어에, 롤스로이스가 판매하는 제트 엔진에 대해 출력량과 시간에 따라 요금을 부과하는 사업 '파워 바이더 아워Power by the Hour'를 시작했듯이, 작은 센서가 더 많은 제품에 내장되어 어느 부분에 수리가 필요한지 파악하고 '예측적 유지 보수predictive maintenance'를 지원하게 될 것이다. 내가 개인적으로 '수리 모니터링' 분야에서 모범 사례로 꼽는 기업은 '스위트센트SweetSense'다. 개발도상국의 우물 펌프 장비를 위성 통신 데이터를 통해 모니터링 장치를 저렴하게 판매하는 회사다. 우물 펌프에 문제가 발생할 때 경보를 울림으로써, 펌프의 고장률을 크게 낮추었다. 가뭄이 증가하는 미래에는 인명 구조에 필수적인 역할을 하게 될 것이다.

제품의 사용 주기 동안 상태를 추적하는 기술[주로 '무선 주파수 인식(radio frequency identification, RFID)]이 센서와 결합할 경우, '서비타이제이션[servitization, 서비스의 상품화 또는 기존 서비스와 신규 서비스의 결합 현상'이라고 불리는 '서비스의 상품화product-as-a-service' 가능성에 물꼬가 틔워진다. 이 사업 모델을 심층 탐구하는 거물 전자 기업 삼성전자는 TV 대여 사업을 본격적으로 시작했다. 한편 혁신을 거듭하는 마타냐 호로위츠 AMP 회장은 현재 재활용 기계를 임대하고 판매하면서, 합리적인 가격에 소규모로도 기계를 제공해 재활용량을 크게 늘리고자 한다.

기술로 구현된 연결 및 모니터링 기능이 지원되면, 제품 수리뿐만 아니라 성능 최적화가 가능해진다. 여객 철도 서비스 렌페Renfe는 사물인터넷 기술을 이용해 열차의 예측적 유지보수를 수행하고 수집된 데이터를 통해 열차의 정시 운영 성능을 모니터링해 서비스를 극적으로 개선했다. 열차가 2,300회 이상 운행하는 동안, 치명적인 지연 사태가 단 한 번에 발생하지 않았다고 전해진다. 향상된 성능 덕분에 렌페의 열차 서비스는 마드리드와 바르셀로나 간의 구간에서 60퍼센트의 시장 점유율을 차지하게 되었다. 기존에는 항공기가 주로 이용되었는데 이동 수단이 변하게 된 것이다. 한편, 지멘스를 비롯한 여러 기술 선두기업은 제조사들이 기술을 더 쉽게 적용할 수 있도록 IoT 도구 패키지를 제공하고 있다. 세탁기에서 냉장고, 에어컨, 소형 가전제품에 이르기까지 모든 종류의 전자제품을 보다 에너지 효율적이고 오래 사용할 가능성이 점점 커지고 있다.

이 외에도 여러 기술을 창의적으로 조합함으로써 지구의 생물다양성과 숲을 보호하는 데 일조하는 사례들도 있다. 유명한 조직 중에 '숲을 보는 눈Eyes on the Forest'이 있다. 인도네시아 수마트라섬의 열대우림에서 불법 벌목을 감시하기 위해 구글의 클라우드 서비스와 매핑 기술의 방대한 데이터 기능을 결합해, 비교적 저렴한 드론에 사용하거나 NASA에서 제공하는 무료 위성 사진을 이용해 인도네시아의 수마트라 우림의 불법 벌목을 모니터링하기도 한다. 한때 연안을 뒤덮었던 울창한 숲 때문에 '적도의 에메랄드'라고 불린 수마트라는 지난 25년 팜유 공급과 종이 펄프 생산에 희생되어 저지대 숲의 3분의 2 이상을 잃었다. 이와 같은 심각한 상황은 탄소 포획의 문제도 초래하지만, 현재 멸종 위기에 처해 있는 이곳 고유의 호랑이, 코끼리, 오랑우탄에도 치명적이다.

'숲을 보는 눈'은 세계자연기금World Wildlife Fund이 우림에 대한 불법 이용 실태 증거를 수집하기 위해 현지 NGO 두 곳과 공동 설립한 조직이다. 비밀 수사팀을 우림에 파견해, 불법 벌목 행위를 드론으로 촬영한다. 그런데 증거를 남기는 과정에서 위험천만한 요소가 항상 도사리고 있다. 일례로 수사관 한 명이 벌목꾼들에게 납치되어 구타당한 후, 몇 시간 동안 인질로 잡혔다고 한다(인질을 풀어주고 나서도 벌목 행위를 이어갔다). 드론을 이용한 감시활동은 무분별하게 벌목 활동을 벌이는 기업과 부패한 정부 관료들이 유죄판결을 받는 데 결정적이었다. 결국 전 세계 최대 제지 회사 중 하나인 '아시아 펄프&페이퍼Asia Pulp & Paper'가 불법 벌목을 중단할 것을 공개적으로 서약하도록 촉구했다. 구글은 '숲을 보는 눈'에 보조금을 지급해 벌목을 모니터링하고 경각심을 높이도록 숲의 상세한 반응형 맵interactive map과 사진을 게시한 웹사이트를 만들도록 했다. 이때 개발자가 구글 어스 매핑 기술과 더불어 NASA의 위성 데이터를 사용하도록 했다. https://maps.eyesontheforest.or.id에서 관련 내용을 확인할 수 있다.

GPS 모니터와 태양열 센서, 그리고 정부에서 개발한 기술을 기존 기술과 혼합한 또 다른 프로젝트를 소개한다. 바로 '동물 인터넷Internet of Animals'을 만드는 것이 주요 목표인 프로젝트 이름은 '이카루스'다. 이카루스ICARUS는 '우주를 이용한 동물연구 국제협력International Cooperation for Animal Research Using Space'의 약자다. 이 프로젝트는 곤충, 새, 사자, 호랑이, 곰에 이르는 많은 야생동물에 소형 태양광 센서를 부착하고 국제우주정거장에 설치된 장비를 통해 그들의 이동 패턴과 서식지의 악화 여부를 감시하는 것을 목표로 한다. 이렇게 되면 환경 보호론자들에게 훨씬 더 정제된 정보를 제공할 수 있을 것이다. 일반 대중도 휴대전화 앱에 접속해서 멸종 위기에 처해 추적이 필요한 특정 새, 돌고래, 바다거북을 확인할 수 있다. 플라스틱 쓰레기로 인한 죽음에서 이 동물들을 벗어나게 할 수도 있을 것이다.

특히 태양광 발전의 변혁적 혁신이 급부상하고 있다. 센서와 작은 엔진이 종일 작동해 태양을 향해 피어나는 해바라기처럼 빛이 내리쬐는 각도를 최적화하는 양면 태양 전지판이 발명되기도 했다. 싱가포르 태양에너지연구소Solar Energy Research Institute of Singapore, SERIS이 제작한 태양광의 경우, 경쟁 제품 대비 35퍼센트 더 많은 전력을 생산하는 동시에 발전단가를 16퍼센트까지 줄일 수 있다는 사실을 실증 테스트를 통해 입증했다.

변화의 파급효과가 훨씬 더 큰 혁신사례들도 있다. 빌 게이츠가 지원하는 여러 스타트업 중 하나인 '헬리오겐Heliogen'의 혁신 성과가 대표적이다. 회사의 설립자 빌 그로스Bill Gross는 세계 최고의 기술 혁신 인큐베이터 중 하나인 '아이디어랩Idealab' 설립의 일등 공신이다. 헬리오겐의 엔지니어들은 AI를 이용해 태양표면 열의 약 4분의 1인 섭씨 1,000도의 열을 발생시킬 만큼 햇빛을 집중 빔으로 내리쬐는 거울 세트를 구성하는 방법을 파악했다. 강철, 시멘트, 유리를 제조할 때 사용할 수 있을 만큼 높은 온도다. 자세한 내용은 다음 장에서 살펴볼 것이다. 햇볕을 한 번만 내리쬐도 탄소 배출이 상당히 줄어들 수 있을 것이다.

마지막으로 소개할 혁신 사례는 태양광 집열판을 재활용하는 방법이다. 현재로서는 비용이 과도하게 들어, 집열판을 대규모로 재활용하지 않고, 산더미처럼 쌓여 매립지 행을 기다리고 있다. 벨기에의 리에주대학교University of Liege의 연구진은 태양광 집열판으로부터 실리콘을 추출하는 방법을 연구하고 있다. 이렇게 추출되는 실리콘은 전기차 배터리에 사용되거나, 집열판에 사용되는 유리를 재사용하기 위해 정제하는 공정에 이용될 수 있다.

수익 창출 목적의 노후화

버려지는 전자제품의 상당 부분은 작동에 문제가 없다. 몇 년은 더 써도 무방한 경우도 많다. 그렇다면 사람들은 왜 전자제품이 오래 쓸 가치가 없다고 생각할까? 이에 대한 한 가지 답은 '계획된 진부화'에서 찾을 수 있다.

애플의 '배터리 게이트[아이폰에서 2017년 하반기에 애플이 의도적으로 사용자 몰래 배터리 성능 상태에 따라 CPU 성능을 낮추도록 조작한 사건]' 스캔들을 기억할 것이다. 애플은 최신 모델 출시를 앞둔 2018년, 일부 구형 아이폰 모델의 작동을 의도적으로 느리게 만들었다는 점을 인정할 수밖에 없었다. 일부 기술 전문가들은 애플이 의도적으로 기기를 노후화했다고 거침없이 말했다. 《테크크런치》의 세스 포지스 기자는 아이폰을 '계획된 노후화의 대표적인 성공 사례'라고 했다. 그러나 전자제품의 노후화를 처음부터 의도했다는 사실을 입증하기가 매우 어렵다.

많은 전자 회사들은 새로운 기종과 리퍼브 제품을 동시에 판매하는 것보다 신제품을 하나라도 더 파는 것이 훨씬 더 유리하다고 판단했다. 그러나 어느 순간부터 '계획된 노후화' 관행을 무조건 따르던 업계가 제품을 복원한 후 재판매하는 사업방식에 관심을 두기 시작했다. 대표적으로 자동차 업계가 초심을 되찾았다. 이전처럼 오랜 수명을 지닌 차를 생산하며, 공식 중고차 판매 사업을 선보이고 높은 이익을 거둔다. 최근 중고차 시장 활성화 현상에 대해 주간지 《오토모티브 뉴스》는 신차 구매율이 감소하는 상황에서 '이윤을 퍼 올리는 상황을 운명의 수레바퀴a wheel of fortune that keeps profits on the upswing'로 묘사했다. 미국 차량의 평균 수명은 현재 11.4년이다. GM이 한때 설정한 차의 나이보다 높은 수준이다. 1955년, 회사의 디자인 총괄자는 미국에서 신차의 평균 소유 기간이 단 2년으로 떨어졌다고 고양된 어조로 말하며, "1년까지 낮추면 100점 만점에 100점일 텐데…"라고 아쉬움을 토로했다.

본격적으로 오래가는 제품을 만들다

오래가는 제품 만들기의 대표 사례로 네덜란드 스타트업 페어폰 Fairphone이 있다. 회사는 최소 5년을 목표로 수명이 긴 '모듈식 스마트폰[modular smartphone, 필요한 모듈만 교체하는 식으로 스마트폰의 주기를 늘리고, 원하는 기능만 업그레이드하자는 실용적인 아이디에]'을 출시했다. 우아한 디자인이 특징적이며, 부품을 교체하는 방식으로 쉽게 수리할 수 있다. 그리고 사용자가 직접 부품을 교체할 수 있다. 회사명 '페어폰'에서 '공정성'을 뜻하는 '페어fair'라는 단어는 공정 거래 fair 인증을 받은 귀금속만을 핸드폰 생산에 사용한다는 사명을 나타낸다. 설립자 바스 반 아벨은 금을 비롯한 여러 귀금속을 채굴해 본 자기 경험에서 영감을 받아 이와 같은 전화기를 만든 것이다. 테드 TED 강연에서 바스 반 아벨 대표는 "광부들은 땅에 60미터 구멍을 파고 들어갑니다. 하나의 광물을 채굴하기 위해 보호장치도 제대로 갖추지 않고 며칠 동안 땅속에서 일하는 모습을 보게 되었습니다"라고 말했다. 그가 언급한 광물은 바로 '콜탄[coltan, 핸드폰과 컴퓨터를 만들 때 들어가는 천연자원]'이다. 콜탄 거래를 통한 수익이 콩고를 비롯한 아프리카의 다른 지역을 완전히 파괴하고 큰 피해를 일으킨 무장 민병대를 위한 자금 지원에 사용되었기 때문에, 콜탄은 '분쟁 광물 conflict mineral'로 분류되고 있다. 광산의 근무상황이 이렇게 처참하다. 어떠한 경우에는 사금을 채취하는 아동 노동자들이 독성 성분에 노출되기도 한다. 부실한 광산 갱도[坑道, mine shaft, 광산이나 탄광에서 탐광, 채굴, 토목공사를 위해 지하에 뚫어 놓은 도로]가 붕괴하는 경우도 잦다.

반 아벨 대표는 분쟁 광물 문제에 대한 사회적 관심을 모으는 데 앞장서고 있는 '바그 소사이어티Waag Society'의 크리에이티브 디렉터의 지위로 콩고를 방문했다. 그는 핸드폰을 디자인한 적도, 스마트폰을 소유하지도 않았지만, 공정 거래 금속만을 이용해 핸드폰을 제작하는 것이야말로 사회에 경각심을 줄 수 있는 가장 좋은 방법이라고 생각했다. 단, 핸드폰 분야에 대한 전문지식은 부족했기에, 기자에게 "아는 게 별로 없다는 것은 뭐든 발견하게 하는 훌륭한 촉매다"라고 말했다.

그가 개발한 페어폰의 사업 모델은 네덜란드의 일반 전화 및 모바일 전기통신 기업 KPN으로부터 펀딩을 받을 만큼 참신했다. 게다가 런던의 투자 회사 배스널 그린 벤처스Bethnal Green Ventures에서 운영하는 인큐베이터 프로그램에 지원 대상으로 선정되는 영광을 얻기도 했다. 외부 투자자로부터 4만 달러의 지원도 받았다. 2013년, 회사는 친환경 캠페인과 함께 웹사이트에서 시제품 출시를 알렸고, 출시 3주 만에 "1만 대에 대해 선주문이 들어왔고, 계좌에는 350

만 유로가 입금되어 있었다. 시제품을 출시한 상태라 엄밀히 말하면 양산품에 대한 완벽한 노하우는 없던 시점이었다"라고 대표가 말했다. 3개월 이내에 주문량은 6만 대에 달했다. 페어폰은 오늘날까지 유럽에서 크라우드 펀딩으로 가장 높은 수익을 올린 사례이자, 유럽 스타트업 중에 성장 속도가 가장 빠른 회사로 남아 있다.

2020년 초, 페어폰은 교체할 수 있는 배터리, 디스플레이, 카메라, 스피커 그리고 상단과 하단의 회로 모듈이 탑재된 세 번째 모델을 자사의 사이트에서 판매하기 시작했다. 헤드폰 잭도 있어 비싼 이어폰이 필요 없고, USB 케이블로도 충전할 수 있기에 별도로 충전 케이블을 제공하지 않는다. 신기종을 출시하더라도 기존 기종을 지원하지 않는 일은 없다. 2020년 6월, 회사는 2015년에 출시된 '페어폰 2'를 '안드로이드 9 파이 운영 체제'로 업그레이드할 수 있다고 발표했다. 소프트웨어 유지보수에 대한 보증 기간은 2년이다.

많은 모듈형 기기가 시장 공략에 실패했다는 점에서 페어폰의 성과는 군계일학이라고 할 수 있다. 실패 사례 중에는 구글의 '프로젝트 아라Project Ara'가 2016년 단종된 경우가 있다. 카메라와 스피커뿐만 아니라 구매용 영수증 프린터, 레이저 포인터, 심지어 의료기기와 같은 특수 기능을 포함하는 전화기를 개발하는 프로젝트였다.

그는 사람들이 직접 스마트 전자기기를 만들 수 있는 조립형 혹은 '모듈형modular' 부품을 제공하는 '내슨트 오브젝트Nascent Objects'를 설립했다. 페이스북은 2016년 이곳을 인수했고 엘미에를 사업 총괄자로 영입했다. 엘미에는 대규모 모듈화의 추세가 도래하고 있지만 "처음에는 작은 틈새시장이 될 것"이라고 생각했다. 참고로 대기업이 제품 양산에 적용하는 혁신 기술의 씨앗이 스타트업에서 나오는 경우가 많다.

박탈할 수 없는 수리할 권리

2020년 초 어느 날, 아이픽스잇iFixit의 공동 설립자이자 CEO인 카일 빈스Kyle Wiens는 빠르게 퍼지는 코로나19에 대한 뉴스 보도를 듣고 있었다. 이탈리아에서 인공호흡기 기계가 사용 과다로 과부하가 걸려 고장이 나기 시작한다는 소식을 듣는 순간, 무릎을 치며 아이픽스잇이 나서야겠다고 생각했다. 회사는 온라인으로 수리 정보와 수리를 시연하는 제품 '해체' 영상을 무료로 제공하고, 수천 개의 전자제품에 대한 예비 부품을 판매했다. 빈스는 미국과 전 세계에서 소비자 및 독립 기술자가 제품을 쉽게 수리할 수 있도록 전자제품 제조사들이 정보를 제공하도록 하는 법안을 추진하는, 수리할 권리 운동의 중심인물 중 하나다. 그는 바스 반 아벨에게 페어폰을 최적으로 수리하는 방법에 대해 자문을 제공하기도 했다. 아이폰 수리 정보를 쉽게 내려받을 수 있도록 인터넷에 올리고 아이폰 부품을 판매하는 그를 애플이 탐탁지 않게 생각하는 건 당연했다. 의료기기 제조사들이 기계 수리 매뉴얼에 대한 접근을 제한하면서, 병원으로부터 고가의 비용을 받고 '바이오메드biomed'라고 불리는 병원의 현장 기술자들에게 교육한다는 사실을 빈스는 잘 알고 있었다.

제조사들은 자사의 기술자만이 기계 작업을 하는 것을 원칙으로 하고 있어서, 서비스를 받으려면 자기네들이 파견하는 공인 기술자를 최소 며칠은 기다려야 한다. 그러나 병원의 '바이오메드'는 기술에 관해 고도의 수련을 마친 전문직이고, 2018년 식약국은 그들을 "의료기기에 대해 높은 수준의 안전하고 효과적인 수리를 담당하는 직군"으로 묘사했다. 바이오메드로 활동하고 샌프란시스코의 존 뮤어 헬스 병원에서 근무하는 네이터 아메드는 이 문제에 대해 강력하게 주장했다. 그는 내게 80달러짜리 부품을 보내달라는 요청을 제조사가 승낙하지 않아 애를 먹었다고 했다. 제조사는 자기네 기술자 중 한 명이 설치하러 와야 하고, 3~5일은 후에나 파견할 수 있다고 했다. 비용은 4천 달러라고 했다. 오히려 비용은 부차적인 문제였다. 기계가 언제 고장 날지 모르는 상황에서, 한밤중에도 기계를 고치러 가는 일이 있었다. 그는 "자동차 엔진 오일 가는 거랑은 완전 다른 문제잖아요. 기계에 환자가 연결되어 있다는 게 치명적이죠"라고 했다. 한편, 코로나 봉쇄 기간에 기술자들은 병원 출입이 제한되었다.

그러나 코로나 사태가 심각해지는 상황에서도 일부 인공호흡기 제조업사들은 수리 설명서를 여전히 공개하지 않았다. 바이오메드 326명이 서명하고 24개 제조업체에 보낸 편지를 받은 제조사 중에서 메드트로닉, GE, 피셔앤페이켈Fisher & Paykel은 수리 설명서를 공유하기에 이르렀다. 그러나 끝까지 버티는 회사들도 있었다. 수리할 권리에 대한 담론에 전문가 자문을 제공해 온 미츠버그대학교 법대의 마이클 매디슨 교수가 설명하듯이, 기계를 팔아서 얻는 이익은 미미하고 결국 '수리 비용으로 돈을 벌어들이는 식'이기 때문일 것이다. 다행스럽게도 카일 빈스도 인공호흡기 파동에 대한 해결책을 모색하는 데 관여하게 되었다. 그는 즉시 '프로젝트 바이오메드 Project BioMed'를 시작했고, 수리 매뉴얼을 공유하기 위해 전 세계에 바이오메드에 참여할 것을 요청했다. 처음에는 인공호흡기, 마취기, 호흡 분석기에 초점을 맞췄지만, 1만 3,000개가 넘는 매뉴얼을 수집하면서 적용 기계의 폭을 확장해 나갔다.

나는 편지 캠페인을 주도했던 공익 연구 단체 연합인 PIRG[Public Interest Research Groups의 약어로, 소비자 보호, 공중 보건 및 운송과 같은 문제에 관여하는 풀뿌리 비영리 조직]의 네이선 프록터Nathan Proctor를 접촉했다. 그에게 왜 미의회와 주의회가 이렇게 심각한 문제에 나서지 않는지 물었다. 그는 의원들이 기술에 관해서는 문외한이라고 설명했다. 2018년 청문회에서 상원의원들이 마크 저커버그에게 황당한 질문을 던져서 웃음바다가 되었던 일이 생각났다. "제가 최근에 본 잡지에서 '아메리카 온라인'이라는 서비스를 무료로 30시간 사용할 수 있는 플로피 디스크를 사은품으로 준다던데, 페이스북도 이런 거랑 같은 건가요?" 한편 네이슨 프록터는 전문 수리 기술이 필요하다고 생각할 만한 수많은 제품이 실제로 매우 쉽게 수리될 수 있다고 했다. 그는 미국에서 PIRG 업무를 담당했을 때, 사람들로부터 어떻게 물건을 고치는지에 관한 문의가 쇄도했다고 했다. 본인도 처음에는 뭐든 고치는 맥가이버가 아니었다. 그러나 이왕 이렇게 된 거 다 고쳐 보기로 했다. 그가 고치면서 제일 뿌듯했던 제품은 일체형 세탁건조기였다. 그가 개인적으로 구매한 제품이었는데, 13개월 후에 고장이 난 것이다. 제품의 보증기간은 물론 12개월이었다. 제품을 수리하기 위해 대형 지렛대를 제작해 머리 위로 기계를 들어 올렸고, 결국 90달러 가격의 부품을 교체해 정상적으로 기계를 작동할 수 있었다.

한편, 기계 수리 애호가들 대다수는 무턱대고 규제가 바뀌길 기다리지 않는다. 그들은 전 세계에 있는 전자제품 무료 수리점에 소비자로서 직접 수리에 참여하거나, 그곳에 상주하는 수리 전문가들의 도움을 받기도 한다. 이 캠페인을 처음 시작한 곳은 비영리 '리페어 카페Repair Cafe'라는 비영리 재단이다. 재단의 대표는 2007년 최초로 무료 수리 행사를 주최한 암스테르담의 마르티네 포츠마다. 이 글을 쓰는 시점을 기준으로, 단체의 웹사이트에는 2,085개의 지역별 '리페어 카페' 리스트와 자신이 원하는 지역에 리페어 카페를 여는 방법에 대한 무료 지침서가 올라와 있다. 물건을 고쳤을 때 느끼는 기쁨을 맛보고, 만연해 있는 일회용 문화가 불러올 치명적인 결과에 대한 경각심을 높이는 것이 이 사업의 취지다.

유럽에서는 수리할 권리를 강화하는 노력이 큰 진전을 이뤘다. 유럽연합 의회는 2017년 제품 수명 연장에 관한 결의안을 통과시켰다. 결의안에서는 모든 회원국이 "수리 및 업그레이드할 수 있고 내구성이 있으며 고품질의 제품을 소비자들이 사용할 수 있도록 조치를 시행할 것"을 촉구했다. 2020년, 유럽연합은 더 나아가 제조사가 제품 출시 후 10년간 교체 부품을 단종시키지 않을 것, 단순하고 일반적인 가정용 연장으로도 쉽게 부품을 교체할 수 있도록 하는 것을 골자로 한 법을 도입했다. 수리 설명서를 제공하는 것도 의무화했다.

매사추세츠주에서는 86퍼센트의 유권자 지지를 받아 미국 최초로 '수리할 권리법'이 통과되었고, 소비자의 수리권을 알리는 강력한 계기가 되었다. 얼마 지나지 않아 주요 자동차 제조사들은 독립 정비사가 자동차를 수리하는 것을 허용하는 데 동의했다. 현재 수리 청구권은 20개 주에서 도입됐으며, 연방거래위원회는 2019년 7월 '수리권 박탈Nixing the Fix'이라는 워크숍을 개최해 제조사가 수리에 대한 접근성을 막는 행위, 그리고 접근 제한의 소비자 권리 침해 여부에 대해를 검토했다.

예상대로 '겉과 속이 다른' 업계 로비 단체들은 수리권에 관한 모든 조치에 강력하게 반대해 왔다. 대표적으로 기술기업들의 연합인 전미소비자기술협회Consumer Technology Association, CTA가 있다. 이 외에도 자칭 '건전한 수리 정책'을 표방한다고 주장하는 '보안 혁신센터Security Innovation Center'는 수리권이 소비자의 안전을 위태롭게 할 것이라고 주장하며 법안에 반대하는 로비를 벌이고 있다. 그러나 '소비자 보고서'에서 다뤄진 것처럼, 워싱턴 주 의회에서는 관련 법안에 대한 청문회에서 소비자의 안전에 해가 된다는 주장을 뒷받침할 사례를 요청했을 때, 주 대표 제프 모리스는 "지금껏 제공된 사례가 없다"고 실토했다.

나는 기술 보안 전문가 폴 F. 로버츠와도 이야기를 나누었다. 그는 '시큐리티 레저Security Ledger' 웹사이트를 게시한 후 편집장직을 맡고 있고, 수리권을 옹호하는 주요 보안 전문가 단체인 '시큐어페어스Securepairs'의 창립자이기도 하다. 소비자의 수리 허용에 대한 반대 주장을 펼치는 이유에 대해, 결코 보안 때문이 아니고 '이윤 감소'가 걱정돼서 그러는 거라고 했다. 그는 "대기업과 고객들의 대치 상황이지만, 수리권은 한쪽의 이익이 걸린 문제로 접근해서는 안 된다"고 말했다.

다행히도 몇몇 주요 기업들이 수리 문화를 활성화한 이후에도 이윤을 높이는 사례를 보여주고 있다. 대표적으로 삼성은 공인 독립 수리 기술자들로 구성된 대규모 네트워크를 보유하고 있다. 기술자 네트워크와 협력 업체들과 협력해 중고 휴대전화를 수거한 후, 삼성의 공인 중고 제품사업안에서 판매할 수 있는 상태로 공정을 거친 후에 리퍼브 제품으로 판매하거나 새 제품으로 만들어 재판매하고 있다. 나아가 삼성은 핸드폰에 대한 업사이클링 가능성도 탐색해 왔다. 제품 엔지니어들은 삼성에서 전사적으로 실시한 아이디어 경진대회에서 핸드폰을 업사이클링할 방법을 제안하도록 요청받았다. 그중에서 시력 검사에 사용되는 장치로 업사이클링하는 아이디어는 실제로 시제품 제작에 반영되기도 했다. 일반적으로 3,000~4,000달러 정도의 비용이 드는 시력 검사 기계를 대신

할 수 있는 우수한 업사이클링 사례다. 개발도상국에서는 이처럼 고가의 검사 기계를 구매할 엄두도 못 내는 안과 의사들이 많다. 2019년 삼성은 시범 프로젝트에서 시력 검사 기계 90대를 베트남 의사들에게 제공했다. 1만 4,000명의 환자를 대상으로 성공적으로 검사를 수행했다고 한다. 내가 들어본 가장 고무적인 업사이클링 사례다.

또 다른 대표 기업은 2015년 휴렛팩커드에서 분리된 휴렛팩커드 엔터프라이즈HPE이다. 매사추세츠와 스코틀랜드에 각각 두 개의 거대한 'HPE 테크놀로지 리뉴얼 센터Technology Renewal Center를 운영하고 있으며, HP 컴퓨터 장비뿐만 아니라 다른 브랜드의 장비도 재활용하고 있다. 취급하는 브랜드가 매우 많다. HPE의 스코틀랜드 시설 관리자인 재키 래퍼티는 "여기 있는 자산 중에는 클래식 자동차와 같은 자산도 있다. 미래에 가면 그 가치가 어마어마할 것이다"라고 말했다. 대표적으로 NASA가 그 사실을 증명하고 있다. NASA에서 여러 시스템 중 일부를 운영하는 데 중요한 16년 된 컴퓨터를 대체할 새로운 컴퓨터를 모색하던 때, NASA에서는 래퍼티 팀이 하는 업무에 대해 알게 되었다. 그리고는 '포장도 안 뜯은 같은 기종의 컴퓨터'를 갖고 있다는 사실을 알게 되었다. 여기서 한 가지 생각해 볼 점은, NASA 프로그램을 작동하는 데에도 16년이나 된 컴퓨터가 이용되었다면, 훨씬 더 강력한 새로운 기계가 '다음 생애'에 얼마나 더 멋진 모습으로 이용될 수 있겠는가.

고쳐 쓰도록 만들다

월리엄 랜돌프 허스트William Randolph Hearst는 캘리포니아 산 시메온 San Simeon 해안에서 약 121킬로미터(75마일) 떨어진 '마법에 걸린 언덕(La Cuesta Encantada, 라쿠에스타 엔칸타)' 꼭대기에 115개의 방, 약 68,500제곱미터(21,000평 혹은 68,500평방피트) 넓이의 화려함의 극치로 알려진 허스트 성을 건설했다. 태평양의 잔잔한 수면으로부터 바닷속으로 약1.5킬로미터(5,000피트) 들어가면, 허스트의 저택보다 훨씬 더 웅장한 해저화산이 등장한다. 바닷속 높게 뻗어 있는 데이비슨 해저화산Davidson Seamount은 때때로 수중 메가시티라고 불리는, 길이 약 42킬로미터(26마일), 높이 약 13킬로미터(8마일)의 거대한 휴화산으로, 수면 위로는 약 2.3킬로미터(7,480피트) 솟아 있다. 몬트레이 베이 국립해양보호구역Monterey Bay National Marine Sanctuary에서 원격으로 차량을 구동해 이 화산을 탐험한 생물학자 채드 킹Chad King은 그 경험에 대해 "맨해튼의 조감도를 보기 위해 밤에 손전등 하나를 들고 헬리콥터에 대롱대롱 매달려 있는 셈이다"라고 묘사했다.

연구원들이 '옥토팔루사octopaloosa'라고 부르는 연한 자주색의 수천 마리 문어 군락에서부터 형광 녹색의 눈부신 백열의 앨러배스터[alabaster, 작은 흰 빛의 석고를 뜻하는 '설화석고'] 산호들, 그리고 미래 우주선과 같이 보이는 둥근 반투명 해파리 군락에 이르기까지 생물들로 가득 찬 생태계의 본거지가 바로 이 해저화산이다. 적어도 168종의 생물 종이 서식하고 있지만, 관찰되지 않은 종만 대략 수백 종이 넘을 것으로 예상한다. 또한 해저화산은 수면을 향해 영양소를 방출하면서, 해안선을 따라 서식하는 동식물이 번성하는 데 유리한 해류 패턴을 만들어낸다.

나는 해저화산의 깊은 바닥을 탐험하는 로봇 잠수정으로 촬영한 영상을 본 이후, 궁금증이 생겼다. 인간이 우리가 살 메가시티를 건설할 때도 자연이 창작물에 선사하는 생태학적으로 오묘한 조화의 원리를 적용하면 어떨까? 그 생태학적 조화에서 영감을 얻어 인간이 만들어내는 창조품에도 적용할 수 있다면, 이 조화의 원칙으로 인간이 갈 수 없는 환경에 투입하는 탐사 로봇도 만들고, 자연과 조화를 이루며 우리가 일하고 생활하는 환경을 구축할 수 있다면 어떨까? 인간에게 영향을 미치는 토양, 지질, 기후, 동물, 식물 등이 가하는 제약조건을 거스르기 위해 안간힘을 쓰지 않고, 자연을 있는 그대로 품으면 안 되나?

자연 조경사 비버를 도와 자연계에서 조경 활동을 하는 동물들도 많다. 예를 들어, 새들은 놀라울 정도로 정교하게 둥지를 만든다. 벌새hummingbird의 경우, 나무껍질 조각, 잎 조각, 거미줄을 나뭇가지에 묶어서 겉으로 보기에 가지에 매듭이 지어진 것 같은 작은 둥지를 만든다. 새끼들을 보호하기 위해 이끼로 둥지를 덮어 둥지를 위장한다. 사교적인 멧새과의 멋쟁이새weaverbird는 아프리카 칼라하리 사막에서 자기네들의 아파트 형태의 거대한 새집 안에 각각 독립된 둥지를 틀고 있다. 멋쟁이새의 이름에 '베를 짜는 사람'을 뜻하는 영어 단어 'weaver'가 붙여진 이유도 복잡하고 정교한 둥지를 짓는 특성 때문이다. 밀짚, 풀, 잔가지로 만들어진 이 거대한 구조물들은 종종 나무 캐노피 전체를 감싸며, 200개의 번식 쌍을 수용할 정도다. 언뜻 보면 건초 더미 같지만, 구조물 안의 각 둥지는 면화와 털이 들어가 안락하고 부드럽다. 자연학자 베른트 하인리히Bernd Heinrich는 이렇게 아파트 같은 둥지 구조물이 실제로 초기 인류에게 주거지를 짓기 시작하도록 영감을 주었을지도 모른다고 기록했다.

한편, 물속에서 집을 짓는 수중 건축가 동물들도 있다. 이들도 천재적인 설계 실력을 뽐낸다. 데이비슨 해저화산을 비롯해 지구에서 가장 큰 생물학적 구조물인 산호초를 만드는 주인공은 바로 작은 산호충coral polyp이다. 그 작은 산호충이 선보이는 건축 원리는 '생체모방[biomimicry, 자연에서 볼 수 있는 디자인적 요소들이나 생물체 특성들에 대한 모방을 연구하는 학문]' 분야에서 가장 위대한 업적, 즉 콘크리트 대체재를 발명하는 데 영감을 주었다. 모래와 바위를 혼합해서 만드는 콘크리트는 세계에서 가장 많이 사용되는 건축 자재이지만, 건설업에서 배출되는 온실가스에서 가장 큰 주범이기도 하다. 시멘트 제조만 해도 연간 전체 온실가스 배출량의 약 8퍼센트를 차지한다. 만약 시멘트 산업이 하나의 국가였다면 중국, 미국에 이어 세 번째로 많은 국가 온실가스 배출국이 될 것이라고 한다. 그 이유는 무엇일까? 단순히 돌을 분쇄해 만드는 것이 아니라 석회석, 조개껍데기, 분필, 혈암[shale, 진흙이 쌓여 굳어진 것], 점토, 점판암[slate, 점토로 된 납작한 판 모양의 암석], 고로광재[blast-furnace slag, 제철의 용광로에서 선철을 뽑아내고 남는 찌꺼기], 규사[silica sand, 석영분이 풍부한 모래를 말하며 규암을 파쇄해서 제조한 것을 인조 규사, 해변, 호수 등에서 채취한 것을 천연규사 라고 한다], 철광석 등을 혼합해 만든다. 대략 섭씨 1,500도로 가열한 후, 결합해서 암석처럼 단단한 덩어리를 형성한 다음, 가루 형태로 곱게 갈아낸다. 그 과정에서 엄청난 온실가스가 배출된다. 반면 산호충은 몸을 바쁘게 움직여 발생하는 매우 작은 에너지만으로도 콘크리트의 단단하고 굳은 성질인 탄산칼슘을 만들어낸다.

다행히 산호충이 산호초를 만드는 놀라운 자연의 원리는 과학자이자 연쇄 사업가 브렌트 콘스탄츠Brent Constantz의 관심을 사로잡았다. 그의 연구 분야는 산호충이 생산하는 탄산칼슘과 같은 광물을 유기체들이 만들어내는 과정, 즉 생광물화biomineralization다. 콘스탄츠는 그의 산호 연구를 바탕으로 시멘트 제조 공정을 상업화하기 위해 '칼레라Calera'를 창업했다. 산호충이 산호초의 콘크리트 같은 구조물을 구성하는 외골격을 만드는 방법에서 아이디어를 얻은 것이다. 콘스탄츠는 공장 굴뚝에서 배출되는 이산화탄소를 추출해 바닷물에 주입해서 '포르테라Fortera'라고 불리는 새로운 형태의 시멘트 만드는 방법을 고안했다. 탄소를 분리해 사용하고, 일반 시멘트 제조 공정보다 탄소 배출이 훨씬 적은 열을 이용해 시멘트 대체재를 만든다. 이 공정 자체만으로도 변혁적인 성과였지만, 콘스탄츠 대표는 여기에서 멈추지 않았다.

그는 비슷한 기술을 사용해 블루 플래닛Blue Planet을 설립했다. 블루 플래닛은 콘크리트의 가장 큰 구성 요소 두 가지, 즉 석회암과 모래를 사용하지 않고, 탄소를 분리해 합성 석회암과 합성 모래를 생산한다. 직접 탄소를 뽑아내는 공정도 마찬가지로 공장에서 거친다. 생산 공정에서 이산화탄소 배출량보다 흡수량이 많은 '카본 네거티브carbon negative' 방식은 샌프란시스코 공항 개보수에도 사용되었다. 2019년 블루 플래닛은 친환경 시공법을 확장하는 가족 경영 녹색 건축 회사인 '카민 디벨롭먼트 코퍼레이션Kamine Development Corporation'과 제휴를 맺었다. 블루 플래닛의 계획은 프랫 인더스트리즈의 전략과 유사하다. 공사 현장이 몰려 있는 도심과 가까운, 탄소 배출이 많은 생산시설 근처에 자사의 공장을 설립했기 때문이다. 같은 지역 내에서 집중적으로 순환형 사업 모델을 실천하는 우수한 사례. 콘스탄츠 대표는 제휴를 통해 "자사가 도약하는 계기가 될 것"이라고 말했다. 1차 사업 계획에서는 전 세계 5,000개 부지를 목표로 하고, 앞으로 더 많은 공장에 탄소 분리 기술이 적용된다면 전 세계적으로 탄소 배출량을 대폭 감소시킬 수 있을 것이라 기대한다고 밝혔다.

콘스탄츠 외에도 구체적인 환경 문제를 겨냥해 해법을 모색하는 혁신가들이 많다. 애리조나 주립 대학의 연구진은 전복 껍데기로 시멘트 대체품을 만드는 방법을 발견했다. 콜로라도 볼더대학교의 또다른 연구진은 '살아 있는 유기체처럼 스스로 재생하는 기능을 가진' 콘크리트를 개발했다. 광합성 과정을 통해 미생물에 의해 만들어지는 이 콘크리트는 공기 중에서 탄소를 뽑아내기 때문에 시멘트를 친환경 재료로 변신하게 한다. 윌 스루바Wil Srubar 연구원은 "위대한 생명체를 만드는 프랑켄슈타인의 실험을 방불케 한다"고 말했다.

오늘날 콘크리트를 재활용하는 움직임도 활발히 전개되고 있다. 지금까지 시멘트는 한 번 사용한 콘크리트에서 추출할 수 없어서 재사용할 수 없었다. 그러나 2020년, 네덜란드 회사 두 곳 ― '뉴 호라이즌 어반 마이닝New Horizon Urban Mining과 '뤼터 그로프Rutte Groep' ― 은 콘크리트에 특수한 방식으로 여러 번 타격을 가하면 시멘트를 추출할 수 있는 기계를 발명했다고 발표했다. 결과적으로 재생 시멘트를 추출하는 데 성공한 것이다. 그들은 자체 기술로 만든 재생 시멘트에 '프리멘트〔Freement, '재생(free)'과 '시멘트(cement)의 'ment'가 합쳐진 단어다〕'라는 제품명을 붙였다. 최근 재생 콘크리트는 새 콘크리트를 대체하는 동시에 식물의 뿌리 덮개 역할을 새롭게 선보이고 있다. 특히 산호초 지지대에 사용되는 재생 콘크리트의 기능은 내 심금을 울린다.

환경을 지키기 위해 산호초를 재배하고 복원하는 것은 필수적인 임무다. 암초 과학자들은 해양오염과 해수 온난화의 이중적인 피해로 인해, 1980년 이후 전 세계 암초의 절반이 멸종되었다고 한다. 산호초가 25퍼센트의 해양생물이 생명을 지탱해 주는 생명줄이다. 전 세계 5억 명 이상의 사람들도 산호초에 의존하고 있다. 산호초가 사라지면 이를 먹이로 하는 초식 해양생물이 사라지고, 곧 초식 해양생물을 먹이로 하는 다른 해양생물이 사라지게 된다. 해류와 파도로부터 해초를 보호해 주는 역할도 산호초가 담당한다. 따라서 우리는 산호초를 보호하고 건강하게 성장하도록 할 수 있는 모든 것을 해야 한다.

자연, 건축의 영감이 되다

그렇다면 순환경제의 원칙이 건축에 적용된 사례에는 어떠한 것들이 있을까? 전 세계적으로 가장 유명하고 혁신적인 건물 설계의 면면에 영향을 준 개념은 바로 '생체모방biomimicry'이다. 1851년 빅토리아 여왕이 사랑하는 앨버트 왕자의 지시에 따라 런던의 하이드파크에 설립된 '수정궁Crystal Palace'은 철골과 목재 구조에 전면을 유리로 덮은 구조물이다. 데번셔 공작Duke of Devonshire의 수석 정원사이자 건축가인 조지프 팩스턴Joseph Paxton이 자신이 재배한 백합의 거대한 잎사귀에서 영감을 얻어 물갈퀴 모양의 지지 구조를 바탕으로 설계했다. 한편, 바르셀로나에 위치하고 건축가 안토니 가우디Antoni Gaudi가 설계한 유명한 사그라다 파밀리아 대성당Sagrada Familia cathedral의 내부는 '야자나무가 가득한 돌 숲'에 비유된다. 숲 바닥에서 올려다봤을 때의 모습을 연상하도록 설계한 건축물이다.

이처럼 자연의 신비에서 영감을 얻어 공사와 구조물이 지어진 사례는 역사를 거슬러 올라간다. 고대 로마 시절, 물을 공급하는 데 사용한 수도교는 로마 제국의 수도까지 약 80킬로미터(50마일) 떨어진 수원에서부터 산의 샘물을 끌어오는 데 이용되었다. 로마가 정복한 영토 전체에 걸쳐 있는 광범위한 수로망을 설립해 인공 하천 시스템을 만든 것이다. 이집트의 피라미드는 대표적으로 중력을 거부하는 건축물이다. 듬직하고 우직하게 쌓여 있으면서 오랜 세월 무너지지 않고 있는지, 그 비결에 대한 정확한 설명은 오늘날까지 도출되지 못했다. 역사상 가장 위대하고 오래 지속되는 구조물 중에는 돌, 점토, 짚, 그리고 나무와 같은 자연의 재료로 지어진 경우가 대부분이다.

하늘을 가리는 고층 건물들

1871년 10월 8일 일요일, 하나의 불씨가 그 유명한 '시카고 대화재Great Chicago Fire'로 번졌다. 화재는 이틀 동안 약 850만 제곱미터(2,100에이커)에 달하는 도시 전역을 집어삼켰고, 10만 명의 사람들이 집을 잃고 이재민이 되었다. 10월 12일, 《시카고 트리뷴》은 '도시를 재건하자'라는 제목의 기사에서 "우리는 모든 걸 잃지 않았다.

비록 4억 달러 상당의 재산이 파괴되었지만, 시카고는 기사회생 중이다. 그동안 우리가 사용해 온 건축자재 — 돌, 벽돌, 재목 — 는 이번 참사를 굳건히 견뎌내는 저력을 발휘했다. 이게 바로 시카고의 저력이다"라고 적었다. 시카고 시민들은 자신들이 아끼는 도시를 재건하는 과정에서 참사를 불러온 '자연의 적대적인 힘을 정복하자'라는 정신으로 임했다고 도시의 주요 건물 개발자 헨리 에릭슨Henry Ericsson이 말했다. 그리고 고층 건물들이 본격적으로 하늘을 덮었다. 내 친구이기도 한 건축가 폴 마흐트Paul Macht가 말하기를 그 당시는 지금과 같은 처참한 에너지 소비 시대의 서막이었고, 결과적으로 건물의 과도한 탄소 배출로 이어졌다고 설명했다. 그는 19세기 말에 출현한 각종 기술의 융합이 하늘을 새까맣게 덮는 꼴이 되었다고 지적했다.

1880년 독일의 베르너 폰 지멘스Werner von Siemens가 발명한 전기로 구동되는 엘리베이터는 이전의 유압 모델보다 훨씬 더 빠르게 올라갈 수 있었다. 1878년 경쟁자들인 토머스 에디슨Thomas Edison과 조지 웨스팅하우스George Westinghouse가 상업적 용도로 개발한 전기 조명, 그리고 1877년 알렉산더 그레이엄 벨Alexander Graham Bell이 최초로 발명한 전화기는 건물의 고층 작업을 한결 수월하게 해주었다. 1902년 윌리스 캐리어Willis Carrier의 에어컨 발명으로 건물 안 작업 환경이 훨씬 더 쾌적하게 되었다. 그러나 그에 앞서 초강력 강철 빔을 생산할 수 있게 되면서, 건물 시공용으로 더욱 높은 금속 프레임을 만들 수 있게 되었다. 이전에는 건물 높이가 10층을 넘어가면 엄청나게 무거운 벽돌과 콘크리트 벽을 공사하는 것이 거의 불가능했지만, 초강력 강철 빔으로 층수를 높여갈 수 있었다. 닐 바스컴Neal Bascomb이 「더 높게Higher」라는 제목으로 마천루 건설 붐을 논하며, 벽은 강철 위에 덮인 "단순히 커튼의 기능"을 한다고 적었다. 얼마 후에 이 '커튼'은 고층 건물이 유리로 덮이면서 창문의 역할을 했다. 오랜 세월 동안 이어 내려온 건물 본연의 기능에 역행하며, 바깥이 추운 날에는 열을 방출하고 더운 날에는 열을 흡수하게 하며 다시 한번 과감하게 자연의 지혜에 도전장을 던졌다.

하늘을 덮는 마천루에 대해 초반에는 그 수가 과하다고 비난하는 평론가들이 많았다. 역사학자 도널드 L. 밀러Donald L. Miller는 개발자인 헨리 에릭슨의 말을 인용하면서, "시카고 중심지를 가득 메운 30여 개의 고층 건물만큼 인간에게 자연을 정복했다는 성취감과 강인함을 안겨준 것은 없을 것이다"라고 표현했다. 그러나 현실을 탐탁지 않게 생각하는 시민들도 많았다. 밀러는 기고문에서 시카고 출신의 소설가 헨리 풀러Henry Fuller의 글을 인용하기도 했다. "하늘을 덮는 '마천루'가 압도하는 곳에서 사람들의 욕심과 과용, 시간과 장소를 불문하고 극에 달한 사악한 마음은 그 어느 때보다 최고치에 달했다."

시카고의 고층 건물에 대한 주된 불만은 길을 걷다가 위를 올려다보면 하늘도, 햇빛도 거의 볼 수 없을 뿐 아니라 건물에서 석탄 연소량이 너무 많아 매연이 빽빽한 상황이 이어지고 있다는 점이었다. 밀러는 마천루는 건물을 화석연료를 내뿜는 기계로 만들었다고 했다. 그러나 기계화된 건물들은 높은 수익성을 자랑했다. 밀러의 말을 빌리자면, "마천루는 땅을 돈으로 바꾸는 기계이기도 했다"고 했다. 부동산 개발업체 혹은 시행사들이 건물을 높게 올리려는 이유가 허세 때문이기도 했지만, 개발 이익을 노린 투기 심리가 지배적이었다. 건물 층이 늘어날 때마다 더 많은 수입이 들어왔다. 시카고의 마천루 열풍은 뉴욕으로 번지자, 뉴욕 출신의 청년 소설가 헨리 제임스는 높은 건물을 장악하는 맨해튼의 거물 기업들에 대해 "영세한 시장의 거인들"이자 "돈에 환장한 괴물"이라고 꼬집었다.

엘렌 맥아더 재단의 보고서 '건축 환경의 순환성'에서 강조하듯이, 도시는 현재 전 세계 온실가스 배출량의 70퍼센트를 차지하고, 지구상에 존재하는 천연자원 생산량의 75퍼센트를 소비하고 있다. 그런데도 공사는 멈출 기미가 안 보인다. 보고서에서는 2030년까지 인도에서 완공될 건물 중에서 70퍼센트가 아직 시공 단계에 있고, 중국은 2025년까지 23개 대도시에서 500만 명 이상의 주민이 거주할 것이며, 그 외 221개 중소도시는 100만 명 이상의 인구를 보유할 것으로 추산하고 있다. 브렌트 콘스탄츠Brent Constantz는 2019년 중국이 "미국이 100년 동안 쏟아부은 콘크리트 양보다 더 많은 양을 3년 동안 쏟아붓고 있다"고 경고했다. 건설 속도가 너무 빨라서 2015~2050년 전 세계적으로 대략 총 18만 6천 제곱킬로미터(2조 평방피트)의 대지에 건물이 올라갈 것으로 예측된다. 35일마다 뉴욕시 전체를 하나씩 건설하는 것과 같은 규모다.

이제 건설 분야에서 순환형 혁신에 돌파구가 너무나도 절실한 이유를 알 수 있을 것이다. 자연과의 조화를 이루는 건설과 시공에 대한 새로운 패러다임이 절박한 시점이다. 2차 세계대전 후, 인구 폭발 현상이 나타났을 때부터 선견지명이 있는 친환경 건물 옹호론자들이 꾸준히 전개해 온 주장과 맥을 같이 한다. 나는 마흐트에게 건설 분야가 앞으로 어떠한 기술 혁신으로 친환경 노력을 기울일 수 있을지 조언을 물었다. 그는 아이러니하지만 새로운 혁신이란 여러 면에서 과거의 방식으로 돌아가는 것이라고 지적했다.

자연의 방식 따르기

마흐트와 그의 건축사무소에서 일하는 건축가 아들 '카일'은 주거용 건물에 태양열을 이용하는 '패시브 건축물[passive construction, 자연열의 재이용, 차양을 이용한 일사 차단 등을 통해 최소한의 설비에 의존하면서 적절한 실내 온도를 유지하고 생활에 필요한 최소한의 신선한 공기를 알맞은 온도로 공급해 재실자가 열적, 공기 질적으로 만족하는 건물]'을 전문으로 하는 건축가다. 이 분야는 탄소 배출량을 줄일 수 있는 엄청난 잠재력을 가지고 있지만, 불행히도 1930년대부터 미국에서 잠시 유행했다 사라지고 말았다. 1970년대에 석유 파동이 일며 다시 부각 되었지만, 여러 장점에도 불구하고 꾸준한 관심을 받지 못했다. 마흐트는 패시브 건축 기술은 고대까지 거슬러 올라간다고 했다. 사실 크세노폰Xenophon이 쓴 『소크라테스 회상Memorabilia』에 기록된 바와 같이 소크라테스는 2천 5백 년 전에 친환경 건축에 대한 기본 개념을 기술했다.

> 남향의 집은 겨울에 베란다로 햇볕이 잘 들어오지만, 여름에는 머리 바로 위와 지붕 위를 비추니 그늘이 생긴다. 집의 남쪽은 겨울의 태양이 잘 들게 높은 곳으로, 북쪽은 겨울의 바람에서 빗겨가기 위해 낮은 곳으로 만들면 여름엔 시원하고 겨울엔 따뜻한 집이 되리라.

건축가 데니스 할로웨이Dannis Holloway는 콜로라도주의 메사 베르데 Mesa Verde, 유타주의 그랜드 걸치Grand Gulch, 애리조나주의 차코 캐년 Chaco Canyon과 같은 고대 유적지를 건설하는 데 자연의 원칙을 따랐던 고대 인디언 건축가들의 건축술에 관한 역사에 대해 훌륭한 기고문을 썼다. 글에서는 자연의 이치에 따르는 지혜가 건축물에 녹아 있다는 점을 강조한다. 그는 대부분의 미국에서 에너지 사용을 75퍼센트까지 줄였음에도 불구하고, 미국에 지어진 주택 대부분은 "'선벨트 지역[Sun Belt states, 미국에서 북위 36도 이남의 비교적 따뜻한 주로, 플로리다주, 노스캐롤라이나주, 애리조나주를 지칭한다]'에서도 태양 에너지를 경제적으로 활용하지 않고 있다"고 설명했다.

할로웨이는 '패시브 태양열 건축'이 레이건 대통령 재임 동안 찬밥 신세가 된 것도, 관심을 끌지 못한 이유라고 지적했다. 그는 기고문에서 "오랫동안 미국 국민이 잘못 인식하고 있는 내용이 있다. 레이건 대통령 임기 초반에 패시브 건축 양식으로 지어진 일부 초기 주택에 대한 언론 보도가 방영 예정이었다가, 대형 석유 가스 기업들의 입김에 발목이 잡혔다. 결국 패시브 건축의 단점만 부각하는 여론몰이에 잠식되었다"고 적었다. 오늘날 패시브 건축술의 장점은 무궁무진하다. 건물 부지 선정에도 탁월한 기준이 될 뿐 아니라, 낮에는 열을 흡수하고 밤에는 열을 방출하는 최적의 재료를 선택하고, 냉난방 공조기의 필요성을 낮추거나 없애기 위한 최적의 환기 시스템을 구축하도록 기틀을 마련해 준다. 기후 변화에 관한 정부 간 패널The Intergovernmental Panel on Climate Change, IPCC은 냉매 사용을 줄이는 것이 기후 변화를 해결하기 위한 가장 중요한 조치라고 지적한다. 에어컨을 설치하는 개도국이 늘어가고 기온이 상승함에 따라 더욱 절실한 상황이다.

자연의 이치를 따르는 옛 관행으로의 회귀를 보여주는 또 다른 사례를 소개한다. 인간이 만든 탄소 배출 자재를 천연 자재로 대체하려는 움직임이 부활한 것이다. 대표적으로는 양질의 구식 목재가 있다. 건축에 목재를 이용하는 추세가 전 세계적으로 큰 인기를 끌고 있다. 폐허가 된 건물에서 목재를 수거해 재사용하는 것도 우수 사례도 손꼽힌다. 폐저택의 나무로부터 목재를 추출하는 것도 바람직한 선택이다. 폴과 카일 부자는 그들이 지은 통나무집의 마당에 있는 벚나무만 재료로 사용한다. 외벽에 목재를 이용하던 관행도 '열 변형thermal modification'이라는 새로운 처리 기술로 인해 재조명되고 있다. 섭씨 약 204도로 목재를 가열해 변형시키면, 흰개미와 같은 곤충의 침입과 부패에 대한 저항력을 높일 뿐만 아니라 발수성을 개선한다. 폴은 이 공정을 "나무에서 애초에 먹잇감을 구워버리는 셈"이라 곤충을 유인할 수 없게 한다.

친환경 시공 분야에서 목재 사용을 늘리는 것이 미래에 '대세'가 될 것이라고 카일과 폴이 말했다. 건물의 '내재 탄소embodied carbon' 배출량을 줄이는 데 도움이 되기 때문이라고 한다. 건물을 계속 사용하다 보면 불가피하게 온실가스 배출량, 특히 '운영 탄소operational carbon'가 늘어나게 된다. 운영 탄소는 건물 시공 과정, 강철 빔과 콘크리트를 제작하는 데 사용되는 에너지, 자재 운송과 시공 전반에 걸쳐 배출되는 탄소량을 나타낸다. 일반적으로 건물이 일으키는 탄소 발자국의 20~50퍼센트를 차지할 수 있다. 폴은 "현재 시공 중인 건물의 내재 탄소 배출량을 줄이는 것만으로도 친환경적인 효과가 상당하다"라고 말했다.

목재를 연소하거나 분해하지 않는 한 탄소를 저장할 수 있는 기능이 있기 때문에, 목재를 주요 자재로 사용하게 되면 건물을 탄소 흡수원으로 만들 수 있다. 예일대학교의 환경과학자 갈리나 추르키나Galina Churkina가 이끄는 동 대학의 연구진이 실시하고 생태계 서비스 학문의 선구자 토마스 그레델Thomas Graedel이 자문을 제공한 연구에 따르면, 거대한 목재로 도시에 중간 높이의 건물을 짓는 활동은 "별다른 조치가 없으면 대기로 방출되는 탄소 6천 8백만 톤을 건물 안의 거대한 '은행 금고'에 저장하는 것"과 비슷하다.

역사적으로 목재를 이용해 건물을 지으면 높이가 약 6층 이상은 올라가기 힘든 자연적 한계를 가지고 있었다. 그러나 이것도 이제 옛말이 되었다. 과거에 주요 건축 자재로 사용되던 양질의 목재가 부활하고 있다. 최신 목재는 고층 건물에 사용될 수 있는 수준까지 올라왔다. 이전 목재에 비해 훨씬 더 강력한 형태로 재설계된 목재가 '매스 팀버mass timber'라 불리며 다양한 형태로 판매되고 있다. 가장 일반적으로 사용되는 유형은 '교차 적층 목재cross-laminated timber, CLT'다. 직각 방향으로 교차한 여러 겹의 목재판을 넓은 면 방향으로 접착시켜 만든 판넬이다. 각 목재판을 직교 접착해 바닥 슬래브를 만드는데, 이때 두께가 30센티미터(1피트) 정도 되는 콘크리트 슬래브만큼 튼튼하다.

건축 자재로서 목재가 지닌 놀라운 잠재력은 새롭게 조명되고 있다. 건축가, 시행사, 도시 계획가들이 끊임없이 노르웨이에 있는 인구 8,700명의 작은 시골 '브루문달Brumunddal'을 방문하는 이유이기도 하다. 세계에서 가장 높은 목제 건물로 인증받은 높이 85미터(280피트)의 18층 목재 아파트 단지가 2019년에 그곳에 문을 열었다. 지지 기둥과 대들보, 건물 전면부, 심지어 엘리베이터의 승강로에도 적층 목재가 사용되었다. 지속 가능한 방식으로 관리되는 천연 숲이 몇 미터 안 되는 근처에 있어서 목재를 쉽게 조달할 수 있다. 게다가 공사용 목재로 사용하기 위해 나무를 한 그루 벌목할 때마다 두 그루의 나무를 심고 있다고 한다. 공사 현장에 생체모방 개념이 적용된 부분이 또 있다. 모닥불에 불을 지필 때 불쏘시개 역할을 하도록 큰 나무 기둥을 넣는 이유에 관한 연구 결과를 반영해, 건물 목재는 불에 타지 않고 잘 견디는 내화성을 지니도록 제작된 것이다.

한편, 도쿄에 본사를 둔 일본 건설사 '스미토모 린교Sumitomo Forestry'가 계획하고 있는 350미터 높이의 초고층 목조타워 'W350 타워'를 비롯해 초고층 목조 건물에 대한 시공 계획이 여기 전기에서 들리고 있다. 그러나 현재 대세는 5~7층짜리 CLT 건물이라고 폴이 말했다. 목조 건축이 건설업에서 안정적으로 자리 잡는다면, 수 톤의 탄소를 격리하는 놀라운 수단이 될 것이다. 게다가 엄격하게 지속 가능한 산림 기준을 충족하면서 벌목 활동을 전개하는 데 '문제가 없다면,' 산림 재생에도 큰 이익이 될 수 있다.

목재 외에도 과거에 건축 자재로 사랑받은 다른 천연 자재들도 되살아나고 있다. 폴과 카일은 농사 활동에서 버려지는 짚이 현재 보편화된 플라스틱 단열재를 대체할 정도로 우수하다고 생각한다. 카일은 "미국에 있는 모든 집을 단열할 정도로 버려진 짚이 충분한 상태"라고 말했다. 그러나 그들은 짚보다 우수한 단열재는 바로 재활용 종이로 만든 '셀룰로스'라고 했다. 두 재료 모두 '초절연이 가능한 패시브 태양광 건축' 기술을 실현하는 훌륭한 자재다. 게다가 창문이 3중창으로 적용되면 건물의 단열 효과가 배가될 것이다.

두 사람은 일반적인 건축 자재의 독성에 대한 인식이 거세지기 때문에 사람들이 천연 자재로의 전환을 반기는 것이라고 설명했다. '유해 물질 목록Red List'이라는 공신력 있는 기준도 영향력이 크다.

친환경 건물 기준인 '리빙 빌딩 챌린지Living Building Challenge, LBC'를 준수하기 위해 건설 가정에서 제거해야 하는 유해 물질 리스트를 만들어 널리 알리는 움직임이 커지고 있다.

건축가 제이슨 맥레넌Jason McLennan은 존 라일John Lyle이 주창한 친환경적으로 '살아 있는 건물living building'을 발전시키기 위해 극도로 엄격한 열여섯 가지 요구조건을 작성하며 건설 업계에 도전장을 내밀었다. 건물의 에너지 효율성이 높고, 산업 전반에 걸쳐 지속 가능성을 추구하는 '넷 포지티브net positive'를 실천하며 청정에너지를 생산할 수 있어야 한다. 또한, 물을 깨끗하게 관리하고, 공기를 정화하며, 동물들에게 서식지를 제공하고, 보기에도 아름다워야 한다. 맥레넌은 이 기준이 공식적으로 채택될 수 있도록 연구 및 홍보 활동을 벌이는 '국제 생활 미래연구소International Living Future Institute'의 소장이다. 맥레넌의 열렬한 관심사였던 생체모방을 근간으로 한 '리빙 빌딩 챌린지LBC' 기준 문서에 실린 한 대목을 소개한다. "건물을 설계하고 시공할 때, 마치 꽃처럼 우아하고 효율적인 기능을 하는 건물을 상상해 보십시오. 주변 생물 지역이 지닌 특징을 고스란히 반영하는 건물은 재생 가능한 자원으로 자체 에너지를 생성하고, 수자원을 저장 및 처리할 수 있으며, 효율적으로 운영하며, 건축미가 최고에 달합니다."

꽃에 비유한 것은 단순한 은유적 표현이 아니다. 이 기준은 여섯 개의 '꽃잎' 그룹 — 재료, 부지, 물, 에너지, 건강과 행복, 형평성과 심미성 — 으로 나뉘는데, 각 요건을 달성하면 '꽃잎 인증Petal

Certification'을 받을 수 있다. 건물에서 사용하는 물의 양은 집수한 빗물의 양을 넘어가지 않아야 하고, 순환형 재활용 시스템으로 물을 정화해야 한다고 규정한다. 건물은 건물을 운영하는 데 필요한 에너지의 105퍼센트를 생산해야 하고, 건축자재는 '유해 물질 목록'에 포함되지 않은 자재를 이용해야 한다. 12개월 동안 건물을 운영하면서 기준을 준수했다는 내용을 증명해야 최종적으로 인증을 받을 수 있다. 인증 발급은 2006년에 첫 실시되었고, 인증 기준은 몇 차례 개정되었다. 업계에서는 친환경 건물로 인정받기 위해 LBC 인증을 받기 위한 경쟁이 치열한 상황이다.

이처럼 친환경 건물 표준을 만든 맥레넌에게 인증을 어떻게 발전시키고 싶은지 물었다. 그는 철학적인 면모를 지니며, 다른 사람들에게 영감을 주는 낙관론자이지만, 뚝심과 강단이 있어서 건설 및 건축 업계에서 자행되는 환경을 저해하는 일부 관행에 대해 신랄하게 비난한다. 그는 자신이 집필한 『이주 불안Zugunruhe』에서 "친환경 건물의 기준을 정하는 주체는 자연이다. 인간의 자아와 유행으로 결정할 문제가 아니다"라고 적었다. 책 제목의 원어는 새들이 날기 전 며칠 동안 공기가 차가워지는 것을 느끼는 '철새의 불안감 migratory restlessness'을 뜻하는 독일어. 건축업에 종사하는 동료들에 비해, 자신에게는 친환경 건축에 대한 절박함, 친환경 세상으로 지체 없이 성큼성큼 다가가고 싶은 열망이 누구보다 강하다고 했다. 친환경 건축을 고집하는 이유는 탄소 배출로 심각해지는 대기 온난화 때문이다.

그는 새들을 보며 심오한 배움을 얻었다고 했다. 그는 어렸을 적, 자그마한 벌새들이 온타리오주 서드베리에 있는 그의 자택에서 약 2,414킬로미터(1,500마일) 떨어진 멕시코의 철새 도래지로 간다는 사실에 경이로움을 느꼈다고 회상했다. 새들은 분명 놀라운 위장술의 장인일 뿐 아니라 장거리 비행의 대가들이다. 맥레넌은 인간도 지구를 치유하려면 내면을 들여다보고 새로운 의식으로 향해야 한다고 언급했다.

1970년에 문을 연 가장 영향력 있는 친환경 건축 설계 회사 중 하나인 '버커바일 넬슨 임멘슈 맥도웰Berkebile Nelson Immenschuh McDowell, BNIM'의 창립 파트너이자 저명한 건축가 로버트 버커바일Robert Berkebile과 일하면서 맥레넌은 의식의 전환을 경험했다. 맥레넌은 건축학교를 졸업하고 바로 BNIM에 입사했다. 버커바일 대표는 지난 20년 동안 전 세계적으로 친환경 건축의 기틀을 마련한 1998년에 발표된 에너지 및 환경 설계기준인 '에너지 환경 디자인 리더십Leadership in Energy and Environmental Design, LEED'을 전파한 일등 공신이기도 하다.

미국 천연자원보호협회Natural Resources Defense Council, NRDC 소속 과학자이자 'LEED 인증 기준의 아버지'로 알려진 작성한 롭 왓슨Rob Watson을 비롯해 친환경 건축의 선각자들과 함께 버커바일 대표는 LEED를 만들기로 결심했다. 건물을 친환경적이라고 인증할 만한 엄격한 기준이 없으면, 부동산 개발업체 혹은 시행사들이 지난 수십 년 동안 이룩한 여러 녹색 혁신 기술을 건축에 적용하는 것에 투자할 매력을 느끼지 않을 것으로 판단했다. 실제로 과학기술의 놀라운 성과들이 많았지만, 건축에 적용될 적도로 파급효과가 크지 못했기 때문이다.

'크레이들 투 크레이들 제품 혁신 연구소'의 윌리엄 맥도너William McDounough는 '생태적으로 지능적인 디자인ecologically intelligent design'이라는 건축 원칙을 처음으로 의뢰받은 건축 프로젝트에 적용했다. 1985년, 뉴욕시에서 개장한 '환경방어기금Environmental Defense Fund'의 새로운 본사 건물에 대한 건축 설계 작업이었다. 독일 건축가 롤프 디슈Rolf Disch는 1994년 '헬리오트롭Heliotrope'라는 태양광 에너지 건물의 지평을 열었다. 태양 전지판이 태양 에너지를 최대한 집열하도록 해의 방향에 따라 온종일 집이 움직인다. 결국 사용하는 에너지보다 더 많은 양의 에너지를 생산하는 세계 최초의 건물이 되었다. '생체모방' 원리를 건물에 적용한 또 다른 혁신사례도 있다. 1996년 짐바브웨의 하라레에서 문을 연 이스트게이트 센터Eastgate Centre 가 그 주인공이다. 약 3만 3,000제곱미터(35만 피트) 규모의 상가 및 사무실 건물이다. 짐바브웨의 건축가 믹 피어스Mick Pearce는 최대 약 9미터(30피트) 높이의 거대한 봉분 안에서 아프리카의 흰개미가 온도를 조절하는 방법을 알게 된 후 건축에 적용했다. 그는 흰개미들이 자신들의 주요 먹이인 곰팡이가 봉분 속에서 자라기에 가장 적합한 31도에 온도를 유지한다는 사실을 발견했다. 시원한 공기를 아래에서 위로 끌어 올려 순환하도록 공기가 흐르는 길을 만들기 위해 봉분의 벽에 끊임없이 구멍을 파거나 막는 것이다. 선풍기와 환풍기를 이용해 이 원리를 적용한 이스트게이트 센터에는 별도의 냉난방 장치가 없고, 같은 크기의 일반 건물과 비교했을 때 건물의 에너지 사용량이 10퍼센트밖에 안 된다.

그러나 친환경 건축을 향한 발전이 가뭄에 콩 나듯 했다. LEED 표준이 되면서, 부지 선정에도 환경에 민감해지고 에너지 효율을 개선하는 등 친환경 건축을 실현하는 다양한 주요 수단이 빠르게 도입되었지만, 한계점도 드러나게 되었다. 기업들이 한두 개의 공사 현장에 대해서만 플래티넘, 골드, 실버 등급을 취득하기 위해 각종 항목에서 점수를 높게 받으려고 하고, 나머지 현장에 대해서는 크게 신경을 쓰지 않게 된 것이다. LEED 인증을 준수하는 기업으로 인증받기 위해 잔머리를 쓰는 것이다. 결과적으로 한 건축 역사가가 표현한 것, "진정한 지속 가능성을 실천한다는 생각보다는 점수를 획득해 LEED 인증을 받는 것에만 혈안"이 된 기업들이 많아졌다. 로버트 버커바일은 LEED 인증이 오히려 목표를 너무 낮게 잡았다고 지적했다. 그는 "인증받은 건물이 다른 비인증 건물보다 환경에 조금 덜 피해를 줄 뿐, 그 이상은 아니라는 인식이 팽배해졌다. 인증의 취지가 퇴색된 것 같다"고 말했다.

LEED 인증의 약발이 세지 않다는 생각에 버커바일은 LBC 기준을 도입하는 업계의 노력이 급물살을 타도록 지원했다. 그리고 공식적으로 이 기준에 부합해 완공된 첫 두 개의 건물 중 하나이자, 2009년 뉴욕주의 라인벡에서 문을 연 '지속 가능한 생활을 위한 오메가 센터Omega Center for Sustainable Living' 설계를 담당했다. 현재

LBC 인증을 획득하기 위해 준비 중인 건물이 전 세계적으로 500여 개에 달한다. 많지 않다고 여길 수 있겠지만, 시카고에서 도시 전체에 영향을 미친 건물은 단지 20여 개뿐이었다.

건축업의 또 다른 과제는 친환경 자재의 혁명을 위한 불씨가 번지게 하는 것이다. 폴은 바닥재, 단열재, 벽판 등을 언급하며, "유해 물질 목록Red List에 포함된 자재를 사용하지 않으려는 제조사가 엄청나게 늘어났다"라고 말하며, "자재 제조사들을 만나면 이제 우리가 특별히 잔소리를 안 해도 자발적으로 유해 물질을 멀리하고 있다"고 설명했다. 사람들은 얼마나 많은 독성 화학물질이 자기 집에 스며들어 있는지 거의 알지 못한다고 경고하며, "자기네 집 벽 안에 무엇이 있는지 눈으로 확인할 수 없지 않은가"라고 덧붙였다. 현재 미국에서 지어진 단독주택의 90~95퍼센트가 대기업 건설사가 지은 집들이기 때문에, '최고의 가성비로 시공하는 것'이 업계 통념이 되었다고 강조했다. 최대한 저렴하게 건물을 지으려면, 각종 플라스틱을 비롯해 독성 물질과 많은 양의 탄소를 배출하는 합성 자재를 이용할 수밖에 없다. 폴은 "우리가 사는 집도 우리가 먹는 음식만큼이나 우리의 건강을 해치지 않는 것이어야 한다"고 주장했다.

인증 조건이 더욱 까다로워지면 업계의 반발이 거세질 수밖에 없다. 그러나 제이슨 맥레넌Jason McLennan은 건축가들과 개발자들이 LBC 인증 도입을 마다할 이유가 없다고 주장했다. 경제적 논리를 따르는 차원에서도 도입하면 득이 되기 때문이다. "업계에서는 기준이 까다로워질 때마다 사업이 망한다는 둥 앓는 소리를 하는데,

오히려 도입하면 사업이 더 잘된다는 사실이 입증되었다"고 폴이 말했다. 지금까지 LBC 인증에 따라 건설된 건물들은 큰 수익을 안겨주고 있기 때문이다. 인증을 따르기 위해 다양하고 심도 있는 방식으로 순환형 사업 모델로 전환한 것이 성공의 비결이었다.

한편, 시애틀 시내에 있는 불릿 센터Bullitt Center는 미국 북서부에서 지속 가능한 도시 개발을 촉진하는 불릿 재단Bullitt Foundation의 이사장이자 '지구의 날'을 만든 데니스 헤이즈Dennis Hayes의 의뢰로 지어진 건물이다. 불릿 센터와 같은 대형 상업 건물에서 지붕에 태양전지판을 설치해 태양 에너지를 이용하면, 충분히 투입한 에너지보다 생산한 에너지가 많은 '넷 포지티브net positive'를 달성할 수 있다는 사실이 이미 입증되었다. 심지어 미국에서 비가 많이 오는 북쪽 끝에 있는 도시들도 예외가 아니다. 그런데 더 놀라운 점은 불릿 센터 건물에 사용되는 수처리 시스템이다. 3층에 지어진 친환경 지붕 위에는 빗물을 모으고, 여과하고, 소독해 재활용할 수 있는 습지가 조성되어 있다. 그리고 습지 식물은 풍부한 자연 영양소를 공급받을 수 있도록 했다. 한편, 조지아 공대 캠퍼스에 있는 '혁신적이고 지속 가능한 디자인을 위한 켄다 건물Kendeda Building for Innovative Sustainable Design은 2019년 12월 문을 열었다. 건물에서 생산하는 에너지는 코로나19가 시작되기 전 3개월 연속으로 예상치를 초과했다. 세계에서 가장 크고 영향력 있는 건설사 중 하나인 스칸스카Skanska가 시공사였다는 점이 특히 고무적이었다. 순환형 사업에 대기업들이 적극적인 참여한다는 점만으로도 업계에 큰 희망을 안겨 준다.

맥레넌은 지금까지의 진전을 이렇게 요약했다. "이상적인 건물은 실용적이고 미적으로 우수해야 한다. 건물을 올리는 데 필요한 모든 의사 결정도 합리적이어야 한다. 업계의 수준도 여기까지 올라왔다고 해도 과언이 아니다. 친환경 건축과 시공의 모범 사례를 빨리 세상에 전파하고 싶다는 마음이 간절하다."

순환형 모델의 확장

앞으로 5년 후를 상상해 본다. 월요일 오전 7시다. 순환형 삶을 실천하는 또 하루가 시작된다.

나를 깨운 건 핸드폰의 알람이다. 내 모듈식 스마트폰은 5년째 사용 중이다. 계속 리퍼브하고 업그레이드할 수 있어서 새 제품처럼 느껴진다. 침대보는 영양분이 풍부한 해조류로 만들어져 원단이 고급스러운 느낌이라 자고 일어나면 기분마저 상쾌해진다. 목욕탕 샤워실에 들어서서, 100퍼센트 재활용할 수 있는 세련된 디스펜서 통에서 바디워시를 눌러 쓴다. 이제 모든 청소용품도 리필제품만 쓴다. 제품을 처음 살 때 내구성이 좋은 포장 용기에 대해 한 번만 돈을 내면 그다음부터는 리필 내용물만 넣어 쓰면 된다. 사용하는 모든 일회용 병은 재활용된 재료로 제조되고 100퍼센트 재활용할 수 있거나 퇴비화가 가능한 식물성 재료로 만들어진다. 부엌에 가면,

집에서 쓰는 모든 물을 데워주는 혐기성 소화기를 이용해 100퍼센트 전력을 만들 수 있는데, 이렇게 만든 전력으로 가스레인지를 작동한다. 3년 전 혐기성 소화기를 설치한 이후, 가스 및 전기세를 낸 적이 없다. 그리고 쓰레기를 버릴 필요도 거의 없다. 가정과 지역 사회에서 납부하는 쓰레기 처리 비용은 미미한 수준이다.

우유에 시리얼을 타 먹기 위해 냉장고에서 우유를 꺼낸다. 이때 우유갑 앞면에 색깔 표시기가 녹색에서 노란색으로 변하는 모습이 보인다. 이틀 후에 우유가 상할 것이라는 경고를 나타낸다. 대부분의 식품회사들이 식품 포장에 색 감지 경고 패치를 부착하고 있어서, 제품의 신선도가 확실치 않다는 이유로 음식을 버릴 일이 거의 없다. 매장에 재사용할 수 있는 용기를 가져가 콘플레이크를 담아 왔는데, 그릇에 먹을 만큼 담아 우유를 붓는다. 콘플레이크는 재생 농업으로 재배한 옥수수로 만들었다. 전 세계적인 재생 농업의 붐은 이미 수십억 톤의 이산화탄소를 공기 중에서 감소시켰고, 지구온난화의 영향을 줄이는 데 기여했다.

옷은 순환형 소재이자 영양분이 풍부한 소재로 만들어졌다. 피부 상태는 그 어느 때보다 좋다. 100퍼센트 충전된 전기 SUV에 들어간다. 이 전기차는 옥상 태양광 패널로 충전한다. 집에서 쓰는 전기도 옥상 태양광 패널에서 나온다. 차를 타고 탄소를 격리한 시멘트 대체재로 지어진 친환경 건물의 사무실로 향한다. 날마다 점점 더 기발한 순환경제 혁신 제품과 서비스가 시장에 출시되는 가운데, 기후 위기에 맞서기 위해 나름의 역할을 매일 하고 있다고 느낀다.

이 순환적 삶의 시나리오가 참으로 그럴듯하지 않은가. 앞 장의 다양한 혁신 사례들이 보여주었듯이, 우리는 이러한 제품과 서비스로 쓰레기를 대폭 줄이고, 환경과 건강을 새롭게 하도록 집과 사무실을 짓는 데 필요한 지식과 기술을 보유하고 있다. 그렇다면 관건은 어떻게 하면 현재의 발전 속도를 가속할 것인가이다. 검증된 솔루션을 확장하려면 어떻게 해야 할까?

개인 소비자들은 구매력을 이용해 순환형 스타트업이 제공하는 제품과 서비스를 소비할 수 있다. 주요 소비재 회사들은 순환형 제품과 포장을 시장에 도입할 수 있을 것이다. 특히 대형 소비재 회사들은 지속 가능한 재생·생분해 자재에 혁신을 더하고, 관련 시장을 창출할 수 있는 강력한 입지를 갖고 있다. 그들은 제품 개발에 대한 깊은 전문지식도 보유하지만, 순환 모델로 전환할 수 있는 재정 능력과 시장력도 확보하고 있다. 순환 모델로의 전환을 가장 효과적으로 가속화하는 방법을 고민하는 과정에서 순환형 소비재를 홍보하는 두 명의 핵심 인물인 세븐 제너레이션의 창립자 홀렌더와 유니레버의 폴만 전 CEO를 만나 얘기했다.

홀렌더는 자신이 설립한 미국 지속가능경영협의회American Sustainable Business Council의 대표이기도 하다. 그는 저돌적이며 파이팅이 넘치는 기업가다. 자신의 영예에 안주할 수도 있는데, 기업 개혁을 위해 과감하게 계획을 추진하고 착수한다. 그는 세븐스 제너레이션을 부실하게 고전을 면치 못하던 스타트업에서 카테고리의 선두 브랜드로 키웠다. 사업이 잘 안 되던 시절에는 이 사업에 집착하는 그가 제정신이 아니라고 조언한 친구들도 많았지만, 이제는 업계 전반에 걸쳐 친환경 청소 제품 개발의 붐을 일으켰다. 2016년 네덜란드 소비재 대기업 유니레버에 인수되면서 현재 40개국에서 막강한 입지를 구축한 강력한 글로벌 브랜드가 되었다. 간단히 말해서, 홀렌더는 사업 확장에 관해서는 모르는 게 없다.

세븐스 제너레이션의 본사가 위치한 버몬트주 벌링턴에 있는 아름다운 샹플레인 호수 근처에 있는 그의 집에서 그를 만났다. 비즈니스 리더가 기업 내에서 전환을 추진하는 데 필요한 끈기와 헌신을 대표적으로 보여주는 기업가가 바로 폴먼이다. 그는 어릴 적부터 인습을 타파하는 삶을 살아왔다. 성적을 매기지 않는 대학교로 유명한 햄프셔 대학에 입학한 후, 독학을 결심하고 학교를 자퇴했다. 돈을 벌어 대학을 다닐 형편이 안 되는 다른 사람들을 도와주고 싶은 마음도 있었다. 22살 때 토론토에서 첫 번째 회사를 창립했다. 교육 비영리 조직 '스킬스 익스체인지Skills Exchange'는 전문가들이 자신의 사무실이나 집에서 학생들에게 짧고 실용적인 수업을 제공하도록 지원하는 혁신적인 저비용 교육 제공기관이었다. 당시 토론토 대학 교수로 재직하던 마샬 맥루언의 강의를 우연히 청강한 후, 창업에 대한 영감을 얻은 것이다. 맥루언 교수는 당시 저서 『교실로서의 도시:언어와 미디어의 이해The City as Classroom: Understanding Language and Media』를 집필하고 있었다. 책에서 저자는 배움은 주로 교실 밖에서 이루어진다고 주장했다. 홀렌더는 맥루언 교수 수업을 한 번 청강한 이후, 수업을 계속 들어도 되는지 물었다.

그가 세븐스 제너레이션을 설립할 때도 '기회를 놓치지 말자seize the day'는 그의 철학을 실천했다. 그는 격동의 시기인 1970년대에 유년 시절을 보냈다. 당시 사회적으로 환경 운동이 본격화되면서 얼마나 많은 제품과 생산 공정이 유해한지에 대한 사실이 수면 위로 오르게 되었다. 그는 이 문제에 대한 해결책을 찾는 데 동참하고 싶었다. 그는 베트남전 반대 시위에 참여하면서 '무언가에 대한 소신이 있으면, 적극적으로 행동에 옮겨야 한다'는 중요한 교훈을 얻었다. 홀렌더는 기존의 제품들보다 건강하고 지구 친화적인 청소 제품을 만들 수 있는 사업 기회를 포착했고, 마침내 세븐스 제너레이션이 탄생했다. 야심 차게 설립한 회사였지만, 사업은 순탄치 않았다.

그는 내게 "우리 회사는 한 해만 제외하고 13년 동안 적자였어요. 부모님과 형제들이 도와주기까지 했죠. 나보고 '미친놈'이라고 말하는 친구들도 있었어요. '이 친구야, 이 사업은 그만 접고 다른 거 알아봐'라고 하더군요. 그런데 제가 누굽니까? 제 사전에 포기는 없어요"라고 말했다. 홀렌더에게는 기업가로서 다른 세상을 만들어보겠다는 확신과 일념이 있었다. 마침내 그의 인내심과 끈기는 사업을 성공으로 이끌었다. 사회에 미친 선한 영향력과 초기 투자자들에게 돌려준 높은 수익, 그리고 무엇보다도 유니레버가 세븐스 제너레이션을 6억 달러 이상에 인수했다는 사실이 사업의 성공을 입증했다.

세븐스 제너레이션의 매출이 급성장한 계기가 있었다. 당시 극적으로 성장하던 미국의 유기농 슈퍼마켓 체인 '홀푸드Whole Foods'가 일부 매장에서 세븐스 제너레이션 제품에 매대 전체를 할애한 것이다. 이때 제조사와 유통업체가 만들어내는 순환형 사업 모델의 시너지 효과가 강력해진다. 순환경제가 확대될 수 있는 공동의 씨앗이 뿌려지는 셈이다. 홀렌더의 말에 따르면 "홀푸드가 최선을 다해 친환경 제품 생태계를 조성하는 모습을 보며 세븐스 제너레이션도 홀푸드를 더욱 신뢰하게 되었다." 세계 최대의 유통 강자인 아마존은 순환형 사업 모델을 확장하는 차원에서 홀푸드를 인수했다. 아마존은 거대한 시장력을 활용해 친환경 제품 생태계를 성장시킬 수 있을 것이고, 또 반드시 그렇게 해야 할 것이다. 월마트, 코스트코, 타겟 등 세계 유수의 유통업체들에도 친환경 제품 생태계를 대폭 확대할 수 있는 잠재력이 있다. 게다가 그에 상응하는 이득이 따라온다. 최근 몇 년 동안 친환경을 강조한 제품은 일반 제품에 비해 놀라운 판매 실적을 보여주었다. 뉴욕 대학의 연구에 따르면 2015년과 2019년 사이에 친환경 제품은 전체 제품 매출에서 절반 이상을 차지했다.

비즈니스 리더들이 수요에 더욱 적극적으로 대응할 수 있었던 수단이자, 홀렌더가 개인적으로 옹호하는 방식에는 기업이 환경에 미친 영향력, 즉 탄소 발자국을 회계에 녹여낸 환경관리회계 중 하나인 '진정한 원가회계true cost accounting'가 있다. 각자의 탄소 발자국을 추정해 회계 처리한 기업은 많지 않다. 여러 다양한 방법으로 각자가 환경에 해를 입힌 정도를 회계에 반영한 기업도 보기 드물다. 게다가 그 수치를 공개한 기업은 더 적다. 그나마 다행인 점은 푸마의 요헨 자이츠와 같은 사람들의 선구적인 약속 덕분에 진정한 원가회계가 안정화 단계에 들어섰다는 것이다. 그러나 광범위하게 사용되면 좋겠지만, 걸림돌이 하나 있다. 진정한 원가회계를 처리하는 방법이 우후죽순으로 생겨났다는 점이다.

그중에서도 자이츠 대표에 자문을 제공했던 컨설팅 기업 '트루코스트Trucost'의 방법론도 총 원가회계 발전에 기여했다. 특히 스탠포드대학교의 그레천 데일리 교수가 세계자연기금과 제휴해 추진한 '자연자본 프로젝트Natural Capital Project'는 진정한 원가회계를 관리할 수 있는 오픈소스 소프트웨어를 제공하는 사업이다. 유럽에서는 국제 표준화 기구International Organization for Standardization, IOS가 기업용 분석 툴tool을 도입했다. 각기 다른 방법을 단일의 국제적으로 합의된 표준으로 통합하고, 실제 계산을 하기 위해 중저가로 툴을 이용할 수 있도록 업계에서 목소리를 내어야 한다. 홀렌더와 지속가능발전기업협의회Sustainable Business Council가 주장하듯, 기업들은 공급망 전체에 걸쳐 그들의 환경 영향과 자연자본의 소비 내역을 공개적으로 보고해야 하고, 그들이 환경에 끼친 피해를 해결하는 데 필요한 혈세를 국민에게 보상해 주어야 한다. 그들은 너무 오랫동안 무임승차를 유지했다. 한편 그들이 환경오염을 중단하지 않고, 제품에 유해 물질을 제거하지 않으며, 열악한 임금수준을 개선하지 않으면, 사회적으로 논란이 되어 비난받게 된다.

홀렌더는 여러 시행착오를 거쳐 기업의 투명성이 얼마나 중요한지를 피부로 느끼게 되었다고 했다. 유니레버는 유해 물질이 함유되지 않는 세탁 세제를 만드는 데 총력을 기울였지만, 건강에 악

영향을 미치는 화학 부산물인 '계면활성제'를 제거하는 방법을 알아내지 못했다. 비록 유니레버의 세제가 타제품에 비해 계면활성제 함유량이 훨씬 적었지만, 유니레버는 성분 목록에서 계면활성제를 표기하지 않았다. 그러던 중 유기농 소비자 협회Organic Consumers Association가 100개의 제품을 테스트하고, 세븐스 제너레이션을 비롯한 모든 세제 브랜드에서 계면활성제가 포함되었다는 사실을 밝히자 유니레버의 이미지는 치명상을 입었다. 홀렌더는 당시를 이렇게 회고했다. "불가피하게 계면활성제를 함유해야 하는 현실과 타협을 하고 이 사실을 공식적으로 밝혔더라면 이미지가 그렇게 깎이지는 않았을 것이다. 유니레버는 투명하지 않았던 패착으로 이미지가 실추했다." 세븐스 제너레이션은 계면활성제의 대체재를 찾아나서는 동시에, 미국 환경보호청에서 주관하는 '더 안전한 세제 관리 이니셔티브Safer Detergents Stewardship Initiative'에 동참해 문제 해결 노력에 동참했다.

푸마의 자이츠가 그랬듯 홀렌더도 투명성이 얼마나 중요한지 뼈저리게 느꼈다. 더 나은 기업이 되려고 끊임없이 노력하는 과정에서 기업이 가하는 환경적 피해에 대해 허심탄회하게 인정하는 태도는 투자자뿐만 아니라 고객과의 신뢰 관계를 구축하는 데 필수적이다. 기업의 투명성은 기술 혁신가들에게도 좋은 유인책이 되어, "우리 회사가 당신의 혁신에 관심이 있으니, 우리에게 먼저 다가와 달라"는 메시지가 될 수 있다. 이제는 소비자나 시장 애널리스트도 자이츠 대표가 언급한 '그린워싱[greenwashing, 실제로는 친환경적이지 않지만 마치 친환경적인 것처럼 홍보하는 '위장 환경주의'로, 기업이 제품 생산 전 과정에서 발생하는 환경오염 문제는 축소하고 재활용 등의 일부 과정만을 부각해 마치 친환경인 것처럼 포장하는 등의 태도]'의 녹색 가면에 속을 만큼 순진하지 않다.

한편, 유니레버는 2020년 과감한 친환경 행보를 실천했다. 투명성을 중시하는 시장의 압력이 거세진 탓이다. 2019년 퇴임한 폴 폴먼 전 대표가 '지속 가능한 리빙 플랜Sustainable Living Plan'으로 명명한 선구적인 환경·경제 정의 이니셔티브에 대한 신뢰 문화를 구축한 후, 유니레버는 전체 협력 업체의 탄소 발자국 데이터를 수집해 발표하겠다고 밝혔다.

10년 동안 폴먼 대표는 세븐스 제너레이션을 인수한 이후에도 벤앤제리, 도브Dove, 립톤, 헬만스Hellmann's, 크노르Knorr 등과 같은 환경 및 사회 문제 개선에 적극적으로 동참하는 일련의 브랜드를 인수했다. 폴먼은 '지속 가능한 리빙 플랜'을 발표하면서, "기업에 지속 가능성이란 단순히 단순히 옳은 일을 하는 것이 아니라 사업 성장을 견인하는 것이 중요한 요소"라고 말했다. 그는 이사회와 입김이 센 몇몇 주주들로부터 맹비난을 받았으나, 전혀 뜻을 굽히지 않고 소신을 펼쳤다. 2019년 유니레버는 회사가 보유한 총 28개의 '지속 가능한 리빙' 브랜드가 경쟁 브랜드보다 69퍼센트 빠르게 성장하면서, 회사 성장률에서 75퍼센트를 차지한다고 발표했다. 시장이 그 노력을 충분히 헤아렸다는 사실이 입증된 것이다. 유니레버는 폴먼의 재임 기간에 주주의 투자수익률을 무려 290퍼센트나 끌어올렸다. 게다가 10억 달러의 비용을 절감했다. 폴먼은 최고의 인재를 영입하려면 환경보호에 대한 회사의 진정성이 필수적이라고 강조했다. 다수의 밀레니얼 구직자들이 회사를 선택할 때 기업의 친환경주의를 주요 요소로 고려하기 때문이다.

홀렌더가 지속 가능성을 꾸준히 실무에서부터 상향식bottom up으로 추진한 한편, 폴먼은 카리스마 있게 하달식으로top down 경영진 업무를 적극적으로 전개해나갔다. 폴먼의 계획은 지속 가능성 분야의 선두기업들을 인수하는 것, 그 이상을 향했다. 그는 지속 가능한 농업을 장려하고 삼림 벌채에 맞서며, 100퍼센트 재생에너지를 제품 생산에 이용한다는 목표를 세우고, 여성의 권익과 경제 활동의 기회를 보장해야 한다는 주장을 펼치며, 유니레버의 협력사들에도 지속 가능 경영을 종용했다. 그 과정에서 회의적이고 비난에 섞인 반응에 대처해야 했다며 내게 이렇게 말했다. "유니레버가 지속 가능 경영을 본격화한 7~8년 전에, 회사의 공장 전체에서 쓰레기 매립지까지 보내지는 쓰레기를 '제로'로 만들고 싶다고 했을 때, 다들 내가 제정신이 아니라고 했다. 막대한 돈이 들어간다며 혀끝을 찼다. 그런데 실제로는 그 반대다. 친환경 에너지의 가격은 이제 화석보다 저렴해졌다. '탄소 가격제[carbon pricing, 탄소 배출에 가격을 부여하는 것으로 각국 정부가 기업과 같은 배출 주체에 온실가스 배출로 인한 외부성 비용을 부담시키는 규제 수단으로 활용되고 있다]'와 '배출 총량 거래[cap-and-trade, 정부가 배출권거래제 대상 경제 주체들에 대한 배출허용 총량(cap)을 설정하면, 대상 기업체는 정해진 배출 허용범위 내에서만 배출을 할 수 있는 권리, 즉 배출권을 부여받는다. 배출권은 정부로부터 할당받거나 구매할 수 있으며, 대상

기업체 간에 거래(trade)할 수 있다. 배출 총량 거래를 이 모든 과정을 뜻한다]'에 대한 관심도 전 세계적으로 매우 높은 상태다. 유니레버는 이미 다른 기업들보다 발 빠르게 움직였기 때문에, 순조롭게 관련 규제를 준수할 수 있었다. 그는 친환경 투자에 대한 수익률은 최대 3년 안에 가시화되었고, 단 한 번의 예외도 없었다고 했다.

그는 "내가 차 농장에 2,000만에서 3,000만 달러를 투자한 적이 있다. 현지 근로자들에게 위생 시설이 제대로 갖춰진 쾌적한 주거 환경을 제공하고, 가뭄에 견디는 성질이 강한 차나무를 심었기 때문이다. 그때 사람들은 나보고 한심하다고 했다. 그런데 지금 그 농장이 케냐에서 가장 생산량이 높은 차 농장이 되었다"라고 말했다. 그는 다양한 농산물을 위해 500개의 소규모 농장과 함께 일한다는 목표를 세웠고, 그중 절반은 여성 농장주가 운영하는 농장이어야 한다고 생각했다. 그는 전반적으로 상황을 파악하기 위해 현장을 답사했다. 그는 "상황을 알려면 깊이 들여다봐야 한다. 어느 정도 그 지역에 머무르면서 관찰해야 한다"고 말했다.

나는 그에게 지속 가능성의 한계를 끊임없이 밀어붙이려는 그의 추진력이 어디에서 왔는지 물었다. 그는 1979년 프록터 앤드 갬블 Procter & Gamble에서 첫 직장을 얻었는데, 생산 시스템에서 폐기물을 제거하는 업무를 맡았다고 했다. 그는 "업무 공정에서 발생하는 폐기물의 상당수는 우리가 제대로 생각하고 있지 않기 때문에 생성되는 것이다"라고 말했다. 그의 유년 시절도 폐기물에 대한 그의 가치관에 영향을 주었다. 그는 2차 세계대전으로 국가가 황폐해진 후 11

년밖에 지나지 않아 네덜란드에서 태어나고 자랐다. 그의 부모는 다른 사람들을 돕는 것을 중요시했다. 그는 처음에 성직자가 되고 싶었지만, 신학교에 입학하지 못했다. 그런 다음 의사가 되고 싶었으나 의대 진학에도 고배를 마셨다. 그런 다음, 그는 "나는 사업을 통해 세상에 더 많은 영향을 줄 수 있다는 사실을 발견했다"고 말했다.

한편, 폴만은 뜻이 있는 곳에 길이 있다고 믿었다. "일은 안 하고 골프에 빠진 CEO들이 너무 많다. 적자에 허덕이면서도 정부가 어떻게든 구제해 줄 것이라고 믿는 안일한 기업들도 많다. 나는 그런 부류는 되고 싶지 않다. 다른 이들에게 피해를 주고 싶지도 않고, 누군가가 날갯짓을 할 수 있는 기회를 꺾고 싶지도 않으며, 남의 인생을 불행하게 만들고 싶은 생각은 추호도 없다"고 말했다. 아무에게도 어떠한 해를 입히지 않고도 사업을 성공시킬 수 있다는 점을 그는 몸소 보여주었다. 유니레버는 심지어 매년 매출의 24~25퍼센트를 성실히 세금으로 냈다.

유니레버의 성공에 대해 의아해하는 사업가들은 수년에 걸쳐 그에게 "어떻게 그렇게 소비자들로부터 막강한 신뢰를 얻을 수 있나요? PR 부서가 일을 잘하나 봐요"라고 말했다고 한다. 유니레버의 성공 비결은 고객의 소리에 귀를 기울이고 고객의 변화하는 요구에 맞는 제품을 제공하며, 브랜드의 사회 및 환경적 공헌과 지배구조에 대해 최대한 투명하게 공개한 것이었다. 폴먼은 금융시장에서도 최근 몇 년 동안 기업들의 환경, 사회, 지배구조 전략을 진지하게 받아들이며 투자를 결정하는 등 변화가 일어났다고 덧붙였다. 그는

"과거의 산업과 미래의 산업 사이에 시장에서 양분화가 일어나고 있다"라고 말했다. 홀렌더, 폴만, 요헨 자이츠, 이본 쉬나드와 같은 업계 리더들, 그리고 월마트, 이케아, 델, 휴렛팩커드와 같은 기업들의 친환경 정책들이 사업적인 성공으로 이어졌다는 것을 입증했다. 환경 및 인간 복지를 진정성 있게 생각하는 태도야말로 사업을 더욱 키워나가는 가장 큰 원동력이 되고 있다.

기업이 환경적 피해를 일으키는 부분에 대해서도 조명해야 하지만, 업계 리더들의 친환경적 노력이 높은 수익을 달성하는 데 얼마나 힘을 실어주었는지도 강조해야 할 것이다. 세계경제포럼은 소비재 부문에서만 순환경제의 원칙을 적용하더라도 연간 7,000억 달러의 비용 절감 효과를 낼 수 있다고 추정한다. 맥킨지의 분석에 따르면 순환형 사업 모델을 통해 의류 산업에서 연간 5,000억 달러의 손실을 만회할 수 있다. 이때 환경적 이점은 덤으로 오는 혜택이다. 액센츄어는 2030년까지 합리적인 순환형 프로세스를 도입할 경우, 경제적 효과가 최대 4조 5천억 달러에 달할 것이라고 했다. 주요 투자자들이 순환형 사업에서 투자성을 높게 고려한다는 점도 기업들에는 큰 자극이 될 것이다.

지속 가능 경영을 가장 실천하는 기업들이 가장 높은 투자 수익을 내고 있다는 증거가 빠른 속도로 명확해지고 있다. 미국 기업 180곳에 대한 실적을 분석한 하버드의 한 연구는 그들이 '지속 가능성 강한' 기업들이 '장기적으로 주식 시장과 회계 성과에서 상대적으로 높은 실적을 거둔다'고 결론지었다. 금융자산운용

사 아라베스크의 조사에 따르면, 책임 있는 환경, 사회, 지배구조 environmental, social and governance, ESG 부문에서 S&P 500 상위 4위권 기업들이 하위 4위권 기업들에 비해 주가 변동성이 낮으며 수익률도 25퍼센트 높은 것으로 드러났다. 주요 투자 운용사들도 ESG에 주목하고 있다. 마이크로소프트는 최근 탄소 배출 감소와 감축 기술 개발을 가속화하기 위해 10억 달러의 기후 혁신 기금을 조성한다고 발표했고, 아마존은 탄소 감소와 다른 기후 개선 기술에 투자하기 위해 20억 달러 규모의 벤처 캐피털 회사를 설립하면서, 출자액을 2배로 늘렸다.

시간을 두고 지켜본다면, 민간 부문의 놀라운 경제적 성과가 업계에 변화를 일으키는 가장 강력한 동력이 될 수 있을 것이다. 산업혁명은 중요한 혁신뿐만 아니라 엄청난 부를 창출했지만, 그 시스템은 높은 수익과 자원 갈취에 혈안이 된 채 소비자와 환경의 생명을 위태롭게 하는 수준까지 치달았다. 그러나 순환경제 혁명에서 투자자들에게 돌아가는 수익은 훨씬 더 클 것이다. 순환경제의 관행은 기업과 경제가 궁극적으로 이익과 성장을 위해 의존하는 자원과 고객의 생태계와 맥을 같이 하기 때문이다.

증가하는 순환형 도시

진저 스펜서는 피닉스에서 육상 스타로 자라면서 고등학교 시절에 남자팀과 함께 연습할 정도로 실력을 키우는 데 열정적이었다. 가족 중 처음으로 대학에 입학한 그녀는 카네기 멜런 대학교 대학원에서 공공정책학 석사학위도 받았다. 그녀는 대학원에서 '경영과학[Management Science, 경영, 경제, 비즈니스, 엔지니어링, 경영 컨설팅 및 기타 과학과 밀접한 관련이 있는 인간 조직의 문제 해결과 의사결정의 광범위한 학문]'이라는 흥미로운 수업을 듣게 되었다. 교수가 수강생 절반은 기말시험을 끝까지 풀지 못할 정도라고 말할 정도로 학점을 따기 어려운 과목으로 악명이 높았다. 교수가 그녀에게 "일을 하다 보면, 답이 안 나올 것 같은 문제, 답이 아예 존재하지 않는 문제에 직면하게 된다. 그러나 충분히 깊이 파고들면 답이 보인다"라고 말했다고 했다. 마침내 그녀는 피닉스시의 공공사업 책임자로 일하면서 교수의 말대로 끝까지 파고들며 문제 해결 윤리를 실천하면서 놀라운 성과를 내었다.

2011년 뉴욕대 교수 앤드루 로스가 쓴 『버드 온 파이어*Bird on Fire*』에서 피닉스는 세계에서 가장 지속성이 낮은 도시로 언급된 적이 있다. 불타는 사막에서 인구가 빠르게 증가하는 1,609제곱킬로미터의 도시를 건설해 환경을 황폐화한 사태를 통렬하게 폭로한 내용이었다. 저자는 피닉스가 '지구 온난화의 정중앙'에 있었다고 하며, 도시를 더 지속 가능하게 만들려는 노력으로 전 세계가 기후 변화에 얼마나 효과적으로 대처할 수 있을지를 알 수 있다고 말했다.

진저 스펜서와 그녀의 연구진은 큰 진전을 이루었다. 올바른 정치적 리더십을 통해 도시가 주요 순환형 이니셔티브를 신속하게 시행할 수 있다는 보여주는 사례다.

로스의 책이 출판된 다음 해인 2012년 시장으로 선출된 그렉 스탠턴은 그러한 정치적 리더십을 보여주었다. 시정 사업 전반에 걸쳐 지속 가능성을 강조할 수 있는 기틀이 되었고, 시민들도 그의 시정 정책에 공감했다. 2017년, '블룸버그 자선재단Bloomberg Philanthropies' 의 C40 도시 기후 리더스 그룹C40 Cities Group — 기후 변화에 대해 적극적인 조치를 약속한 40개의 세계 대도시 네트워크 — 이 선정한 세계 10대 도시에 피닉스도 포함되었다. 진저 교수팀이 애리조나 주립 대학의 교수들과 협력해 기후 변화에 대한 각종 사업을 실행하고 평가하기 위해 가장 유망한 기업 사례 연구를 시행한 결과, 피닉스의 접근 방식이 전 세계적으로 모범이 되어야 한다고 주장했다. 시에서 만들고 도시의 공원을 유기적으로 녹화하는 데 사용되는 퇴비가 화학비료보다 품질이 우수하다는 사실도 입증했다. 피닉스시 정부는 끊임없는 혁신에 중점을 두면서, 전 세계 혁신가들에게 아이디어를 적극적으로 제안해 주라고 요청했다.

그중 한 아이디어는 피닉스 사람들의 모든 마당에서 자라는 야자수 잎과 가지를 수거해 외곽의 여러 작은 목장들에 쓰일 동물 사료로 전환하는 사업이었다. 진저와 그녀의 팀은 캘리포니아에 기반을 둔 회사인 팜 사일리지와 피닉스에 공장을 짓기로 계약을 맺으며 행동을 개시했다. 진저 스펜서와 부서 직원들은 캘리포니아에 기반을 둔 '팜 사일리지Palm Silage'와 제휴해 이 아이디어를 사업화하기로 했고, 피닉스에 퇴비화 시설을 하나 짓게 되었다. 그러나 안타깝게도 3년이 지난 후에도 수익이 충분치 않아 사업은 중단 위기를 맞이했다. 그러나 진저 스펜서는 굴하지 않았다. 그녀는 내게 "사업 과정에서 얻는 교훈이 많다"고 말했다. 혁신적인 신생 폐기물업체인 리뉼로지Renewlogy와도 제휴를 맺고 다른 사업도 추진하게 되었다. 리뉼로지는 재활용하기 어려운 플라스틱을 기본 분자 단위체로 전환해 다시 새로운 플라스틱으로 만드는 회사다. 중국의 폐기물 금수조치가 본격화됨에 따라 피닉스시는 재활용 수거비를 인상해야 하는 상황에 직면하게 되었다. 이에 그녀는 수거비 인상의 필요성을 시민들에게 납득시키기 위해 전방위적으로 캠페인을 추진했다. 공감대 형성을 위해 시청 직원들은 도시 전역을 다니며 설명회를 열었고, 지역 단체와 공무원들은 하루에 두세 번 회의를 열었으며, 관련 웹사이트를 개설하고, 시민들을 대상으로 설문조사를 실시했다. 재활용 수거비 인상은 시민 지지율 80퍼센트를 얻고 통과되었다. 피닉스의 사례처럼 도시들은 단호하고 창의적인 리더십을 통해 순환 혁신을 가속화하는 데 중요한 허브가 될 수 있다. 세계 대부분의 대도시를 포함하는 C40을 비롯해 몇몇 소도시들은 과감하게 순환형 도시를 향해 변화를 시도하고 있다.

한편 2016년 영국에서 인구가 20만 명을 조금 넘는 피터버러 시의 정계 및 재계 지도자들이 모여 2050년까지 피터버러 시가 100

퍼센트 순환형 도시가 될 것이라고 선언했다. 그 이후로 도시는 변화를 위한 상세한 로드맵을 개발했다. 로드맵에는 도시 전역에서 남는 빵을 수거해 '베이커스 더즌 양조장Baker's Dozen Brewery'에서 맥주를 만드는 데 사용하는 이미 진행되고 있던 순환형 사업도 포함되어 있었다. 이 외에도 도시 전역에 대기질과 탄소 배출량을 모니터링하기 위한 센서를 설치하는 사업, 탄소 에너지 사용 '제로' 달성 목표, 지속 가능한 재료로 건물을 짓고 플라스틱 사용을 없애는 등의 규제가 로드맵에 포함되었다. 미국 노스캐롤라이나주 샬럿 시의 지도자들은 쓰레기 '제로'를 목표로 하는 '순환형 도시 샬럿Circulate Charlotte' 경제 개발 계획을 발표했다. 현지 농업을 발전시키고, '팜투테이블[farm-to-table, 농장에서 기른 농수산물 정육 상품 등 신선한 재료를 식탁에 올리는 것]' 공급망을 확대하는 내용을 골자로 한다. 구체적으로는 스마트한 태양열 에너지 그리드 구축, 공립학교에 양식 어장을 마련해 급식으로 생선을 제공하는 것, 그리고 순환경제에 관한 내용을 교육과정을 포함하는 계획이 포함되어 있다.

국내 및 국제적 순환형 경제의 열풍

　미국 정치 지도자들은 순환경제로의 전환을 가속화할 이니셔티브를 제정하고 법안을 통과시키고 있다. 국제적으로는 유럽연합이 선도적인 리더십을 발휘하고 있다. 2018년 유럽연합과 중국은 순환경제 협력에 관한 양해각서에 서명했다. 순환 이니셔티브를 진전시키는 최선의 방법에 대해 지속적인 대화에 참여하겠다는 약속이었다. 유럽연합은 2015년 '순환경제 실천계획Action Plan for the Circular Economy'에 합의한 후 2020년 내용을 보완했고, 제조업체의 재활용 재료 사용에 대한 엄격한 목표를 설정하고 일회용 플라스틱에 엄격한 제한을 부과하는 법안을 제안하고 있다. 국제적으로 유럽이 순환경제 분야에서 앞서 있다는 사실을 방증한다. 프랑스는 이미 플라스틱 접시와 컵을 전면 금지했다. 영국 정부는 플라스틱과 음식물 쓰레기를 발생시키는 생산기업과 유통업체들이 수거와 재활용의 모든 비용을 지불하고, 검은 플라스틱 쟁반과 같은 재활용이 까다로운 재료를 생산하는 기업에는 벌금을 부여하는 엄격한 폐기물 규제를 발표했다.

유럽연합 국가들은 코로나19 사태에 대응해 현재까지 기후 변화에 관한 최대 규모의 경제 종합 대책에 합의했다. 또한 전기 자동차 보급, 재생에너지 및 탄소 포집 기술 개발, 대중교통 인프라 확대, 가정에 친환경 장비 설치를 지원하기 위해 5,000억 유로 이상을 집행하겠다고 약속했다. 한편 중국은 2060년까지 탄소 중립을 모색하고 있다. 2025년까지 재생에너지 이용률을 약 20퍼센트로 다소 낮게 잡았지만, 2060년까지 84퍼센트로 끌어 올리겠다는 새로운 목표를 발표한 것이다.

한편, 캐나다를 필두로 북미 지역에서도 상당한 진전을 보인다. 온타리오주는 2016년 자원 회수 및 순환경제법을 통과시켰다. 폐기물 수집 및 재활용에 대해 생산자에 책임을 부여한다는 내용이다. 해당 법은 플라스틱 포장을 재활용하고 폐기물을 에너지로 바꾸기 위한 기반 시설 개발에 새로운 표준을 포함하도록 2020년에 개정되기도 했다. 미국에서는 20개 주에서 도입된 '수리권법right-to-repair laws' 외에도 톰 우달 상원의원과 앨런 로언솔하원의원은 기업이 자사에서 생산한 플라스틱 쓰레기를 직접 수거해 재활용하도록 하는 '플라스틱 오염에서의 자유(Break Free From Plastic Pollution Act, 일명 플라스틱 프리) 법안'을 제안했다. 제프리 홀렌더Jeffrey Hollender가 이끄는 미국 지속가능경영협의회the American Sustainable Business Council는 정책적 제안을 추진하기 위해 로비활동을 벌이고 있다. 구체적으로는 '전부 원가회계[full-cost accounting, 제품공정을 위해 소요된 모든 원가(직접재료비 + 직접노무비 + 변동제조간접비 + 고정제조간접비)를 모두 제품의 제조원가에 포함해 원가를 산정하는 방식]' 의무화 기준, 자재 조달에 대한 기업의 투명한 보고, 화석연료 회사에 대한 지원금을 재생에너지 혁신 기업으로 전환하는 내용을 골자로 하고 있다.

결론: 미래에는 순환형이 답이다

제품 디자인과 제조 과정이 다음 단계로 진화를 맞이하는 현시점에서, 순환경제는 우리에게 더 나은 세상으로 향하는 열쇠를 건네고 있다. 인류가 이룩한 제조업 혁명이 선사하는 혁신의 결실, 나아가 더욱 수월하게 개인, 가족, 사회의 건강을 지킬 수 있는 환경이 펼쳐질 것이다. 생산 공정에서 가장 중요한 요소는 투명성이 될 것이다. 주주, 고객, 그리고 제품을 제조하고 판매하는 지역 사회를 위해 제조사와 브랜드사들이 전체적으로 가치를 제공하는 능력도 중요하지만, 그 능력에 따라 그들의 손익이 좌우되게 하는 것은 얼마나 사업을 공정하게 운영하는가이다. 환경에 대한 경각심이 지금보다 더 낮았던 시절, 큰돈을 벌던 기업들은 이제 변화하지 않으면 역사의 뒤안길로 사라질 수 있다. 반면 주주, 고객 및 지역 사회와 연계된 순환형 사업 모델을 통해 가치를 창출하는 기업은 우리 모두의 건강을 보호하고 환경을 보존하는 것과 직결된 세상에서 지속적인 가치를 창출할 것이다. 그렇게 함으로써 우리는 쉽게 쓰고 버리는 것이 아무렇지도 않은 문화를 버리고, 순환적 소비 윤리를 적극적으로 지켜나갈 수 있을 것이다.

기업들이 자본주의 체제의 단물을 계속 빼먹고 싶다면, 그들이 초래한 환경오염으로 인해 대중이 입은 건강상의 피해 혹은 그들의 제품에 대한 폐기 비용에 대한 보조금을 국민이 내는 혈세로 해결하려는 생각은 버려야 한다. 주주, 직원, 고객에 돌아가는 가치와 환경적 가치를 연계하면서도 경제적 가치를 크게 창출한 기업들이 많다. 패션 산업의 파타고니아, 청소 제품 산업의 세븐스 제너레이션, 식품 산업의 벤앤제리Ben & Jerry's, 음료 산업의 소다스트림SodaStream, 제조업의 케스케이드 엔지니어링Cascade Engineering, 장비 산업의 필립스가 대표적이다.

주주, 직원, 고객, 환경을 생각하면서도 높은 이익을 얻을 수 있다는 논리를 전파한 기업 대표는 유니레버의 파울 폴먼이다. 그는 10년 동안 유니레버의 CEO로 재직하면서 지속 가능한 사업 관행을 끊임없이 옹호하면서, 업계에서 인정받는 몇몇 지속 가능한 소비재 회사를 인수하는 데 앞장섰다. 동시에 유니레버의 식품, 미용, 홈케어 브랜드 등으로 구성된 사업 포트폴리오를 전면 검토하며 기존 브랜드들의 지속가능성을 배가하는 데 힘썼다. 비즈니스의 성공 여부는 재무 실적으로 알 수 있는데, 폴먼의 재임기간 동안 유니레버는 290퍼센트의 총 주주수익을 달성해 경쟁사들에 비해 훨씬 높은 수익을 달성했다.

　한편, 기업 운영 방식의 차이가 M&A에 큰 걸림돌이 된 사례가 있다. 미국 식품회사 크래프트 하인즈Kraft Heinz가 다국적 생활용품 기업인 유니레버에 적대적 인수합병을 시도했던 당시 상황에 대해 폴만은 다음과 같이 회상했다. "서류상으로는 매력적인 금융 거래가 될 수 있었지만, 두 기업의 경영 철학은 극과 극이었다. 유니레버는 장기적인 안목을 중시하며 회사를 경영하는 기업으로, 유니레버의 제품과 서비스를 이용하는 수십억 명의 사람들에 집중한다. 반면 크래프트 하인즈는 최강의 수익을 올리는 전 세계 몇몇 억만장자의 니즈를 충족하는 데 사활을 걸지만, 인권 지수 혹은 삼림 벌채 방지 노력 지수에서 최하위를 기록해 왔다. 또한 사업 초기부터 비용 절감에 사활을 걸어왔다. 어느새 주가는 70퍼센트나 떨어졌고, 현재 회계 처리와 관련해서 법적 문제에 직면해 있다. 반면 유니레버의 주가는 50퍼센트 정도 올랐다. 사업을 성공시키려면 탐욕이 있어야 한다고 하지만, 궁극적으로 탐욕을 버리는 것이 기업에 득이 된다는 사실이 점차 입증되고 있다."

주주, 직원, 고객, 환경적 가치를 연결 짓는 기업들이 기업의 존속 기간을 늘리고 가치를 창출하는 효과적인 전략이라는 점이 여러 데이터를 통해 확실히 드러나고 있다. 그러나 단순히 분기별 수익에만 집중하는 기업 대표들이 너무나 많다는 점, 여전히 강력한 사회, 환경 및 거버넌스 관행을 중시하며 집행되는 펀드에 단지 소액만 투자하는 투자은행이 너무나 많다는 사실은 가히 충격적이다.

예를 들어 지난 100년 동안 최악의 기업 시민[corporate citizen, 기업에 시민이라는 인격을 부여한 개념으로, 현대 사회 시민처럼 사회발전을 위해 공존·공생의 역할과 책임을 다하는 주체를 의미]으로 꼽힌 기업 중에는 '엑손모빌'이 있다. 공급망과 제품의 해로운 영향에 대한 정보를 대중으로부터 숨기고, 부도덕한 정치인들에게 막대한 정치 후원금을 기부했다. 엑손모빌은 환경오염으로 국민에게 피해를 입히는데, 정작 국민이 내는 세금으로 마련되는 기업 보조금을 받기 위한 속셈이었다. 태양광과 풍력 같은 에너지 대체재가 시장에 나왔을 때, 그들은 그동안 자처해 온 자본주의 기업처럼 대체재에 투자를 실행하지도 않았고, 에너지 시장에서 형성된 소비자 선호도와 가격에 대해 공정하게 경쟁에 임하지도 않았다. 오히려 에너지 대안들에 대한 신뢰도를 떨어뜨리기 위해 이중적인 마케팅 전략을 사용했다. 그 결과는 어떠했을까? 엑손모빌의 주가는 5년 만에 50퍼센트 이상 하락했다. 대체 에너지의 비용이 계속 감소하고 수요가 증가함에 따라, 엑손모빌의 주요 자산인 유전과 송유관이 '좌초자산[stranded asset, 기존에는 경제성이 있어 투자가 이뤄졌으나, 시장 환경 변화로 인해 가치가 하락하고 부채가 되어 버리는 자산]' 신세가 되면서 심각한 경영난에 빠졌다. 안타깝게도 뒤에서 손을 쓰는 몇몇 정치인들의 로비 활동이 이어졌고, 공공 보조금으로 기업을 간신히 유지하며, 기만적인 마케팅 전략을 펼친 결과, 엑손모빌의 임원들은 수백만 달러의 퇴직금을 챙겨갈 수 있었다. 그리고 엑손모빌이 인류에 떠안긴 오염을 되돌리는 비용과 대가를 우리 모두가 함께 짊어져야 하는 상황이다.

이렇게 막대한 피해를 준 기업은 엑손모빌만이 아니다. 경쟁과 투명성을 피해 가려고 음흉한 방법을 동원하면서 비슷한 피해를 떠넘긴 기업들은 상당히 많다. 그러나 다행히도 희망의 불씨는 남아 있다. 선한 영향력이 전파될 수 있는 영감과 리더십도 있다. 그리고 수많은 이해 관계자가 참여하는 범사회적 운동이 펼쳐지고 있다. 재료 과학, 제품 디자인, 공급망 투명성, 첨단 제조 기술, 지속 가능한 고품질의 소비자 제품 및 서비스 분야의 눈부신 혁신이 공정하고 지속적인 가치를 창출할 순환경제를 만들어나가고 있다. 파울 폴만이나 이본 쉬나르 같은 CEO들, 조지 소로스나 제레미 그랜섬과 같은 투자자, 앙겔라 메르켈이나 저신다 아던과 같은 정치 지도자, 그리고 무엇보다도 우리 각자가 순환경제를 향한 전환의 여정을 이끄는 진정한 리더이다.

감사의 글

이 책을 마무리하기까지 지평선 너머를 바라보며 책의 목표점을 향해 나아갈 수 있도록 물심양면으로 비옥한 토양을 만들어준 친구들, 선생님들, 코치들 그리고 멘토들에게 감사의 마음을 전한다. 이들이 내 곁에 있다는 것은 내게 축복과도 같다. 여러 해 동안 내 아이디어를 현실로 만들기 위해 나와 함께 해준 모든 이들에게 감사하다. 특별히 밥, 브리짓 그리고 앨리샤에게 고마움을 전하고 싶다.

옮긴이 **최기원**

연세대학교 영문학과를 졸업했으며 연세대 국제대학원 국제관계학, 이화여대 통번역대학원 통역학으로 석사 학위를 받았다. 현재 각종 국제회의에서 동시통역사로 활약하고 있으며, 번역에이전시 엔터스코리아에서 번역가로도 활동 중이다. 옮긴 책으로는 『트레이더 콜린 씨의 일일』, 『5년 후에도 살아남을 암호화폐에 투자하라』, 『롱·텀 씽킹』, 『유니콘 성장을 위한 하이 그로스 핸드북』, 『실전 협상의 기술』, 『월세보다 쏠쏠한 에어비앤비』, 『페이스북 마케팅』, 『고객카드로 이룬 테스코의 기적』, 『슈퍼잼 스토리』, 『나는 스무살에 백만장자가 되었다』, 『대통령의 월급은 얼마인가?』, 『아로마테라피 대백과』, 『어린이를 위한 요가』 등 다수가 있으며, 『그래서 쉬운 영어』를 집필했다.

낭비 없는 세상

적은 자원으로 순환 경제를 이용해 지구 살리기

초판 1쇄 인쇄 | 2023년 6월 8일
초판 1쇄 발행 | 2023년 6월 15일

지은이 | 론 고넨
옮긴이 | 최기원

발행인 | 고석현
편 집 | 최미혜
마케팅 | 소재범

발행처 | ㈜한올엠앤씨
등 록 | 2011년 5월 14일
주 소 | 경기도 파주시 심학산로12, 4층
전 화 | 031-839-6805(마케팅), 031-839-6814(편집)
팩 스 | 031-839-6828
이메일 | booksonwed@gmail.com
ISBN | 978-89-86022-73-5 03300

* 밖에서 만든 사람들
디자인 | 김선영